普及版
書店員の小出版社巡礼記

小出版社の夢と冒険

小島 清孝 著

SMP mediapal
出版メディアパル

〝小出版社〟を勇気づけた人

小島清孝さんは、一九七三年以来、東京堂書店の〝書店員〟としてただ一筋の道を歩み、二〇〇六年一〇月、その生涯を閉じました。しかし、小島さんは、いわゆる〝書店員〟として、本を読者に手渡すという主たる業務にのみ専念したわけではありません。小島さんは、本が書店の店頭に並ぶ以前、つまり、みずから関心をそそられたこの一冊の本は、一体、どこの出版社の誰がどうやって作ったのかということに、絶大の関心を寄せたのでした。本はただ単に、〝商品〟として手から手に移動しているものではない、本とは何かという本質的主題を、小島さんは〝書店員〟の領域を敢て越境してでも探求せずにはおかなかった人なのです。

いまから二、三〇年も前、出版界でも高名なある方が、アメリカに次ぐ世界第二位の日本の出版産業規模を誇り、出版物の大量消費と出版流通のあり方を讃えている文章を読んで、びっくり仰天した記憶があります。出版は〝量〟で評価されるものなのか。本は〝消費〟されるものなのか。小島さんは生前、『書店員の小出版社ノート』（木犀社《もくせいしゃ》・一九九七年七月刊）という著書を遺しました。それは、本書と同じく、〝小出版社〟一〇社の出版活動を丁寧に探索・評価したものですが、巻末には「再販制について考える」というすぐれた出版流通論が、〝書店員〟としての豊かな経験の上に立ってのべられています。そこで、小島さんは、〝再販制〟が廃止されると〝小出版社〟の存続に甚大な影響を与えることから、廃止に強く反対しつつ、さらに「再販問題検討小委員会」が「読者」を「消費者」ととらえることへの「違和感」をのべ、本は消耗品としての商品とは異なることを力説しているのです。しかし現在、本の名を借りた〝消耗品〟が量産されていることも確かですが、小島さんは、飽く迄も、みずからの出版理念に従って少部数の本を読者に向って送りつづける〝小出版社〟にこそ、出版の本質を求めているのです。

小島さんは〝書店員〟としてどのような本を読者に手渡すべきなのか、さまざまな企画を試みましたが、そうしたなかで、グリーンピース出版会との出会いは、小島さんの〝書店員〟としての領域をひときわ更に越境させることになります。一九八五年六月のある日、グリーンピース出版会が刊行した『子どもの目に映った戦争』と、それをすすめた青木進々さんの努力と決意を伝える新聞記事に、小島さんは目を奪われたのです。この本は、第二次大戦下、ポーランドに侵攻したナチス・ドイツ軍が、どんなに残虐・非道な行為をくりかえしたか、子どもたちが描いた画文集です。たまたまワルシャワに滞在していたグラフィックデザイナーの青木さんは、古書店でこの本を手にし、そのナイーブな子どもたちの心と目に映った戦争の記録に感動、なんとしても日本人に伝えたいと願ったのです。青木さんの以後の運命は一変します。

いや、一変したのは青木さんだけではなく、小島さんも同じです。当時取次との取引きがなかったグリーンピース出版会から、小島さんは本を直接取り寄せ、B4判・オールカラー・定価三、八五〇円の画文集を、一カ月で一四冊読者に手渡したのです。これは、一冊の本に心をかけた小島さんの小さな、しかし、やがて大きく展開する、新たな出発といっていいものでした。小島さんは前著で書いています。――「この体験を通してわたしは、青木さんと『子どもの目に映った戦争』に出会ったばかりでなく、こののち、青木さんのように個の精神のおもむくままに本をつくる編集者たちに出会う機会をもつきっかけを得たのである」と。一冊の本が、〝小出版社〟との出会いの道を小島さんに開いたといっても過言ではありません。

青木さんは以来、写真ドキュメント『アウシュヴィッツ収容所』（六カ国語版・一九八七年一〇月刊）をはじめとして、傑出した出版活動をすすめつつ、ポーランドから提供された死者たちの遺品を展示する「心に刻むアウシュヴィッツ展」を全国各地で開催、ついには、「アウシュヴィッツ平和博物館」を日本に建設する運動に、まさに生涯を賭したのです。その間の困難を極めた紆余曲折をのべる余裕はありませんが、小島さんが〝書店員〟としての職務を果たしつつ、青木さんの片腕のようにしてどんなに力をつくしたか、計り知れないほどです。青木さんは苦闘のさなか、二〇〇二年七月、無念にも癌のため六四歳で亡くなりました。現在、青木さんと同じ道を歩み、その遺志を継承した小渕真理さんが、福島県白河市のはずれに建つ「アウシュヴィッツ平和博物館」を守りつづけていることには敬服のほかありません。

わたしが小島さんに出会ったのは、一九八四年二月、小島さんが企画したブックフェア「創業まもない版元さん大集合」で、三〇年間在籍した未來社を辞し、前年六月創業した影書房も〝集合〟した時でした。このようにして、小島さんは〝小出版社〟をたえず勇気づけ応援したのです。しかし小島さんとの関係が深まったのは、青木さんを紹介され、アウシュヴィッツの「展示会」や「平和博物館」の建設のため、出会い、話し合い、呑み、激励し合ってからです。実に二〇年の歳月が流れています。わたしより一〇歳も若かった青木さんが去り、いままた、二〇歳も若い小島さんが去りました。一人の〝編集員〟と、一人の〝書店員〟との友情に満ちた見事な生涯だったと思います。わたしはただ、残された者の悲哀に堪えながら、二人の反戦・平和への熱い遺志を受けつがねばならないと老いてなお決意するのみです。

小島清孝さん、あなたの生涯がどんなに輝いていたか、本書が明らかに物語っています。

二〇〇七年一〇月二七日

影書房・編集者　松本昌次

目次

〝小出版社〟を勇気づけた人　松本昌次　3

日本の小出版社巡礼記

11

韓国語版序文　13

作品社　18／五柳書院　26／現代書館　33／トランスビュー　41／彩流社　49／北斗出版　57／藤原書店　その一　66／藤原書店　その二　74／七つ森書館　82／工作舎　90／晧星社　98／暮しの手帖社　106／青弓社　115／不二出版　123／草風館　130／ぺりかん社　138／花神社　145／石風社　154／新曜社　162／論創社　170／水声社（書肆風の薔薇）　178／くろしお出版　186／窓社　194／夏目書房　202／めるくまーる　210／影書房　218／特定非営利活動法人（NPO）前夜　227／世織書房　235／読書工房　244／批評社　252／社会評論社　260／春秋社　268／ドメス出版　276

韓国語版あとがき　285

本の目利きNOTE

本の目利きNOTE …… 289

「宝塚アカデミア」 青弓社 290／北村年子著『「ホームレス」襲撃事件 大阪・道頓堀川〝弱者いじめ〟の連鎖を断つ』 太郎次郎社 292／森浩一、門脇禎二編『渡来人 尾張・美濃と渡来人』 大巧社 294／佐高信著『高杉良の世界 小説が描く会社ドラマ』 社会思想社 296／小宮山量平著『やさしさの行くえ〝受容の時代〟によせて』 週刊上田新聞社 298／中島誠著『司馬遼太郎と丸山眞男』 現代書館 300／野村敏雄著『新宿裏町三代記』 青蛙房 302／大橋良介著『悲の現象論序説—日本哲学の六テーゼより—』 創文社 304／寺内大吉著『念仏の叛乱』 大東出版社 306／キャサリン・フィリップス著、長谷川雅美、福山欣司訳『カエルが消える』 大月書店 308／小野一著、トッパン・グループ総研編『メディアの創造 その経営とプロデュース』 ドメス出版 310／富田倫生著『インターネット快適読書術』 ひつじ書房 312／L・K・ブラウン&M・ブラウン作『「死」って、なに?』 文溪堂 314／いいだもも著『サヨナラだけが人生、か。』 はる書房 316／ジェニファー・ハーバリー著、中川聡子、中野憲志、中原美香、藤岡美恵子訳『勇気の架け橋』 解放出版社 318／ハルモニの絵画展実行委員会、日野詢城、都築勤編『ハルモニの絵画展 1万5000の出会い』 梨の木舎 320／高柳誠著『リーメンシュナイダー 中世最後の彫刻家』 五柳書院 322／林雄二郎、今田忠編『フィランソロピーの思想 NPOとボランティア』 日本経済評論社 324／三好春樹編著『介護保険がやってきた ケア現場の見方と使い方』 雲母書房 326／J・プレスト著、加藤暁子訳『エデンの園 楽園の再現と植物園』 八坂書房 328／中村ひろ子ほか著『女の眼でみる民俗学』 高文研

330／樺山紘一ほか編『20世紀の歴史家たち（2） 日本編 下』 刀水書房 332／郡司勝義著『わが小林秀雄ノート 向日性の時代』 未知谷 334／アイザック・バシェヴィス・シンガー著、大崎ふみ子訳『ルブリンの魔術師』 吉夏社 336／井上直幸著『ピアノ奏法』『ピアノ奏法』ビデオ全三巻春秋社 338／エレイン・モーガン著、望月弘子訳『人類の起源論争 アクア説はなぜ異端なのか？』 どうぶつ社 340／石原吉郎著『石原吉郎評論集 海を流れる河』 同時代社 342／ジャン＝リュック・ナンシー著、西谷修訳編『侵入者 いま〈生命〉はどこに？』 以文社 344／中野正貴写真集『TOKYO NOBODY』 リトル・モア 346／河口栄二＆医療情報取材チーム著『迷ったときの医者選び 東京』 南々社 348／呉炳学画『呉炳学画集』「呉炳学画集」刊行委員会 350／田辺元著『歴史的現実 こぶし文庫28』 こぶし書房 352／田仲のよ著 加藤雅毅編『新版 海女たちの四季 房総海女の自叙伝』 新宿書房 354／H・S・ソルト著、山口晃訳『ヘンリー・ソローの暮らし』 風行社 356／松本昌次著『戦後出版と編集者』 一葉社 358／長岡義幸著『出版時評 ながおかの意見1994—2002』 ポット出版 360／原口統三著『二十歳のエチュード』 光芒社 362／秋山 香乃著『歳三 往きてまた』 文芸社 364／アンドレ・シフレン著、勝貴子訳『理想なき出版』 柏書房 366／加賀乙彦責任編集『ハンセン病文学全集 第1巻 小説一』 皓星社 368／黒沢説子・畠中理恵子著『神保町「書肆アクセス」半畳日記』 無明舎出版 370／若林一美著『自殺した子どもの親たち』 青弓社 372／大庭みな子著『浦安うた日記』 作品社 374／『台湾原住民文学選2 故郷に生きる リカラッ・アウー／シャマン・ラポガン集』 草風館 376／黒住真著『近世日本社会と儒教』 ぺりかん社 378／池田晶子著『14歳からの哲学 考えるための教科書』 トランスビュー 380／ケント・ウォン編、戸塚秀夫、山崎精一監訳『アメリカ労働運動のニューボイス　立ち上がるマイノリティー、女性たち』　彩流社　382／小田隆則著『海岸林をつくった人々　白砂青松の誕生』　北斗出版　384／藤原良雄編『環』16号藤原書店　386／福元満治著『伏流の思考　私のアフガンノート』　石風社　388／鶴見俊輔、上野千鶴子、小熊英二著『戦争が遺したもの　鶴見俊輔に戦後世代が聞く』　新曜社　390／論創ミステリ叢書7『松本恵子探偵小説選』論創社　392／ピーター・ドロンケ著、高田康成訳『中世ヨーロッパの歌』　水声社　394／堀田あきお、堀田佳代漫画・文『本多勝一はこんなものを食べてきた』　七つ森書館　396／杉浦康平著『宇宙を叩く　火焔太鼓・曼陀羅・アジアの響き』　工作舎　398／松島トモ子著『ホームレスさんこんにちは』　めるくまーる　400／松本昌次編『戦後文学エッセイ選』全一三巻　影書房　402／前夜編集委員会編『季刊　前夜』創刊号〜五号NPO前夜刊／発売・影書房　404／金富子著『植民地期朝鮮の教育とジェンダー　就学・不就学をめぐる権力関係』　世織書房　406／公共図書館で働く視覚障害職員の会（なごや会）編『本のアクセシビリティを考える　著作権・出版権・読書権の調和をめざして』　読書工房　408／『精神医療』編集委員会編集『精神医療』第4次41号　批評社　410

あとがきにかえて　413

索引　418

日本の小出版社巡礼記

韓国語版序文

神田神保町にある東京堂書店は一八八〇年代に設立された伝統ある書店で、特色のある品揃えで研究者や筆者たちの信望が厚い書店である。著者の小島清孝氏はその東京堂に一九七三年に入社し、三〇年以上勤めたベテランの書店員である。彼が人文書を担当した時期には、平凡だった書棚を主題別に分類し、社会問題になっていたエイズやハンセン病を扱ったコーナーを作るなど、時代的な流れに沿って書棚を変化させ、東京堂書店を特色のある書店とするのに大きな役割を果たした。また長い経験を土台に、一九九七年には「話題の本」を出版した出版社とその本の誕生の過程を紹介する『書店員の小出版社ノート』(九七年七月、木犀社《もくせいしゃ》)を上梓した。

この本はそれに続く小島清孝氏の二番目の出版社論である。

日本では、出版社の活動や編集者の業績を整理した各種の単行本がすでに出版されている。それらは、概して名声を得た出版人や編集者を扱っているが、扱われた人はすでに現役から退いていたり故人になっている場合が多い。しかしこの本は、現在活発に活動している出版社三二社を厳選し「現在進行形」でその出版社を扱っているという点でほかの本と異なる。特に、この本で紹介した創業者の大部分は第二次世界大戦後に生まれた団塊の世代で、一九六〇年代には一元化された国家的集団体制に反発し、大学の解体を声高に叫んだ全共闘世代である。社会と権力に正面から相対して闘った彼らはどんな出版活動をしたのだろうか。著者は、ぬきんでた社会意識と思想で武装した全共闘世代が出版社を設立し、どんな活動をしてきたか、それが日本の出版界と社会にどんな影響を及ぼしたのか、創業者が現場で活躍している今こそ整理しなければならないという使命感からこの本を執筆した。

この本は、それぞれ違った理念と方向性を持った小出版社の奮闘記といえる。話は主に創業者の学生時代から始まり、出版に入った契機、創業理念、苦難と逆境をどのように克服し、どんな経過を経て今日に達したのか、どんな本を出版し、その成果はどうだったかを紹介するパターンで構成されている。このような小出版社の紆余曲折の成長記は、出版創業を念頭に置いたり、日本の出版界に関心が高い編集者、あるいは目新しい方向性を探ろうとするプランナーに新しいビジョンを示すことだろう。

環境汚染、反核、市民運動など日本の小出版社は多様な顔を持っているが、翻訳していて最も印象的だったのはトランスビューの活動だった。彼らは会社の概念を捨て、トランスビューを専門家たちが集まり、話し、作業する開かれた空間として活用した。彼らの原則は「本質を洞察すること」である。編集者は本当に作りたい本を、責任を持って作り、発行人欄に自身の名前を入れる。営業部員は心からその本をより広く知ってもらいたくて売るだけであり、売上実績を上げるために無理をしない。商業出版社でこのような原則を守れるのか、果たしてそれで成功できるのか、疑問を感じる。しかし彼らは創業以来、今までの全返品率が約二パーセント（『14歳からの哲学　考えるための教科書』は販売された一二万部の中で四冊しか返品がなかった）を維持した。また二年間で刊行した一八冊の過半数を重版したことも、彼らの実験精神が成功したことを証明するものであろう。組織の力よりは個人の力量が重視されている今日、韓国の出版市場でもチーム制や一人出版などが注目をあびている。何よりエディターシップの重要性が浮かび上がっており、彼らの自主性と創意、ビジョンに対する研究と実験が進行している。こういう状況下で、トランスビューの活動は、その可能性に確信を与える良い手本になるだろう。

トランスビューだけでなく、それ以外のほかの出版社が見せた歩みも並外れている。大型出版社が軽い本を出す時、むしろ重厚な人文書を刊行するかと思えば（ぺりかん社）、一般大衆ではない学者や研究者など特定読者層を発掘し、徹底して管理し、確実な販路を切り開いたりする（不二出版）。また近代アジアに対する日本の歴史的責任を問うかと思えば（影書房）、『日本の名随筆』という二〇〇冊のシリーズを一七年八ヶ月かけ、頑固にやり遂げる根気と度胸を自慢したりもする（作品社）。このような出版社の情熱がこめられた話を読むなら、彼らの成功にはいくつかの共通点があることを発見することができる。

一つ　創業理念と原則を守ること

二つ　スキ間市場を探して攻略すること

三つ　可能なことと不可能なことを冷徹に判断して対応すること

四つ　人と、その人との縁の大切さを忘れないこと

縁を大切にするという話は陳腐に聞こえるかもしれない。しかし彼らの足跡を見れば、偶然に知り合った人の紹介で出版界に入り、倒産した会社で茫然自失している時に親密にしていた筆者の助けで創業する勇気を得たりする。人を大切にする気持ちで結んだ縁が相次いで新しい企画を産み、資産になって戻ってくるのだ。

この本もやはりそのような縁の輪の中で企画された。韓国文化に深い愛情を持っている平凡社の山本俊雄氏の紹介で、小島氏は二〇〇三年一月から〇五年一二月まで「松仁消息」（のち「企画会議」）に文章を連載することになった。

私はこの本を翻訳する過程で、筆者と毎回原稿の方向性と内容に関して意見をやり取りした。本業が書店員の彼は、途切れ途切れの時間を利用して取材し、毎日深夜一一時頃に家に戻り、原稿を執筆した。三年という長期間、本業と執筆活動を併行するのは決して容易なことではなかったであろうが、彼はただ一度も締め切りを遅らせたことがない。私はそのような小島氏の集中力と情熱にいつも恐縮するばかりであった。このように三年の間、

全てを注ぎ込んだ文章が韓国で出版されるということに対する著者の期待は格別だっただろう。

しかしそれほど待ちに待った本を見ることなしに、小島氏は〇六年の秋に突然に亡くなった。九月に入院したとの知らせを聞いたが、私たちは皆、必ず快癒されると信じて疑わなかった。そのようなある日、想像すらできなかった急報を伝え聞き、私は最後の病床であとがきを書かれた小島氏の情熱と、ついに本を見られずに亡くなられたことに対し、残念さから嗚咽した。ぜひ、著者の情熱がすべて注ぎ込まれたこの本が、読者に有意義なメッセージを残すことを切実に望む。

謹んで故人の冥福を祈り、この間の労苦に感謝と尊敬の念を抱き、故人の遺影にこの本を捧げる。

二〇〇七年二月

翻訳者　朴祉炫（パク・ジヒョン）

作品社

被爆者のうごめく中でこおろぎの声に
怯えし一四の夏
（大庭みな子著『浦安うた日記』）

戦後五〇年の節目を迎えた九五年。この年の私の記憶は、アウシュヴィッツ収容所解放記念日の一月二七日に照準を合わせて上映されたクロード・ランズマン監督の映画「SHOAH」公開の衝撃から始まる。それは、第二次世界大戦期のヨーロッパ・ユダヤ人絶滅政策を主題とした九時間三〇分に及ぶノンフィクション作品である。ユダヤ人、ドイツ人、絶滅政策の直接の、あるいは距離をおいた目撃者たちは、ランズマンが再現を企てた諸事件に実際に関わった人間であり、彼らがこの作品の主人公である。三八人の肉声で再現した殺戮の日常風景。ひたすら、時空を隔てて闇の中に消えてゆく事実に向かって、監督は執拗に過去を再現していく。当事者の記憶を甦らせるインタビューを重ねることによってである。

映画の完成から、一〇年の歳月を経て日本語版字幕スーパーが完了し、上映に漕ぎ着けたわけだが、この映画は上映のみによって完結するものではない。「証言」による再現は、その「証言」が多国籍言語によってなされたために、移動する画面にそって忠実にスーパーをつけることが不可能だからだ。ランズマン自身によるフランス語版「テキスト」の翻訳とセットになって、初めて映画「ＳＨＯＡＨ」の全貌が明らかとなる。

ランズマンの指示通りに、詳細な解説が付されて完成したテキスト「ＳＨＯＡＨ」が新刊として入荷してきたとき、日本での上映が決定する以前から翻訳を進めていた高橋武智さんや、上映されなければ刊行のめどが立たないのを知りながら、その出版権を取得していた出版社としての作品社の見識に私は驚嘆し、感動した。その年の六月の初めのことだった。

七九年一月、『世界文学全集』などの全集物の刊行で名高い河出書房を辞した数名の仲間が集まり、文芸書を軸にした単行本、自分たちの手作りの本ができる会社、それをやりたいということで作品社は創業された。河出書房で月刊誌『文藝』の編集長を務めていた寺田博さん、営業の和田肇さんら、河出書房に在籍したことのある四名の出版人によってである。

最初の本は、中上健次著『水の女』と山田太一著『沿線地図』の二点であり、翌年には、「精読者のための文芸誌」を標榜し、社名を冠した純文芸雑誌『作品』を刊行する。軽薄短小の時代に抗い、硬派であるが人文・日本文学・海外文学・芸術・随筆など幅広いジャンルで独創的な出版物を刊行する創業の趣旨に沿った船出であった。ところが、資本の乏しい中で始めるには、文芸雑誌の赤字というのは、会社を維持するには大き過ぎて、持ちこたえられなくなる。『作品』は七号までで休刊せざるをえなかった。

さらに、追い討ちをかけるように、八二年に、寺田さんをはじめとする編集部全体が福武書店に移り、文芸月刊誌『海燕』を創刊する。残った和田さんたちは、当時、河出書房の編集部にいた高木有さんに相談を持ちかけ、親交のある若い批評家の方たちを紹介してもらう。外部のスタッフを活用しながら、内部はごくわずかの人たちで立ち上げた企画が、『日本の名随筆』（二〇〇巻＋別巻一〇〇）の刊行であった。

八二年一〇月、開高健編『日本名随筆4　釣』と白洲正子編『5　陶』の二点を皮切りに、毎月一冊のペースで刊行を重ね、九一年二月に野間宏編『100　命』で本巻を終え、田川健三編『別巻100　聖書』を九九年六月に刊行。全二〇〇巻を揃えた。各巻とも、当代一流の編者により編まれたこのシリーズは、刊行当初から全国の書店に快く受け入れられ、文芸書の棚を席巻していく好企画となった。

宇野千代編『1　花』（八三年二月／〇一年三月二九刷）を見てみよう。中里恒子が巻頭を飾り、幸田露伴がトリを務める。いずれも筆者の日常生活や趣向を気ままに記した三六人の随筆が編まれている。編集部の移籍という思いがけない事態が生んだこの企画は、一七年八ヶ月を要して完結。九〇年代には、年間の重版を一〇〇とするとそのうちの九五が『名随筆』であったという。作品社の看板となった。漢字一文字による本巻と二文字による別巻の刊行をなし終えたこの企画に対して、第五三回毎日出版文化賞が授与されている。

寺田さんや和田さんとも親しく、河出書房にあって寺田さんの二代後の『文藝』編集長を務めていた高木さんが、作品社に迎えられたのは、九〇年代中頃のことであった。その頃から、作品社は名随筆の作品社から、人文書の作品社にシフトしていく。

「河出書房のような大手出版社は、それなりの路線が確立していて、一点ごとの単行本の企画にしてもその流れの中の企画が多くなる。編集部五名、総勢一〇人といった作品社のような小出版社の場合は、伝統というものがないだけに、編集者一人ひとりの思考が直接的に出ているところがある。それがある意味でとらえどころのないバラバラな感じとなり、よく言えば、生き生きとして見えるかもしれない」と語る高木さんは、『文藝』の編集部で、朝鮮文学の特集を担当していたことがあった。まだ川村湊さんが新人の頃に、一緒に足繁く韓国に行き、作家や評論家の方々と会い、インタビューや記事を取ったりしていた。「その頃から、韓国・朝鮮関係のものを割りとやってきたということがあります」

日韓同時出版の柳在順（ユ・ジェスン）著『下品な日本人』（九四年一二月／九五年一月三刷）など、いくつかある高木さんの担当や企画から川村湊著『妓生《キーセン》「もの言う花」の文化誌』（〇一年九月）を採り上げよう。

八二年から四年間、釜山の東亜大学で日本語・日本文学を教えていた体験を持つ川村さんは、ふとしたことから日本はおろか、韓国でもあまり知られていない妓生の絵葉書の蒐集を始め、写真帳までも手に入れていた。写真集のようなものでも作れないかと高木さんに話を持ちかけたのが、この本が生まれるきっかけとなった。そのとき二人の間で交わされた約束は、単なる写真集ではなく、文化史的なもの、歴史と社会的な位置づけを明らかにする文章を書き下ろすというものだった。そこで川村さんは、読んで、見て「楽しい」本に仕上がることをブックデザイナーに求め、この本の序章で執筆の意図を、

日本人、あるいは朝鮮人の男性が、朝鮮人の女性たちを、どのような視線で、いかなる視点から見つめようとしたか。その「まなざし」による支配の構造の解明と解体こそが、本書の本当の狙いにほかならない。植民地支配による文化変容と、その混血的な文化変容が、宗主国の文化にどのようにキックバックされるのか。日本との合わせ鏡としての朝鮮文化、そして妓生文化は、もっとも日本の、日本人の男性の自画像を映し出すものにほかならないだろう。

と明らかにしている。日本よりも翻訳出版された韓国社会に広く受け入れられ、重版を重ねる理由は、著者のこの客観的なまなざしと、文化史に仕上げるというこだわりにあるのか

もしれない。

河出書房で、すでにG・W・F・ヘーゲル著／長谷川宏訳『哲学史講義 上・中・下』を刊行、成功させていた高木さんは、作品社に移ってから同社を哲学・思想書の翻訳刊行の新たな舞台に仕立て上げた。たとえば、T・W・アドルノ著『否定弁証法』（九六年六月）は、二六年の歳月をかけ、その間に二人の翻訳者が物故者となったことなど、困難を乗り越えての本格的な哲学書の刊行であったことを翻訳者の一人、木田元さんがマスコミに公表したことから話題となった。

そして高木さんは、この間も長谷川さんの翻訳が刊行にいたるのを待ち続け、哲学書の概念をくつがえす画期的新訳と絶賛された、ヘーゲル著『精神現象学』（九八年三月／一三刷、二万部）を刊行している。このほかに、作品社によって刊行されたヘーゲルの著作は、いずれも長谷川宏訳で『論理学』（〇二年四月）『法哲学講義』（〇〇年四月）『美学講義』（全三巻、九五年八月～九六年一〇月）となり、すでにブランド商品といえる状況となっている。

一九三〇年東京生まれの大庭みな子さんは、父親の仕事の都合で戦時中に広島市に居住、原爆罹災者救援隊員として動員された。そのときの体験を作品の重要なモチーフとしている芥川賞作家であり、『名随筆53 女』の編者でもある。みな子さんは、九六年七月、小脳出血で突然倒れ、入院中の九月には、脳梗塞を起こして左半身不随、目は半視野、車椅子から離れられない生活となった。一九年前に会社を辞めて、共に歩み始めた夫の利雄さんが、発病以来介護を続ける日々である。

ミツクリエナガチョウチンアンコウという妙な名前の深海魚のことを「むかし女がいた」という本の中に書いたことがある。真っ暗な陽の光のとどかぬ深海に住み、めったに仲間と遇う機会もないこの魚は、雄は雌に比べてはるかに小さく、運良く雌に出会った雄は雌の性器の近くに貼りついて、やがて血管もつながって雌から栄養分を貰い受け、遂には精巣だけを残して雌に吸収されて、受精も終われば消滅するという、奇妙な行動をする魚だそうだ。

（『浦安うた日記』）

この作品を書いた頃、利雄さんはみな子さんの秘書になっていたので、みな子さんは利雄さんのことを「ミツクリ」と呼んだという。皮肉なことに十余年がたって病に倒れたみな子さんは、雌雄が逆転したミツクリエナガチョウチンアンコウになってしまったと今の心境を述べる。『浦安うた日記』（〇二年二月）においてである。発病後間もなくお見舞いに行った高木さんの、リハビリには短歌を考えるのが一番いいという勧めで始めた「うた日記」が雑誌に掲載され、作品社から上梓された。最愛の夫との共生の日々。万感の思いを寸言に託す大庭文学の究極の精髄があふれる作品がここにある。
小出版社ながら作品社は、厳しい条件を自らに科して、一定の水準を保った魅力あふれる上質な本の刊行を続けている。

（〇三年四月二〇日）

五柳書院

多感な青春期に、あなたはどのような「書店体験」をしましたか。小川康彦さんの場合に、こんな風でした。

時は、一九七〇年代の初めの頃のことです。その頃、神奈川県藤沢市に静雲堂書店という本屋さんがありました。いや、いまでもあるのですが、代替わりをしたようで、当時の面影はとどめておりません。店内は、古書店のような暗さ、アンダー気味の照明で、一番奥にいかにも頑固爺さんといった風の店主がどっかりと居座って客の一人ひとりを見定めるようにしていました。

棚にはサルトル、カミュ、ボーヴォワールの著作といった人文書院の刊行書や、せりか書房といった出版社の本がきちんと揃えてありました。そこに、ベトナム戦争や公害の報道を見て、社会的、状況的な課題に気持ちがざわつき、荒ぶった時など、日課のようにして通い、買うわけでもなく、ただ、本の背を眺めていました。それで自分が浄化される、気持ちが静まっていくという作用がありました。あの人がこういう本を書いているのかといった著者とテーマとの関係とか、これを読まなくちゃいけないとか、知的な関心が生まれていったりして、背を見ているだけで豊かな気持ちになれたんです。がんばって生きて行かなくちゃいけないといった刺激がその本屋さんにはありました。

大学を卒業した頃は、大学紛争後の人を採らない時代でした。出版社も公募をして人材を求めるいまとは違って、著者関係とかという「縁故採用」がほとんどで、どうやって入っていいかわからない時代でした。そんな時、知人から中央区日本橋の老舗書店を紹介され、二年ほどをそこで過ごしたのですが、その間に読みたいと思う本とじかにふれあい、多くの本を読むことができました。

その書店を辞めたあと、七年間を編集制作会社で過ごした小川さんが、満を持して五柳書院を創業して、文芸・思想の総合雑誌『五柳』を創刊したのは、風もさわやかに初夏の陽が昇っていた八一年七月のことでした。創刊号には、高橋徹さんの評論「『隠逸』とはなにか――『論語』から『五柳先生伝』へ」を掲載し、社名とした「五柳」の由来を示唆しています。漢籍に詳しい方には、役人生活を嫌って郷里に帰り、農耕生活をしながらおのれの本心にしたがって生きようとする詩文を遺した陶淵明の自伝的作品『五柳先生伝』を読まれた方も多いでしょう。

先生はどこの人かわからない。またその姓名もよくわからない。家のそばに五本の柳があって、それを号にしている。ものしずかで口数はすくなく、栄誉も利欲ものぞまない。読書を好むが、とことんまでわからなくてよい。これだと思うことがあると、もう喜んで食べることも忘れている。酒が好きだが、貧乏でいつも飲めるわけではない。（中略）いつも文章を書いてはひとりで楽しみ、なんとか自分の主張を示した。損得をかんがえることも忘れ、そして勝手に死んでいった。

（高橋徹著「『隠逸』とはなにか——『論語』から『五柳先生伝』へ」、『五柳』創刊号）

小川さんには、当時の流行、時代の流れに対する反感、反発がありました。一つは、出版界の寵児と目される大手出版社の代表者がテレビのコマーシャルで、文庫本を雨に濡らして泥水の中に浸して見せたのです。創業者が経営基盤を築いた文庫本を葬ることで先代に対する決別か、本は消費財であるということが言いたかったのかその意図するところは判然としませんが、その頃から文庫版が読み捨て本として機能しだしました。

もう一つは、サブカルチャーが全盛に入った八〇年代に、コピー文化が台頭してきたことでした。中でも衝撃的だったのは、コピーライターと大手資本が結びつき、自社の経営戦略を「おいしい生活」というコピーで紹介したことでした。内容のない、言葉づらだけで人が衝動的にもなり、行動原理も規定する。大量生産、大量消費の幕開けです。違うぞという反発がありました。流行や時代の流れに敏感でなくてはいけないけれど、それに距離を置き、拡大志向のみの競争にくみするようなベストセラー本は出さないという信念をもちました。

だから、五柳先生の生涯はある規範のようなものであり、「柳」の風に吹かれるという感じが粋でもあり、なによりも倒れそうで倒れないそのあり様が、「一人出版社」を始めた小川さんには頼もしく思えました。そして、一流までの道程はほど遠いが、早く三流になりたいといった語呂合わせが格差を揶揄することにもなり気に入りました。

仕上がった『五柳』を抱えて、地方・小出版流通センターに行って、依頼しました。資本主義の社会でやる以上、同人誌ではなく、商業誌でやりたい。印刷代、原稿料もきちんとしたい。こんなような話をしました。こうして流通にはのりましたが、注文は自分でとること、そうしたら配本します、それが条件でした。首都圏の書店を回って、注文をとりました。一冊、五冊。結局、売れ残った分を回収とかしていくと、交通費はかかるはで長続きせず、『五柳』は三号で終わりました。

この時、気持ちを奮い立たせてくれたのは静雲堂書店に日参したあの時の経験でした。あの時、棚に並んでいたような本を作りたいという思いがわいてきました。

本にする基準は二つ。一つは同時代を感じるもの。つまり、古くさくなく、飛んでるわけでもなく、それが現実に根ざして身の丈で表現してくれているもの。つまり、著者が理解して、咀嚼して、この分析は新しいぞとか、可能性が見えるぞとか、思考のあとがきちんと見えているものです。

もう一つは横断しているもの。いままでに詩歌、俳句、文芸評論、文芸エッセイ、紀行文、舞台、音楽、現代美術の分野の本を出しましたが、ある分野に蛸壺的に収まっていなくて、批評性があり、とり出して、ほかの分野から見ても刺激を受けたり、受け取るものがあるよといったものを、本にするため、原稿を読むときの基準としました。

そんな五柳書院には、締め切りがありません。原稿のすべてに目を通し、納得するまで出さないときめているからです。だから、原稿に傲慢さがあるとダメです。また、読者にも素直な気持ちで読んで欲しいと思います。その時に両者の橋渡し役になれればいいと、小川さんは思いました。


詰まるところ小川さんは、書き下ろしが好きなのです。著者が時代にアンテナを張り、その分野でシャワーを浴びつつ、自分にとって切実な表現を自分の言葉で、一定のモチベーションを保ちながら仕上げていく。これが本の基本的なあり方ではないでしょうか。意欲をもって大手取次店との交渉を積み上げ、委託口座をとるなどの準備期間を置いて、第一出版物となった木下長宏著『敦煌遠望 莫高窟の美術史ノォト』を刊行したのは、八四年一〇月でした。

八七年五月には、三浦佑之《すけゆき》著『村落伝承論「遠野物語」から』を出しました。出版は冒険を伴うものなので、この著者に賭けてみようと思って出した、三浦さんの最初の著作です。初版二〇〇〇部の刊行で、現在、在庫僅少になっています。

八九年一一月に、今度は書き下ろしの仕事をしようと二人で話し合って、『浦島太郎の文学史　恋愛小説の発生』を刊行しました。こちらは、現在、五刷までいきました。その後の三浦さんは順風満帆で、〇二年六月に文藝春秋から出した『口語訳古事記　完全版』は、一〇万部を突破したと言われています。

静雲堂書店に並んでいたような本を作りたいといった姿勢で、年間五、六点の刊行ペースを持続して小川さんは今までに、八〇点を出しました。

それらに共通する、小川さんの本づくりのもう一つのこだわりを話しましょう。四六判の丸背でハードカバー。これが昔からある本のスタイルです。それは、若い頃からの本のイメージそのものでもあります。小川さんは、この形が好きで、すべての刊行書をこれで統一しようと思いました。そして、著作に納得してまとめたのですから、刊行書のすべてに「五柳叢書」というブランド名を刻印しています。といっても、決して画一的な出来映えにはなりません。カバーに採用したのは、四四点目までを、現代美術家の高麗隆彦さんに依頼したデザインであり、その後は、東幸央さんに頼みました。現代美術をカバー・デザインに起用する。これも五柳叢書が同時代と切り結ぶ一群の存在であるという意思を表明しています。

このような、小川さんのこだわりの核心に

は、いままでこつこつとやってきた過程で培われた、出版社と読者との信頼関係、その絆の延長上に、一二〇〇から一五〇〇の読者が見えているという思い込みがあります。その読者層に向けて今までに出した本は、必ず書評に紹介されてきました。広告費はほとんどかけられませんが、書評が広告の役割を果たしてくれました。

〇二年には、四月から六月までに赤坂憲雄さんの著作を三点刊行しました。十数年前から山形県に移り住んだ赤坂さんには、ここのところ、論考が多かったのですが、もともと短いエッセイに面白いものがあったので、それをまとめようということで集めてみたら、相当のボリュームになったので三部作にしたのでした。最初に東北をテーマにした『民俗誌を織る旅』を刊行して、その次に、新聞や雑誌の求めに応じて担当してきた書評をまとめた『書評はまったくむずかしい』を出しました。三作目は柳田国男の業績を問い直す『一国民俗学を越えて』になりました。これらは、発表済みの原稿を集めたものと紹介しましたが、別の形のオリジナルなものとして作り上げられています。

青春期の「書店体験」。小川康彦さんにとってそれは、人生を左右するものでした。

（〇三年六月二〇日）

現代書館

第一八回オリンピック東京大会の開会式が催されたのは、一九六四年一〇月一〇日のことでした。その日は爽やかな秋風が心地よい晴天の一日でした。アジアで初の開催。それは、「所得倍増計画」による経済成長を象徴する出来事でもありました。六五年六月に日本は、日韓基本条約と付属の協定に調印し、韓国を朝鮮における唯一の合法的政府と承認しました。それは、日本資本の韓国進出の到来でもありました。このような国際社会への進出は、その一方で、人材育成のための高等教育を必要としました。しかし、その受け皿となる大学は、内部に近代教育とはほど遠い実体を抱えていました。六〇年代後半から七〇年代の初頭、それは全国の大学で学生運動が組織され、それが全共闘運動へと突き進んでいった時代でもありました。

六七年七月一日、菊地泰博さん（当時二五歳）と、日本大学経済学部で先輩だった人と、同じクラブのようなことをやっていたほかの大学の女性と三人が集まり、現代書館を創業しました。母校の近くの三坪の塗装屋さんの二階の事務所を借りてのことでした。

菊地さんたちは、出版社に勤めるつもりはありませんでした。かといって、特別な理念があって始めたわけでもありません。「就職できなかったら、そこを拠点にしてもいい。出版社というのは、食っていけるらしいよ」ということで始めたのでした。

学生運動の中で、同じクラブの後輩が捕まったり、時には事務所に血だらけの学生が飛び込んできたりしました。そんな仲間の中には、出版のことをわかる者は一人もいませんでした。最初の頃は、菊地さんが本の作り方の本を読んで独学で覚えました。編集プロダクションのようなことをして、社内報とか、そのほかお金になることはなんでもやりました。

社会問題と反権力。学生運動とのからみで出せるものが決まっていました。そんな中でどうにか出版社らしくなれたのは、六九年から八年ほどかけて二〇巻まで刊行した『反教育シリーズ』でした。これが、教育系学生や現場教師に支持されたことにありました。

『I　よみかきのしかた』『II　学生・単位・教師』『V　通信簿と評価権』『XIX　学校事務労働者』など、どれもよく売れました。その頃の教師で、教育そのものがはらむ権力性を正面から問いただしたこのシリーズを知らずに過ごした人はいなかったでしょう。なぜかと言えば、教師の初任給が四、五万円の時代です。三〇〇円程度の定価でしたが、一つの集会で持っていっただけ、五〇万円ぐらい売れました。

でも、出版体験のある者がいなかったために、スリップの存在を知りませんでした。「買った本には入っていないじゃないですか」と菊地さんは言います。そのために、書評紙で「今週のベストセラーです」と言われても、スリップ集計ができず実売数が判らなかったのです。

出版社らしくなってきた現代書館が、学生運動と決別し、進路を定めるシリーズに恵まれたのは、七八年のことでした。途切れることなく今なお刊行し、〇三年六月に九九号に達した季刊『福祉労働』がそれです。そこから派生してくる障害・福祉・臨床心理の本がその後の路線となりました。当時、政党の機関紙の記者をしていた渡辺鋭氣さんは、ある身体障害者施設に行って数ヶ月間働きました。その体験で目覚めた渡辺さんは、福祉労働編集委員会を組織し、障害者問題の記録を創ることになりました。たとえば、七九年に養護学校の義務化が実施されるのですが、養護学校や特殊学校を成立させるために、通常の授業を受けることが可能な、境目にいる子どもたちをそこに入学させるような動きがありました。それらを問うた創刊号（『義務化される養護学校とは』特集号）はよく売れました。委員会の主張は、主流である発達保障論を批判するものでした。

発達保障論とは、「目標を作り、これだけのことができなくてはいけないんだよ」というものです。その子にあった教育という大義名分のもとに少しずつ目標に近づける。このような近代化路線は、そこから教え方、技術論がもてはやされるようになり、それが教育界全体の流れを築いたのです。

それに対し、委員会の主張は、一人ずつには個性があるから、目標通りできなくてもいいというものです。三歳ではここまで、一〇歳ではこれ以上と、発達することがいいこととなったら、到達しない子は、どうしようもない子として、切り捨てられてしまいます。その子はその子なりに生きている。かけ算ができる子や、個別の才能を秘めた子はそれをのばします。一人ひとりには、その子なりの生き方があるのだから、その子のスタンスにあった生き方でいい。画一的な発達という概念は、おかしいのじゃないか。

この論争の火付け役となった山下恒男著『反発達論　抑圧の人間学からの解放』（七七年六月初版／〇二年七月新装版）は、現代書館の福祉関係の最初のロングセラーとなり、反発達保障論は現代書館の幅広い考え方の礎となりました。

出版社としての方針が定まれば、後は、看板となる売れ筋のシリーズの刊行が望まれます。七六年には、戦後生まれが総人口の半数を超えていました。若い世代は歴史上の人物や事件等を、手軽に、そして短時間で理解できる、そんな書籍を求めていました。

八〇年一〇月。現代書館は、表紙に「FOR　BEGINNERS」と書かれたビギナーズ・シリーズの創刊で、その希望を叶えました。英・米・仏・独などの若者に好評を博した、イラストや写真を豊富に使ってテーマを解説した「見る思想書」の出版権を獲得したのです。第一回配本は『フロイト』『マルクス』『レーニン』の三点です。時代精神にあったもの。そして、宗教ものは特に売れ、固有のファンがつきました。刊行時に、さしたる広報もせず、放っておいても一万部は売れました。また、イラストであるが故に、文章では伝えづらい本質に迫ることができる。シリーズのもつこの特徴は、大学の教養課程の教科書として採用するのにふさわしいものとなっています。

現代書館らしさが出たのは、佐藤文明文／貝原浩絵『⑥戸籍』から始めた〈日本オリジナル版〉の刊行でした。

菊地さんはこの本の刊行を「それまで見過ごされていた戸籍制度の問題を多くの人に認識させ、夫婦別姓や在日外国人差別などがクローズアップされるきっかけになりました」と語っています。日本人は戸籍のあるのが当たり前のことと思っています。しかし氏が、天皇から与えられたものであり、世界中で戸籍制度のあるのは、「元植民地」の韓国・台湾を除くと日本だけであることを知ると、市民が市民として生きていくのに戸籍が必要なものなのかどうか考えてみたくなります。

このシリーズは、佐藤文明文／竹内久普《ひさお》絵『六大学野球』（〇三年五月）で九四点に達しました。また、近年姉妹編として創刊した、体を守る健康問題を扱ったフォー・ビギナーズ・サイエンスが好評で、これまでに一〇点を刊行しています。

経営基盤となるシリーズを得たとはいえ、

成り立ちからして、「有名人とのつながりが基本的にない出版社だから、著名な著者とのつきあいはない」と菊地さんは言います。編集者が本当に自信のもてるものなら、分野や以前からの路線にはこだわりません。新刊が新たな路線に育っていくと思うからです。そこで、他社に先駆けて、いろいろなジャンルの本を作ってきました。初めて書く著者が多いのもそのような事情によります。そんな中から時代精神に合う本が社会的な評価を受けてきました。堀江邦夫著『原発ジプシー』(七九年一月)と、鈴木常浩著『モスクワ地下鉄の空気』(〇三年五月)の二点を見てみましょう。

日本で最初の原発、東海一号原発が全出力営業運転を開始したのは、六七年七月のことでした。その後、経済成長を支える電力の安定的な供給や過疎地域の活性化。これらの政策を実現させるために、将来的なビジョンを示さないまま、原発を建設してきました。

堀江さんは、原発下請け労働者として、美浜・福島・敦賀の各原発で働きました。そこで体験したものは、放射能に肉体を蝕まれ、「被曝者」となって吐き出される棄民労働のすべてでした。原発内労働の驚くべき実体を克明に綴った告発ルポルタージュ『原発ジプシー』の刊行は、反原発運動の狼煙をあげる最初の本となりました。この頃から、多くの出版社が現代書館に追随し、原発を社会問題として採り上げる気運ができたのです。現代書館はその後、反原発をテーマに六点の書籍を刊行しています。

日経、毎日、産経、朝日新聞の書評欄を総

なめにしたのが、新刊『モスクワ地下鉄の空気』です。鈴木さんは、九八年一〇月から〇二年までの四年間をモスクワに滞在し、建築を学んできました。首都モスクワの地下に、世界一深い交通網を張り巡らしたその意図は、シェルターとしての機能からでした。しかしその一方で、マヤコフスカヤ駅の天井に描かれている画家ディネカによるモザイク画を見てもわかるとおり、モスクワ地下鉄の根元的な意味は、共産主義が目指した平和的な未来、つまりユートピアを描くことにあったのでした。しかし、この本のすごいところは、冒頭の言葉が、「わたしはやはりロシアが嫌いだ」ときわめて主観的な一言で切り捨てて見せたことでしょう。このロシア観は個人的な意見と見るにはあまりに挑発的な発言です。そう思って読み進み、読み終えて著者の忸怩たる思いが心に残ります。

どうしてこれほどまでにかつての共産主義国家は堕落してしまったのだろうか？　ソ連時代は治安がよかったというが、ソ連崩壊とともに、今まで抑えつけられてきたロシア人の悪の花がいっきに芽を出したのだろうか——。ロシアの汚職社会は、民主主義のモラルが社会に根づく前に隅々まで浸透してしまった。（略）政治家、医者、警察官、教員にまで、賄賂なくしては社会が円滑に動かないのである。

（『モスクワ地下鉄の空気』）

地下鉄を通して、ロシアの歴史とソ連崩壊後の社会事情が等身大で感じられます。

社員一人ひとりが無名の書き手にアンテナを張って、本当に自信のもてる単行本に仕上げることで現代書館は出版活動を継続してきました。塗装屋の二階を借りての始まりが、三〇年を記念する九七年七月一日に、千代田区飯田橋三丁目に自社ビルを構えることとなって結実しています。

真面目にやる。これが現代書館の決めごとです。出社時間一〇時を守って、時間どおり出社する。菊地さんはじめ、当番を決めて交代でトイレ掃除をもしています。この勤勉さとチームワークが現代書館の出版活動を支えているのでしょう。

（〇三年九月二〇日）

トランスビュー

一九八〇年頃のある日の話です。一人の出版人が京都から東京にやってきました。その人は、西村七兵衛さんといいます。凄いですね、西村さんの出版社は、豊臣秀吉の時代から続いているのです。慶長年間に京都の本願寺の門前に、浄土真宗の仏教書肆として丁子屋という版元を興したのが始まりです。それ以来、明治時代に社名を法蔵館と変えて、仏教書を連綿と刊行してきました。

だけどこれだけでは、いつか縮小せざるを得なくなるでしょう。西村さんはそんなふうに考えて、編集者を捜しにやってきたのでした。筑摩書房で藤原成一《しげかず》さんと出会いました。藤原さんは『禅の語録』や『江戸時代図誌』などを企画した編集者です。仏教書がわかり、何か新しいことをしようとしている藤原さんに、西村さんは白羽の矢を立てました。また、七八年七月の筑摩書房倒産の時の取締役の一人だった藤原さんには、いつの日かその責任をとって辞めなくてはいけない事情がありました。

七八年四月、筑摩書房倒産のこの年に、中嶋廣《ひろし》さんが東京大学を卒業して同社に入社しました。それから九年が過ぎていました。八七年一〇月のことです。法蔵館は、仏教に関連する事柄を、著名な著者が単行本形式で紹介する「法蔵選書」の刊行で成功を収めた藤原さんに、新基軸となる企画を委ね、東京事務所を開設しました。『季刊仏教』の創刊です。この刊行を機に藤原さんは、筑摩書房を辞めた中嶋さんを招いたのでした。藤原さん自身は、数年して『季刊仏教』が軌道に乗ったのを潮時に、中嶋さんに後を託し、法蔵館を去ります。事務所開設から三年後には、林美江《よしえ》さんが編集者として加わりました。

『季刊仏教』創刊の頃はどんな時代だったのでしょう。八九年にはベルリンの壁の崩壊やソ連のペレストロイカがありました。さらに日本では、昭和が終焉を迎えています。それまでの社会主義対自由主義という、対立した世界状況が動き始めていました。

中嶋さんが東京大学に入学したのは七二年のことです。東大ではその少し前の六八年一月に、医学部学生自治会がインターン制に代わる登録医制度導入等に反対して、無期限ストに突入していました。終息を迎える安田講堂の封鎖解除が行われたのは、六九年一月のことでした。学生運動の山は過ぎましたが、まだくすぶっていました。中嶋さんは、その頃の体験から東西の対立といったものに違和感を感じていたのです。『季刊仏教』の創刊は、従来のイデオロギーによる世界観を持たない人たちが登場してきた、そんな時代の訪れが、もたらしたものでもあります。

創刊号は特集「仏を問い直す」を組み、梅原猛さんと河合隼雄さんの座談会を載せています。新しい時代を象徴するものでした。このように、それまで思想の世界のメインストリートに出てこなかった著者を起用した『季刊仏教』は、第三号で養老孟司さんに書いてもらっています。それが好評で連載を頼むことになりました。

中嶋さんは、養老さんを次のように紹介し、養老さん以前と以後の著者を区分けします。「養老さんは対象のよしあしを論じません。どの主義がいいか、どの体制が正しいかと、それまでは論じられてきたわけでしょう。だけど養老さんの論じ方は、自由主義がいいか社会主義がいいかというのではなくて、その人がなぜそう言うのかといった人の条件を見ようとするわけです。あるいは自由主義がいいか社会主義がいいかという問題の立て方を、その人はなぜそうするのかという論じ方です。大きくいうと、人間の認識を一八〇度ひっくり返しているわけです」

『季刊仏教』は、一万部を超える雑誌としてスタートし、山折哲雄さんや中沢新一さん、そして鎌田東二さん、少し後に、森岡正博さん、池田晶子さんらを著者として迎えています。養老さんをはじめとして、いま一番新しいところを開き、ようやく大きな花が開いた著者たちが『季刊仏教』を舞台に言論の火花を散らしたのでした。東京事務所は、雑誌を中心に単行本の企画もこなし、八名の社員を抱えるまでになりました。その頃、中嶋さんたちの仕事をみて入社した営業部員に、その年三〇歳になった工藤秀之さんがおりました。

中嶋さんと東京大学の教養のクラスで一緒だった学友の一人に宗教学科の島田裕巳さんがいました。島田さんは、九一年九月に、後に地下鉄サリン事件等で逮捕・起訴された麻原彰晃を教祖とするオウム真理教を、テレビ番組や『週刊朝日』誌で「仏典に立ち返って、自分たちの教えを説いている。（略）日本の仏教は世俗化しているために『オウム』が特異な集団に見えるが、むしろ仏教の伝統を正しく受け継いでいる」と論じていました。

「サリン事件」以後の島田さんは、「オウムを擁護した宗教学者」という負のレッテルを貼られ、勤めていた大学を辞しています。その「スティグマ」は長く残りました。

中嶋さんは島田さんの名誉回復のためにも、事件の全体像をきちんと解明しなくてはいけないと思っていました。そこで、『オウム　なぜ宗教はテロリズムを生んだのか』の企画を出して、一応は会社の会議を通っていました。ところが、島田さんのA5判五四一ページに及ぶ原稿が仕上がると、会社は刊行を渋ったのでした。どういう目で見られるかわからない。それが会社の言い分でした。会社と中嶋さんの間に大きな距離が生まれました。また、給与に関する考え方の違いもありました。これらの亀裂が生んだのは、東京事務所の全員が退職するという事態でした。

「私一人残ったら何もできなくなる。また最初からやるなんて絶対いやだから、それならば、会社をべつに作ろうというわけで作ったんです」

〇一年四月のことでした。

中嶋さんと林さん、そして工藤さんの三人には、「希望をもって生きられる未来に通じるナビゲーターとなる書物を世に問いたい」という願いがありました。その願いを込めて、トランスビューを社名としました。この言葉は、英単語にはありません。あえて言えば、「本質洞察」といったニュアンスの造語です。

ではなぜ、どこにもない言葉にしたのでしょう。それは、日本の文化は、いまやこちらから世界に向けて発信すべきところにきていて、これからは、世界で通用するような本を出していかなくてはいけない。英語やフランス語、中国語や韓国語に訳されても同じように評価に耐える本を創りたい。このような先駆けとなる意志を表現するためには、手垢にまみれていないブランド名、新鮮な「言葉」を採用する必要があったのです。

創業のいきさつから第一刊行書は、島田裕巳著『オウム なぜ宗教はテロリズムを生んだのか』にしました。

「私は会社そのものが嫌いなのです。なぜかといえば、日本の会社主義は異常ですよ。本を作るために編集があり、本を届けるために営業担当がいるわけです。ところがいま、みんな会社を維持するためだけに本を作っています。不思議です。だからもう会社という考え方を一切捨てて、ここを単なる場所にして、作りたい価値のある本だけを作る。営業は自分の売りたいように売る。数字を積み上げるために無理をするようなことはしない。それを貫けばいいんです」

二一世紀の初頭に誕生したトランスビューの、旧世紀の行き詰まりを打開する思考です。

○三年七月のことでした。私は、得意先の図書館からの注文を取り寄せるためにトランスビューに電話を入れました。池田晶子著『14歳からの哲学　考えるための教科書』がその本でした。電話口で応対に出た男性は「法蔵館にいた工藤です」と名乗りました。あの工藤さん。まだ私が、人文書の棚担当者だった頃に工藤さんは、毎月欠かすことなく新刊の紹介に来ていました。

その工藤さんから、創業時に大手取次店の取次口座の開設を求めた際に、取引条件で折り合わなかったことを聞きました。そのとき工藤さんは考えました。八〇〇店の書店にファックスで新刊の案内を流し、宅配便を駆使する直接販売を主体に、本を切らすことなく営業活動を展開すればいい。このやり方で『14歳からの哲学』は、○三年三月の刊行以来九月までに一二万部に達しました。にわかに信じがたいのは、この本の返品数がわずか四冊ということです（創業からこの間の全点の返品率は二パーセントほど）。

池田さんは、これまでに二十数点の編著をもちました。その池田さんが、中学生向けの道徳の本は、六十数年前に発刊された吉野源三郎著『君たちはどう生きるか』（三七年七月新潮社、後に岩波文庫）以来ほとんど出されていないことを知りました。それが執筆の動機になりました。

日本の少年犯罪は年ごとに低年齢化してい

ます。このような社会状況を背景に、中学生が自分自身で「生きているとはどういうことか」を考える手引きとなる本の刊行。それを書店員は売れる本が出たと受けとめました。発売当初は一日に二〇〇～三〇〇部の注文でした。それが、四月二〇日付の朝日新聞書評欄の「著者に会いたい」で採り上げられてから五〇〇～六〇〇部に跳ね上がりました。テレビの「ニュースステーション」に著者が出演すると、一日に三〇〇〇部になりました。それが、ひと月を超えて続いたのです。

創業二年で一八点を刊行し、半分近くが重版になりました。そのうちの一つにノーム・チョムスキーほか著／田桐正彦訳『チョムスキー、世界を語る』があります。現代世界の政治・経済・社会、あらゆる領域の問題をとりあげ、チョムスキーが縦横無尽に語り尽くしたこの本は、〇二年九月の刊行以来、三刷を数えました。

また、トランスビューの刊行書は、奥付の発行者名を代表者ではなく、担当の編集者名にしています。会社という考え方を捨てて、寄り合う場としたら、刊行書は、編集者が責任を持つべきです。たとえば林さんは、〇二年七月から、実家の事情で郷里の福岡県遠賀町に戻っています。原稿のやり取りは、インターネットでします。著者に会う必要が生じれば出かけていきます。したがって林さんの報酬は、作詞家と同じ印税方式で支払われているのです。その林さんの担当書に、鳥山敏子著『生きる力をからだで学ぶ』があります。

ある日、子どもたちとイチョウの葉を一枚一枚枝からはずし、枝についていた順番に床に並べてみました。子どもたちは、まず葉の大きさと形に注目して、全部大きさがちがうこと、一つも同じかたちはないことに気づきました。

これは『生きる力をからだで学ぶ』（○一年一二月）の冒頭の部分です。子どもを勉強嫌いにしているのは、頭でっかちの学校教育そのものではないのか。実体験を通して、子どもからチャレンジする意欲を引き出す鳥山さんの教育方法と実践の記録が、この本には溢れています。

状況にとらわれず、それに現在と自らの行く末を委ねない、トランスビューの営みが、出版界の「常識」となる日をもっとも待ち望んでいるのは、読者なのかも知れません。

（○三年一○月二○日）

彩流社

専修大学経済学部で経済学史の内田義彦教授のゼミに通い、学生新聞を発行するなどしていた竹内淳夫さんは、卒業後の三、四年間を定職に就くことなく過ごしていました。一九七〇年のある日のことです。たまたま乗り合わせた電車の中で、田舎で暮らしていたときの先輩と再会しました。その先輩は、印刷会社に勤めていると言いました。一度遊びに来いと誘われるまま先輩のところに出かけていくと、居合わせた印刷会社の社長の目にとまりました。その印刷会社の社長さんはこの頃、国書刊行会という出版社を設立したばかりだったのです。職がないのなら、うちで働けばいいと誘われて、できたばかりの国書刊行会の一員になりました。竹内さん二六歳の時のことでした。

学術資料書籍の復刻出版を目的として設立した国書刊行会に転機が訪れたのは、七五年から刊行を開始した紀田順一郎、荒俣宏責任編集『世界幻想文学大系』（全四五巻）の刊行でした。

初の大型企画をやるかやらないかは社内で大きな議論になりました。決着は、これは俺の趣味だと言い切る社長のひとことでした。国書刊行会はそれ以来、海外ミステリーや、ひと味違った海外文学の翻訳出版で知られるようになっていきます。竹内さんは、「社長は、自分では一切本を作らず、優れた経営感覚を生かして、お金儲けと趣味で、マイナスでもやるという情熱をもっていました。しかし、逆に本当に儲けなくして何かをやろうという気はなかったでしょう」と言います。次第に齟齬を感じるようになった竹内さんは、一〇年が経過した八〇年に自立を決意し、編集プロダクションを設立しました。更に半年後には、出版社・彩流社を創業しました。

彩流社を一緒に始めたのは、大学時代の後輩で、一緒に学生新聞をやっていた茂山和也さんでした。竹内さんの考えは次のようなものです。自分が本当に打ち込んで、作りたいと思う本は一冊か二冊しかないから、一生のうちにそれをやれればいいだろう。生活をしていくために出版社を創業するのだから、中身がいいとか悪いとかという判断もしない。本人が出したいと思っていればやるということを原則にしていこうと、二人で話したのでした。

それでは、何を本にする基準とするのでしょうか。それは自分が知っていることはやりたくないから、知らないことを本にしたいと竹内さんは言います。生半可に知っていると、自分で誤った判断をしてしまう恐れがあるのです。とはいっても、狭間を埋めるような、知らない話が来るとついつい手を出してしまう出版活動は、路線といえるようなものを生みません。それでもかまわないのです。偏っていると、いい時はいいけれど、外れ出すと手に負えなくなります。ですから危険を分散するという意味で、いろんな分野を手がけていこうと思ったのでした。

八〇年六月。こうして始めた出版活動の初期の頃の刊行書には、スペイン内戦から四〇年を見直す気運に乗じて刊行した、フィリップ・トインビー編『回想のスペイン戦争』など、スペイン内戦関連の本が何冊かありました。これらの時機を得た刊行は、書評にも採り上げられ、そこそこ売れました。こうして二人でやっている分には、どうにか食べていくことができる滑り出しとなりました。

八二年九月から彩流社は、竹内さんとは思想的にある面で対極の立場にあり、連合赤軍の指導者であった永田洋子著『十六の墓標　炎と死の青春』（上・下・続）の刊行を始めました。同世代の若者に衝撃を与えたその事件は、一九七一年末から、七二年の初頭にかけて引き起こされました。七一年、新左翼運動の大学闘争から出発した赤軍派と日本共産党革命左派という別々のグループが、世界同時革命のための武力闘争を企てて、連合赤軍を結成しました。同志たちによる連合赤軍事件とは、彼（彼女）らが、群馬県の榛名山中などにベースキャンプを張り、武闘訓練をしていた最中に、一六人をリンチ等により、次々と殺害していった事件をいいます。

指導者の一人、永田洋子が裁判に備えて書いた五〇〇〇枚に及ぶ原稿に茂山さんが目を通したのは、八二年の正月休みの時でした。

この原稿はある弁護士を介して、複数の出版社に持ち込まれていたものです。しかし、編集者は皆、永田は大嫌いという状態で、どこも採り上げようとはしませんでした。

茂山さんは、この原稿は本にならないと判断しましたが、獄中の永田に、一五〇〇枚ぐらいに縮め、自伝的なものに書き直す気があるなら考えると手紙を書きました。永田はそれにのりました。自分を見つめ直すのにちょうどよかったのでしょう。

竹内さんたちには、永田に限らず、当事者が自分で書いたものは残しておくべきだという考え方がありました。それは、権力側からの情報とかマスコミの発表だけが残ると、本当のところが見えなくなるからと言います。グループの内情を「時代の証言」として当事者が書く。そのようなものなら、一つの歴史の本として出しておきたい。この本の初版は七〇〇〇部、九五年七月に一五刷、総合計で四万部になり、いまだに売れています。彩流社による当事者の証言は、その後九点を数え、経営的には支えになりました。

潤沢な資本力もなく、かといって人的な余力もない中で存続させていかなくてはならないのが小出版社の実状です。そこで竹内さんは、陸上競技のトラック種目で時折目にする一周遅れのトップのような出版活動で良いと思っています。どういうことかというと、ある事柄から何周年とかということがあって、それに向けて企画をしても、経済力がなく、先生方にもそんなにエンジンをかけられないから、結局間に合わなくなってしまう。原稿が上がってすぐできるかというと、日常的な仕事もやらなくてはいけないし、それもできないわけです。今年の秋はこうなりそうだとわかっていても企画を考えるわけにはいきません。

そこである時突然に、なぜいま頃こんなことを考えているのというような本の出し方になってしまいます。それでも、出しておきさえすれば、妙なときに売れたりすることがあるんです。本来はその時その時の状況を追いかけていくべきでしょう。しかし、現実的にはそういうふうにいかなくて、あれ、こんな本を彩流社は出してたんだということであってもいい。だから周回遅れでもいいのです。意識してやっている出版活動なのです。

連合赤軍当事者の証言が一段落して、W・L・ゲーリンほか著／日下洋右、青木健訳『文学批評入門』（八六年五月）を刊行したのが、彩流社の転機になりました。この本は、アメリカでテキストとして書かれたものです。そこには、短編・長編小説、詩、戯曲のジャンル別代表作品を採り上げ、それをさまざまな批評方法で具体的に論じてありました。一つの作品をいろんな批評方法で見ていくと、全然違った読み方になります。それは、その人のものの見方をもつことにもなります。当時まだ、批評のテキストというものがなかった頃の刊行で、英文科の学生や、大学の先生方にも隠れて読まれた本でした。

この本を出したことで、英文科の教授とか、何人かと知り合いになり、そのうちに、小説でもやったらどうかという話が持ち上がりました。ジャーナリストでもあり、国民的な作家と言われていて、アメリカの一つの精神を表すような作家。選んだのは、マーク・トウェインでした。知り合いになった大学教授に、毎月一回集まってもらい、研究会を重ねました。こうして本が出るまでに一〇年かけました。というのも、『トム・ソーヤーの冒険』といった主要な作品は原著で読んでいても、全作品を読んでいる人は少なかったのです。『マーク・トウェインコレクション①まぬけのウィルソンとかの異形の双生児』を出したのは、九四年一〇月のことでした。以来、全二〇巻が完結したのは、〇二年四月。一八年をかけました。

文学は好きではない、知らないから始めたと竹内さんは言います。それはともかく、この刊行以来彩流社は、数々の外国文学を手がけ、海外文学の彩流社とも言われるようになっていったのです。

唐突ですが、アヒルの水掻き論をあなたはご存じですか。水上をすいすいと動くアヒルは、陸の上から眺めている人には、何事もなく動いているように見えますが、水面の下から見れば、水掻きのついた足を巧みに動かしているのが見える筈です。

日本の古代史を研究する在野の民俗学者の沢史生《しせい》さんに竹内さんは、古代史をいったんひっくり返して、水面下の隠されたところから見るとこう見えるというように、書いてほしいと頼みました。一年ほどしてできてきたのが『閉ざされた神々　黄泉の国の倭人伝』（八四年三月／九八年五月、五刷）でした。それはアカデミズムとは違う、在野の一研究者の推論です。

沢さんはこんなふうに言います。役立たずの無価値人間は「ろくでなし」といわれますが、この「ろく」は、「陸」の字を当てるのが正しく、「ろくでなし」は、「陸でなし」の意味を持ちます。陸に住めなくなった者が深山に潜り込めば「天狗」となり、水辺に到れば「河童」となります。古代史の世界に、為政者によって陸に住むことを許されない虐げられた境遇の人々がいました。伝承を巧みに読みとり、「陸でなし」の側から眺めた日本史があってもいいのではないか。

竹内さんは、反体制で、反常識。これはこれで面白いのですが、それになぜ、そういう風な結論になるのかという、書き手としてはあまり言いたくない、謎解きの方法を書いてもらった、印象に残っている本だと言います。知らないから出した、五点の著作を持つ沢さんを中心とした彩流社の在野の史家による古代史は、アカデミックな定説では計り知れない世界を表現しています。

創業以来、彩流社は八〇〇点を超える刊行書を世に出しました。長らく二人出版社を続け、いまでも一〇名の社員で、この点数をこなすのは、休む間もなく作り続けてきたに違いありません。竹内さんが言った「本当に作りたい本は一冊か二冊」という話が気にかかり、「その本は出せたのですか」と尋ねてみました。「自分で納得して出した本はまだありません」それが答えでした。

竹内さんは、内田義彦さんに出会ったことで、専修大学で学んだ意味があったと言います。本当に出したいと思ったのは、恩師が自らの学問の方法論を披瀝するような本だったそうです。

（〇三年一一月二〇日）

北斗出版

現在では、行政が水道水の浄化に予算をつけているので、ひと頃よりは改善されました。しかし、ボトル入りの「銘水」が有料で販売されて、私たちが好んで買い求めているように、東京や大阪の水道水が飲み水として「おいしくない」実態に変わりはありません。

これは、一九八〇年代の話ですが、「水道水にトリハロメタンという発ガン性物質が入っている」という事実を知って、大阪府枚方市に住む一人の主婦が立ち上がりました。その本間都さんは、「使い捨て時代を考える会」という住民団体の会員です。この会は、モノがあふれオカネの論理で動く社会が、人間を使い捨てにしていることに対して、一人ひとりの暮らしの変革を通じて見直していこうと作られた会です。事実を知らせたのは、京都府の屎尿処理場で働く労働組合の組合員でした。労働組合と住民団体が学者をも巻き込んだ追放運動が、こうして始まりました。

なぜ、大阪の水道水に発ガン性物質が？

京都府の生活排水を処理する処理場は、京都府を流れてきた桂川、宇治川、木津川に三川が合流して、淀川となり、大阪府に流れ込む直前の府境に設けられています。ここに処理場をおけば、自分たちの汚水を処理して同じ市民の飲み水にしなくてすみ、また、すべての市民の汚水を一ヶ所で処理することができるからです。

他方、下流に位置して、水道水を取水する側の大阪府の浄水場も、できるだけきれいな水を原水としたいことから、淀川上流（府境）に浄水場を設置していました。ところが、生き物の排泄物に含まれるアンモニア性窒素が、京都府の処理場で処理しきれずに、排水に混じって流れ出していたのです。そのために大阪府の浄水場では、塩素を多めに投入して、浄水処理をしなければなりません。発ガン性物質トリハロメタンは、汚れた原水と、浄水場で投入される塩素が反応して生成してしまうのです。

「大阪市民は、京都のオシッコを飲んでいるのよ」という主婦感覚で、川や湖や地下水の汚染、下水処理のあり方、合成洗剤の危険性、家庭でできる対策などをイラスト入りで説いた本間都著『だれにもわかるやさしい飲み水の話』（八七年八月刊）は現在一四刷となっています。この本の刊行に続いて姉妹編『だれにもわかるやさしい下水道の話』（八八年五月初版／八刷／〇一年一〇月増補版）を本間さんが書き下ろし、ともにロングセラーとなりました。今回は、主婦の知恵を市場で通用する入門書に仕上げ、飲み水の汚染や環境破壊の現状に関心を持ち続ける北斗出版のお話です。

一九六四年一〇月、アジアで最初の開催となった東京オリンピックが社会に与えた影響には、それ以前の状況では計り知れないものがありました。公共事業が大都市に集中し、それを結ぶ新幹線が開通しました。一般家庭では、カラーテレビや家電製品の普及が加速して、人々の生活スタイルも大きく変わりました。高度成長から、安定成長の時代へと移っていったのです。

その頃のことです。東京育ちの長尾愛一郎さんは、ガラッと世の中が変わったという実感を抱きながら、慶應義塾大学経済学部で経済思想史を学んでいました。そんな長尾さんは、マルクスやルソーの思想を知識として教えるのみの教師には、不満を感じていました。経済学の理論と生活者との接点をどうやって表現するかにまで踏み込んだものではないからです。そうだ、編集者になろう。六九年三月、大学を卒業した長尾さんが選んだ就職先は、紀伊國屋書店出版部でした。

そこは、四六判上製の文化人類学叢書や、ボードリヤール著『消費社会の神話と構造』といった、質の高い翻訳書の刊行を路線としていました。そのために、西欧の自然科学書の文献や刊行書を読む機会に恵まれ、自然科学に対する眼が開かれました。得られたものは多かったのです。でもそれは、書店の経営者からの利益を求める要求や権威主義を受け入れることの見返りとしてのものでした。新しい日本人の手による日本人のための思想書とか、無名ではあるけれども力がある人への評価といったことは退けられました。また、翻訳は、訳者との関係に限られます。

生活に根ざした著者と直接付き合いながら、社会と接点がある本を作りたいと思ってなった編集者でしたが、思い通りにはいきませんでした。自分のいいと思う企画をみんなで出し合い、好きな本を出していきたい。長尾さんとともに一〇年ほど編集部に在籍していた古川弘典《ひろふみ》さんと山崎弘之さんが、同じような思いを抱いていました。七九年一月のことです。紀伊國屋書店を退職した三人の編集者が共同代表となって、北斗出版が創業されました。

北斗出版の最初の本は、外山《とやま》滋比古著『日本の文章』（七九年四月）でした。外山さんは、英文学が専攻の学者ですが、その人に日本の文章についてのエッセイを書いてもらったのです。北斗出版では、エッセイ風なものを出していくことで、紀伊國屋書店での出版活動とは、違った側面を出していきたいという意図がありました。後にこの本は、講談社学術文庫の一冊に入りました。

そして、創業間もない北斗出版が、書店と読者にアピールしたものに、八一年四月の一号（八四年五刷）から、年刊で五号まで刊行した日本記号学会編『記号学研究』がありました。記号学は、人間の諸行動において、重要性が認められてきた記号の果たす役割を探求していく学問です。記号が、認識・思考・表現・伝達及び行動と深くかかわるために、哲学・論理学といった諸科学や、文芸・デザインそのほかさまざまな分野への探求が期待されました。それは新たな視野を拓くものであり、異なる専門領域の学者が共同で研究を進める「新しい発想」の到来をも、もたらしました。

いいスタートを切った北斗出版でしたが、二年ほどで転機が訪れます。三人の編集者のみで始めた集団は、たとえば営業の人が一人いて、この企画はいいとかと判断するチェック機能をもちません。みんな自分の企画で食べていけると思っている王様のような存在でした。それぞれの主体性を三人が主張したとき、一緒に活動することは困難となっていったのです。八一年に古川さんは独立して「はる書房」を創業し、八三年に山崎さんは他業界へと転身していきました。

一人残った北斗出版で長尾さんは、自身のテーマを定めて再出発することになりました。変貌を続ける東京に暮らしていると、環境問題はとりわけ都市問題という視点が見えてきます。それを学者のもつ知識ではなく、肌で感じている一般人の知恵や感覚で本にしていきたい。出版姿勢をこう定めました。それが一番の望みだったからです。本間さんの著作が世に出た背景には、このような長尾さんの新たな思いがありました。

一般人の書いたものを、編集する本人が、「この本を読んで視野が開けたというような本を出して、読者にもそのような共感を味わってもらえれば、ありがたいなあ」と長尾さんは思っていました。畠山重篤著『森は海の恋人』（九四年一〇月／一七刷、二〇、〇〇〇部）の刊行は、そんな長尾さんにとっての結節点になりました。この本は、第一に、海の生活に根ざす者でなくては知り得ない世界を紹介する文章がいいのです。

長い航海を終えた漁船が気仙沼の港を目指して帰路を急いでいる。やがて、眼を凝らして水平線を必死にみつめていた漁師の視界に、ポツリと黒い陸地の影が飛び込んできた。

（中略）

そこは、森と海とが始めて出逢うところ、森と海との織り成す物語の始まりである。

（『森は海の恋人』）

読者を引きつける文体で畠山さんは、宮城県気仙沼湾で牡蠣の養殖をする漁民の生活を紹介していきます。そして、東京オリンピックあたりから海が悪くなった。牡蠣が真っ赤になったことを知らせます。これでは養殖の仕事を続けていけないのではと思うくらいひどい時期がありました。

そんなある時、畠山さんは、フランスの牡蠣の養殖場に視察に行きました。浜を歩いてみると、自分の子どもの頃の海のような海洋性に富んだ生物が棲息していました。同時に、背後にはすばらしい森が控えていることに気づきました。閃いたのです。気仙沼湾にも、後ろには川があります。その川から流れてきた水が良くなれば自分の漁場も良くなるのではないか。それには、それなりの根拠がありました。

川の上流の森では、腐葉土が作られています。この腐葉土の中から出てくるフルボ酸という物質が、鉄イオンと結びついてフルボ酸鉄になります。この状態になったときに、植物にとって重要な鉄分を、植物プランクトンが直接摂取できるようになるのです。森がしっかりしていれば、河口にいるプランクトンが良く育ち、それをえさとする魚も良く育っていくということになります。

山に木を植え始めました。北海道、そのほかでも同じような漁民の動きがあって、結果的にそれがつながっていきました。八九年から始まった、畠山さんが主宰する牡蠣の森を慕う会の「森は海の恋人」運動は、森と海のつながりをわかりやすく人々に伝えたり、源流の流域に暮らす人々を自費で海辺に招いて、体験学習を行ったりしています。説得力を持ったのは、単に木を植えろというのではなく、「人の心に木を植えよう」という精神が読者に伝わったからでした。なぜそれが大事なのかという気持ちを持ったときに、本当の運動になったのです。この運動に対して、九四年に朝日森林文化賞、〇〇年には環境水俣賞が贈られました。

九四年八月に開催された「雨水利用東京国際会議」の実行委員会に参加して以来、このところの長尾さんは、雨水利用や雨水浸透、上水道や下水道の見直し、水を浪費せずに資源化も図る屎尿処理システムの模索といった課題に関心を持ち続けています。都市部では、雨水循環を育む建築が脚光を浴びてもいます。空と海と大地をつなぐ雨の話には、生活に欠かせない大切なものがあります。

「雨の本を出します」と聞いて、送られてきたのがこの巨大な『雨の事典』でした。色っぽく文学の香り高く、心をそそられる雨づくしの物語。かたわらにおいて、心が渇いたらのぞいてみることにします。心のうちに土を持ち、雨のしずくをそこに降らせたら、生命のにおいがたちのぼる。それこそが最高の醍醐味というもの。

（『雨の事典』カバー）

これは、長尾さんも加わる雨水市民の会（レインドロップス）編著『雨の事典』（〇一年一二月／三刷）に、歌手の加藤登紀子さんが寄せた文章の一部です。読んでいて、なぜか「出版っていいな」と感じる不思議な本なのです。

それは、雨は使って空に返すという考えで、雨水利用をはじめ、人と生き物の生命を育てる雨を大切にする「雨水市民の会」が、六年の歳月をかけて温めてきたものを、長尾さんたちが三年がかりで編集したことと無縁ではないでしょう。

環境問題は、告発しているだけでは終わりません。それでは市民として、出版社として何をしたらいいのかという模索の中からの再出発でした。主婦であれ漁師であれ科学者であれ、知識以前に豊かな感性を持っていないとその著作は読者に伝わりません。北斗出版はそれを証明しました。

こういうスタイルの出版活動をしてきて良かったと長尾さんは思っています。

（〇四年一月二〇日）

藤原書店　その一

一九七〇年代初頭の頃のことです。大阪市立大学に在籍していた藤原良雄さんは、そこで佐藤金三郎教授に師事して、社会科学やマルクス経済学を学んでいました。そのときすでに彼には、マルクス主義がいずれ崩壊するものであることが見えていたといいます。この方法論では日本の社会を、そして世界を分析することができない。そうであるなら、それに変わる社会のとらえ方や歴史の見方はあるのだろうか。

七三年三月に大学を卒業した藤原さんは、日本の社会をとらえる新しい方法論となりうるもの、それを求めて東京に出てきたのでした。そのために選んだ就職先は、教授の紹介のあった出版社「新評論」でした。新評論は、五二年に美作《みまさか》太郎さんが「新評論社」として創業した出版社です。その美作さんは、戦争末期に軍部によって引き起こされた言論弾圧事件・「横浜事件」によって投獄された出版人の一人であり、事実を尊重するジャーナリストとしても知られていました。

明確な目的意識を持って就職した藤原さんは当初、会社の倉庫に寝泊まりしていました。一冊の刊行書が、「なぜヒットしたのか、事後説明をすることはできても、出すときはのるかそるかです。編集者の勘です。やって失敗して考える」美作さんによって、編集者魂と一緒に職人としての感性を磨くことを学んだといいます。

妥協を許さない本作りを叩き込まれた藤原さんは、八一年に編集長に就任して以来、刊行するすべての原稿に目を通すことを当然の姿勢としました。やがて藤原さんは、気に入らなければ刷りなおしやカバーの掛け換えも辞さないという厳しい本作りで知られるようになりました。

編集者生活の最初に企画した本は、今村仁《ひと》司《し》さんの『歴史と認識　アルチュセールを読む』（七五年五月／九三年八月講談社学術文庫で増補・改題し『アルチュセールの思想　歴史と認識』として出版）でした。この企画は、アルチュセールの構造主義というのは、いったいどういう方法論で社会を見ていたのかを今村さんにまとめてもらったものでした（実は、藤原さんの最初の本として紹介した今村さんの『歴史と認識』は売れなかったのです。「倉庫の邪魔者で終わった」と言います。在庫の山を眺めるのは辛かったけど、「勉強になった」そうです）。

フランス語の翻訳書も企画しました。最初に手がけたのは、エティエンヌ・バリバール著／加藤晴久訳『プロレタリア独裁とはなにか』（七八年二月）でした。この本は、共産党をどう立て直すかという独裁批判であり、ある意味での内部批判でした。マルクス主義というのはもう地に落ちている――そこでも再確認することになりました。

さらに八一年には、その後の歴史の大転換を予見したエレーヌ・カレール＝ダンコース著／高橋武智訳『崩壊した帝国　ソ連における諸民族の反乱』（八一年二月）を刊行しました。ダンコースは、民族、言語、宗教からソ連のデータを分析した結果、なぜイスラム教徒の力があれほど増大したのかという疑問に直面し、「ソ連邦は抑えが効かなくなって分裂する」という結論に達したのでした。ソ連崩壊の一〇年も前のことでした。歴史人口学を下敷きにした目の覚めるような方法論との出会いでした。藤原さんにとってそれは、ソ連崩壊という「結論」よりも刺激的であったに違いありません。「その思考と僕の考えとがピシャッと合った」といいます。

このときすでに藤原さんは、方法論を求める模索の中から、人文社会・自然科学といった諸々の知を総合し、歴史学を超えた「歴史学」といわれるアナールの方法論と出会っていたのでした。アナールとは、二九年一月にストラスブール大学で刊行した『社会経済史年報』の略称です。ソルボンヌ大学を牙城とした『歴史雑誌』に代表される出来事史と政治史、つまり表層の歴史学といった従来の歴史学とは異なり、深層の力を対象とする新しい切り口の「歴史学」でした。こうした歴史学に対する闘争が「アナール派」と呼ばれる一つの学派を誕生させたのです。

アナールの最初の紹介には、予備知識のない日本の読者に対して、「アナールというのは、このように考えている」という概略や全体の見取り図を提出する意味合いがありました。E・ル＝ロワ＝ラデュリー著／樺山紘一ほか訳『新しい歴史　歴史人類学への道』（八〇年一二月／九一年九月にFS版を藤原書店）は、その役割を担って刊行されました。原書は『歴史家の領域』といい、五〇〇ページが二冊、一〇〇〇ページを越える大著でした。『新しい歴史』は、それを縮小し、日本人に理解しやすくしたものです。こうしてアナールの著作が日本での翻訳刊行の場を得ることになりました。

新評論ではその後、ジョルジュ・デュビー著／篠田勝英訳『中世の結婚』（八四年一〇月）やM・フェロー著／大野一道訳『新しい世界史』（八五年一〇月）などが出ています。

ここで、この頃の日本の出版界の状況を見ておきましょう。八〇年代に入ると、大手出版社は、雑誌の刊行を精力的に展開していきます。八〇年に創刊されて、今でも続いているものに、『Ｎｕｍｂｅｒ』（文藝春秋社）や『とらばーゆ』（リクルート）などがあります。八三年には、女性雑誌の創刊が相次ぎ、創刊誌が二五七点に達して、史上最高を記録しました。八四年には、国民の九〇パーセントが自分の生活程度を「中流」と認識しているのを背景に、『週刊少年ジャンプ』（集英社）が四〇〇万部を突破しています。出版界では、大量販売志向が加速していたのでした。

藤原さんの企画した「読まれるべきしっかりした本」が、肥大化する雑誌流通の狭間に紛れ込むようにして、全国の学者や学生層の手に渡っていきました。幅広い読者を得ていたことを朝日・讀賣・毎日・日本経済の四大紙の書評が証明しています。藤原さんの企画したJ＝L・フランドラン著／宮原信訳『性と歴史』（八七年三月）、A・ボスケッティ著／石崎晴己訳『知識人の覇権』（八七年四月）、バルザック著／鹿島茂編訳『役人の生理学』（八七年六月）が、八七年四月から一二週間連続して書評欄に掲載されたのです。

「アナールの仕事というのは、日本人が知らないだけであって、日本の学問の中に、社会学にも、経済学にも入っていないだけであって、要するに世界の中ではもう、いろいろな形で入っている」というのが、藤原さんにはわかっていたのでした。

八八年には、歴史的分析を重視する経済学の新しい学派・レギュラシオンを発掘して、ミシェル・アグリエッタ著／斉藤日出治訳・解説『基軸通貨の終焉　国際通貨体制へのレギュラシオン的接近』（八九年五月）を刊行しました。その後この企画は、藤原書店に引き継がれ、九〇年九月にロベール・ボワイエ著の『入門・レギュラシオン』と『レギュラシオン理論』の二点を刊行しています。

一流の編集者として注目されるようになった藤原さんに独立の機会を与えたのは、八九年に美作さんが亡くなったことでした。九〇年四月、模索の中から探り当てたイバン・イリイチの著作やアナールの「歴史学」を丹念に刊行してきた藤原さんは、美作さんの死去を潮時に新評論を去り、自分が手がけた二〇点弱の出版権を譲り受けて藤原書店を創業しました。

　最初の刊行書は、出版権を持って出た山田國廣著『ゴルフ場亡国論』（九〇年三月初版／〇三年三月新装版）などの環境に関する本でした。以来、環境問題は藤原書店のこだわるジャンルの一つとなりました。この本で藤原さんは、アナールから学んだ方法論を編集方針として採用しています。数字と事例を含め、身の回りの生活環境が汚染されている事実を掘り起こしているのです。小さな事象を記述していくことで、その先の地球環境の危機が自ずと見えてくるという構図で、著者の大きな思いを込めたのでした。

　日本経済新聞の「人間発見」欄の取材に答えて藤原さんは、次のように話しています。


　出版人として僕がやってきたことは、身の丈の世界から歴史を骨太に見直してみるという作業です。時代をイデオロギーで語るのは間違いだと思います。イズム（主義）の色眼鏡を通しては本物は見えない。これまでの社会科学は身辺雑事というのか、民衆の日常を子細に観察することをせずにもっぱら大状況を語ってきましたが、ちょっと違うのではないかと思います。

　天下国家を論じるのが全体史かというとそうではありません。ささやかな日常にも全体が宿っている。そこからグローバルに問題をとらえるという考え方にひかれる。フランス・アナール派の歴史観です。

（『日本経済新聞』〇〇年一一月六日、夕刊）

新評論時代の出版活動を振り返って藤原さんは、八〇年代においてなにかインパクトを与えたとは思わないといいます。八〇年代はたまたま出会ったアナールの第三世代を個別に紹介して、九〇年代にそれがグループとして結ばれ、だんだんと花が開いてきたというのです。

八五年一一月に、湯浅赳男著『文明の歴史人類学―「アナール」・ブローデル・ウォーラーステイン』を出しました。アナールの第三世代のイマニュエル・ウォーラーステインの著作はそれまでに、岩波書店から三点が刊行されていました。ウォーラーステインは、アメリカでフェルナン・ブローデル・センターを設立して、ブローデルの後継者というような研究活動をしています。そのウォーラーステインが八六年に来日しました。藤原さんは、ウォーラーステインに連絡して、ある申し出をしました。彼の作品を一社会学者とか政治学者の著作として紹介するのではなく、ブローデルとの関係の中で、きちんと位置づけて刊行したいとの申し出でした。ブローデルがアナールの第二世代の中心にいることを知っていたのでした。快諾したウォーラーステインから、後日、送られてきた作品が、ウォーラーステイン責任編集『叢書世界システム1　ワールド・エコノミー』（九一年六月）、『叢書世界システム2　長期波動』（九二年一月）となりました。

九一年のことでした。ウォーラーステイン

にも伝え、八〇年代の半ば頃から必死に刊行を考えて、浜名優美さんに翻訳を頼んでいたフェルナン・ブローデル著『地中海』（全五巻、九一年一一月より九五年三月）の最初の原稿が上がってきました。一六世紀の、フランス、イベリア半島、ギリシャ、それにトルコ世界までを網羅したアナール派の最高傑作の邦訳です。ブローデルは第二次世界大戦のさなかに、ドイツの捕虜収容所で記憶をたぐり寄せながら、一年足らずでこの大著を書き上げました。

不朽の名著、人文科学の金字塔といわれる『地中海』の刊行は、第三二回日本翻訳文化賞と第三一回日本翻訳出版文化賞との、初の同時受賞となりました。また藤原さんは後に、優れた著作を刊行した編集者に贈られる第一回青い麦編集者賞を受賞しています。（〇四年二月二〇日）

藤原書店　その二

アナールの歴史学を日本に定着させた藤原良雄さんは、藤原書店店主となって間もなくフェルナン・ブローデル著『地中海』(全五巻)の翻訳刊行を成し遂げました。そんなすごい学者が極限状態の中で書いた大著なら、ぜひ、翻訳本を出したい。これが刊行の動機でした。

藤原さんは、八〇年代の初頭に、アナールの第二世代の中心にいたブローデルを知り、その主著が『地中海』であることを知ったその時以来、何人かの訳者に話をもちかけてみました。ところが、その都度「空恐ろしい」と避けられ、翻訳を引き受ける訳者はなかなか現れなかったのです。そんな閉塞状況を一転させたのが、南山大学教授の浜名優美さんとの出会いでした。いかに大変な仕事だったかは、浜名さん自身『地中海』の後書きに、「(この翻訳企画は)狂気の沙汰だった」と書いていることで知ることができます。

それほどの思いを経て刊行した著作です。当然「これはいける!」広く普及させたいと思うのが出版者の本音ではないでしょうか。できるだけ「定価」を抑えて「部数」を増やす。この手段を藤原書店は採りませんでした。幻想を抱かなかったのです。第一巻は、A5判・上製・ハードカバー・定価八八〇〇円(揃価三五、七〇〇円)、初版二〇〇〇部の刊行でした。それが当たりました。発売当初から一〇〇〇部単位の重版を数ヶ月間続け、以来〇一年初頭までで、一五、〇〇〇部を売り上げたのです。

少部数、高定価。知的好奇心旺盛の読書人が待望する本を企画して、精一杯高い定価を付けて二〇〇〇から三〇〇〇部を確実に売る。この藤原書店の手法が、もっとも功を奏したのが『地中海』の刊行でした。幾ら儲かるかよりは、損しないところで算盤をはじく。その中から何冊かヒットすればいいという考えです。

その後藤原書店は、この『地中海』を親版として、九九年一月から一一月までに〈藤原セレクション〉版・全一〇巻・B6変並製判、揃価一七、四〇〇円を出しました（〇四年二月現在四点品切）。さらに、〇四年一月から、『地中海　普及版』（全五巻）菊判並製・揃価一九、〇〇〇円の刊行を始めました。

『地中海』が完結した九五年四月の日本は、東京外為市場が一ドル七九・七五円という史上最高値を記録する円高の時代を迎えていました。九六年には、住宅金融専門会社の不良債権問題が浮上しました。九七年は、北海道拓殖銀行と山一証券が相次いで破綻しています。今日まで続く不況、本が売れない時代がやってきていました。

再建を迫られる中で時代を表すものの一つが、教養書の周縁にある著作をマスセール商品として企画することでした。昨今の「新書創刊ブーム」はその象徴といえるでしょう。

そこには、三〇〇〇人とか五〇〇〇人はいるだろう、本当の知識人、本物の学者が情熱を注いで書いたものを読みたいと思っている読者の存在が見えていません。また、本当の知識人とか、本物の学者とかが圧倒的に少なくなっているのも事実です。出版社にそういうヒトたちを育てようとか、援助しようという姿勢が保てなくなったのです。

藤原さんは言います。「いまや、国立大学の一教員というのは、サラリーマンですよ。そこを外れるともう食えません。ほかで通用しないのです。昔は違いました。うちに来てくれとか、うちで使いたいとかという学者が何人かいました。そういうヒトがほとんどいないのです。私なんか思うのは、本当にものを考える。読書をして、読むということはものを考えることですからね。ものを考えることを大学教育とか、そういうところにいる人がやらなくなったのですね、それでどうして、ちゃんとした学生が育ちますか。だからもう藤原書店の読者は、八〇年代後半に支えとなった全国の学者や学生層、そういう人たちではないんです。自分がどう生きたらいいのか、生きる道を模索している人が読者です」

サラリーマンをやっていてもいいし、農業をやっていてもいい。いまの出版社にとっては、職業に関係なく、問題意識をもった読者が大切なのです。この現状認識から藤原書店は、「良い本」の刊行にこだわり続けています。それは、「良い本は読者が知っている」という鉄則を藤原さんが心得ているからです。

それでは、どのようにして本を作っている

のでしょう。分業化が進んだ大手出版社は、編集部員は企画しかせず、校正までも外注化しています。創業以来、藤原書店は、常時一〇人ほどの社員で、装幀から紙の選択、まで、製本に幾らかかるかのコスト計算に至るまで、担当した編集部員が自らこなしています。「やって失敗して考える」、藤原書店の本作りです。また、読者が本を選択する第一印象は、タイトルです。タイトルでどれほどのメッセージをアピールできるか、そこで売れ行きが決まります。だからタイトルは全部藤原さんが決めます。

このようにして、月四点、年間五〇点、一三年間で四七〇点の本を作ってきました。出版活動の全体を知れば、これが限度でしょう。かつては、二点出せば一点が重版になりました。それが現在三点のうち一点ぐらいに落ちてきました。そのあたりの状況の変化を、不況のせいで片づけずに、個々の出版社の出版姿勢にこそ、その真因があると判断して、創業以来、読者を掘り起こす活動を続けています。

その一端を最近の例で見てみましょう。〇三年四月に藤原書店は、アレゼール日本（高等教育と研究の現在を考える会）編『大学界改造要綱』を刊行しました。この主張を知らしめるために、アレゼール日本と連携して、〇三年七月一三日に、「大学改革へのオルタナティヴ　競争と分断を超えて」と題するシンポジウムを開催しています。〇三年九月二三日。千代田区公会堂において、「沖縄の未来が日本をひらく」海勢頭豊《うみせど》『真振　MABUI』刊行記念／『GAMA　月桃の花』上映会＋海勢頭豊コンサートが開かれました。沖縄戦の生き残りの女性の回想を通して、戦時中、ガマ（洞窟）に避難した人々の苦難の生きざまを描いた映画の上映とコンサートでした。コンサートを開いた海勢頭豊さんは、沖縄に踏みとどまり、沖縄の魂（MABUI）を忘れることなく生きざまと音楽は、シャンです。海勢頭さんの生きざまと音楽は、沖縄本島をはじめ、本土の人々にも深い感銘を与えてきました。

海勢頭豊著『真振　MABUI　CD付』（〇三年六月）は、喪われた日本人の心の源流である沖縄の最も深い精神世界を語り下ろした作品で、藤原さんのインタビューを受けたことから一冊の本にまとまりました。

ジュンク堂書店とは、連続してトークセッションを共催しています。〇三年一一月一一日には、大阪本店で、竹内敏晴編『からだ＝魂のドラマ「生きる力」がめざめるために』の刊行記念として、竹内敏晴トークセッション「『魂の世話』と『からだそだて』」が開催されました。〇三年一一月一五日、池袋店において、大石芳野写真集『アフガニスタン戦禍を生きぬく』の刊行を記念して、「アフガニスタンを取材して」と題する大石芳野さんのトークセッションがありました。藤原書店の出版活動は、刊行書を媒介にしてさまざまな催し物で、読者と著者を直接対話の場に誘導しているのです。

出版のみに留まらない活動の紹介の締めく

くりに、〇四年一月一四日、東京都渋谷区の青山学院大学青山キャンパスで開催された国際シンポジウム「『帝国以後』と日本　対米従属からの脱却は可能か？」と題する講演会をあげておきましょう。講演の主役は、フランス国立人口学研究所資料局長で、『帝国以後　アメリカ・システムの崩壊』（〇三年四月／〇四年一月五刷／石崎晴己訳）の著者エマニュエル・トッドさんでした。『帝国以後』は、韓国版をはじめ、二八ヶ国語に訳されて、フランスで一二万部、ドイツでは二〇万部と、世界中で大反響を呼んでいます。それは、まったく新しい「人類学的手法」により、衰退途上にあるアメリカの現在を鋭く指摘したものでした。

ぬかるみの道ふたたびか請わるるまま
海外派兵に踏み出す日本

（『環』16号、藤原書店）

この短歌の詠み手は、鶴見和子さんです。一八年に東京で生まれた鶴見さんは、幼少の頃から短歌を学び、日本舞踊を習っていました。日本の大学を卒業した後にアメリカに渡り、哲学修士号と社会学博士号を取得している国際的な学者です。

藤原さんは、八〇年代の初めの頃に鶴見さんと知り合いました。その時以来の親交が続いています。藤原書店創立の時のパーティでは、鶴見さんがスピーチをしています。また、アナール派が達成した〝女と男の関係〟を問う初の女性史・ジョルジュ・デュビィ、ミシエル・ペロー監修／杉村和子、志賀亮一監訳『女の歴史』（全五巻一〇分冊、別巻二／九四年五月から〇一年三月）と同時に日本版として企画された『女と男の時空』（全六巻、別巻一／九五年九月から九八年一〇月）の刊行に際しては、企画段階からサポートし、監修者の一人となりました。九五年の一一月に開催した、『女と男の時空』の刊行記念シンポジウムにも出席しています。その翌月、一二月二四日のことでした。鶴見さんは自宅にて脳出血で倒れて、左方麻痺となりました。

三四年、茨城県結城市生まれ、多田富雄さん。免疫学を専攻する東京大学名誉教授です。その学業で、八四年に文化功労者となりました。また、「能」に造詣が深く、自ら小鼓を打ち、新作能を手がけてもいます。〇一年五月二日、出張先の金沢で過労がたたって脳梗塞に倒れ、右半身麻痺と仮性球麻痺の後遺症で構音障害、嚥下障害となりました。

国際的な二人の学者、しかも社会科学と自然科学という、この二人の対談を藤原書店は企画して、日にちまで決めていました。それが、共に病に倒れ、共に死線を越える奇跡的な復活を果たしたのです。対談が形を変えて、多田富雄・鶴見和子往復書簡集『邂逅』（〇三年六月）の刊行となりました。

多田さんは声も出ません。左手で杖をもてば、若干歩けます。鶴見さんの場合は、声は出るけれども右脳をやられてしまって、左半身が不随です。お二方は倒れてから、生きるということがどういうことなのか、新たな思想の地平へと踏み出しました。それが当初の企画を上回る凄い本の誕生となりました。お二方が、自分の専門に引きつけながら互いを気遣いつつ語り尽くしたこの往復書簡集は、刊行されるやいなや、さまざまな書評に採り上げられ、多くの人に感動を与える話題作になりました。

このように紹介すれば、九七年にフランスの主要な人文、社会科学を先駆的に紹介してきたことが受賞理由となり、フランス政府から「芸術文化勲章」を授与された藤原さんは、単に翻訳出版のみに力量を発揮する編集者ではないことが理解されるでしょう。

さらに、創業一〇周年記念として企画し、創刊号を刊行、〇四年一月に一六号を出した学芸総合誌・季刊『環』を見れば、藤原さんの出版活動は、日本が基本なのが明白となります。『環』では、日本の自然、日本語論、日本をとらえ返すなどを特集しています。語り尽くされてきた日本の歴史を藤原書店なりの視点・歴史認識を確立する角度から、再度見直す。とらえ返そうとしているのです。「社会を見る目、歴史を見る目がなかったら、編集者なんかできないですよ」

溢れ出る知的探求心を次々と形にして藤原書店は、「初心」である日本の社会をとらえる活動を続けています。

（〇四年三月二〇日）

七つ森書館

助教授との運命的な出会いに導かれて学生時代を過ごし、助教授の没後に著作集の刊行を成し遂げた編集者がいます。助教授とは九七年一二月にスウェーデンのライト・ライブリフッド Right Livelihood（正しい暮らし）財団のライト・ライブリフッド賞を、M・シュナイダー氏と共同受賞した科学者・高木仁三郎さんです。「もう一つのノーベル賞」といわれるこの賞のこの時の受賞理由は、「人間社会からプルトニウムの脅威を取り除くために協力して闘い、プルトニウム産業による情報の操作や隠蔽に対して抵抗している多くの人々の力となった」ことでした。受賞の契機となった国際研究をまとめた『MOX総合評価　IMA［国際MOX燃料評価］プロジェクト最終報告』を刊行（九八年八月）した七つ森書館代表の中里英章さんが当時の学生でした。

ハーンとシュトラスマンが核分裂反応を発見した三八年、その年に高木さんは群馬県前橋市に生まれました。五七年に東京大学理学部へ入学し、化学科に進みます。「自分なりの科学観を持ちたい」これが自らに課した命題でした。時代は原子力の時代に向かおうとしていました。卒業後に、原子炉を建設中の

「日本原子力事業株式会社」に就職しました。

核化学研究室に配属され、そこで興味を抱いたのは、放射性物質の放出や汚染に関するものでした。「放射性物質の挙動は、複雑でわかっていないことが多い。もっともっと基礎の研究を固めなくては」。しかし会社で期待していた放射能の専門家としての役割は、「放射能は安全に閉じこめられる」とか、「こうすれば放射能はうまく利用できる」ということを外に向かって保障することでした。原発推進の旗振り役としての期待。次第に居場所を失っていきます。六四年頃には、東海原発の建設が始まり、各地に原発建設計画や、原子力船の計画が持ち上がっていました。それらの計画をめぐって賛否の議論があり、住民の反対運動も起こっていました。

複雑な振る舞いをする放射性物質と格闘し、まだまだ解明すべきことが多いと思っていた高木さんは、住民が不安に思う感情に対して無知と決めつけるわけにはいかないと感じていました。

辞職を決めた高木さんは、六五年七月に、東大原子核研究所の助手の公募に応募して採用されました。ここで高木さんは、核化学の手法を使って、宇宙や地球の生成や歴史について研究する宇宙核化学を研究テーマに選びました。研究者として実際に海や山というフィールドに出て、深刻な問題に気づくことになります。海や山で採集したどの試料にも核実験の死の灰の成分が検出されたのです。衝撃でした。「地球を汚染しつつある」ということを実感したのです。

そのような時代に、最も高木さんの心をとらえたのは、科学技術が深く関わる公害事件の顕在化でした。熊本の水俣病。富山県神通川流域などのイタイイタイ病。四日市ぜんそく。高度経済成長がもたらしたこれら公害は、また、会社側が詳しいデータを隠し続け、原因調査に加わった科学者が、一部を除いて風土病説やウイルス説などの仮説を立てて企業側を擁護しようとするものでもありました。

「放射能汚染がからむような公害問題が生じたとき、それと正面から向き合えるだろうか」

高木さんは、社会的問題の場から身を遠ざけようとして、基礎研究とか論文生産のための研究者といった場に居続ける自分の営みを問い直しました。

ちょうどそんな折に、日本大学や、東大で学生たちの闘争が起こります。学生たちは、「大学とは何か」「科学とは何か」「科学者は何をすべきか」を鋭く問いかけていました。体制の内側に身を置いてどうするかが問われている。そう感じた高木さんは、六九年に「宇宙線ミュー中間子と地球物質との反応生成物の研究」で学位を授与されたのを契機に、同年七月に東京都立大学理学部化学科に助教授の籍を得て赴任し、学生たちと接する場に身を置くことにしました。

五〇年に東京都練馬区に生まれた中里さんは、六九年に大学受験の年を迎えていました。志望校は東大でした。しかしこの年の東大は、学生闘争のあおりを受けて入学試験が行われなかったのです。こうして四月から東京都立大学理学部化学科に在籍していました。入学はしたものの講義を受ける間もなく都立大学は、六月から学生大会に勝利した全共闘によって封鎖されてしまいました。その七月に高木さんが同じ化学科に赴任してきたのです。中里さんは、いつしか高木さんの研究室にたむろするようになっていました。

社会問題に関心を持っていた高木さんは、仲間と連れだって千葉県成田市三里塚を訪れます。そこでは、成田空港建設に反対する農民たちによって、「三里塚闘争」が行われていました。農民たちの主張は単純明快でした。

「ここは古村で、俺たち百姓は、先祖伝来田を耕し野菜を作ってきた。その土地を俺たちに何の断りもなく取り上げる権利が誰にあるのか」

農民が百姓として生き続けるようにするためには、農民が大地の上に生き続けることが、緑野を破壊して空港を作ることより大事なことを、大義として理性的にも社会に認めさせる必要があるだろう。それは、自分のような立場の者が行う作業だろうと高木さんは感じたのでした。

遊びに来ないか。三里塚にやってきた中里さんを待っていたものは、「人間生きる道を選ぶのはいろいろあるけれど、自分が楽になる道を選ぶと、あんまり面白くないぞ」という高木さんのひと声でした。中里さんは、三里塚でいろんなことを教えてもらいました。東京育ちでは築き得ない濃密な人間関係。そして、田や畑での肉体労働でした。その後の人生に関わるすべてを教えてもらいました。それは、ただ学生をやっていたらわからないことばかりでした。

七三年三月に大学を中退した中里さんは、仲間とエレベーターの据え付けと保守をする会社を作りました。七三年八月に高木さんは、学生や農民との出会いから、大学のひきずる利害性を離れ、市民の中に入り込んで、独立した一市民として「市民の科学」をする決意を固めて都立大学を退職します。

仲間の怪我があり、エレベーター会社をたたむことにした中里さんに高木さんが「ぼく、ちょっと原子力情報資料室を始めたのだけれど、アルバイトでもいいから来ないか」という誘いを入れてきたのは、七七年のことでした。高木さんが専従を務めた原子力情報資料室が創設されたのは、七五年のことでした。すでに全国各地で原発計画があり、それに対抗する住民運動が活発に活動していたのでした。原子力情報資料室はそれに呼応して、研究者が自由に使える共通の場として設けられたのでした。高木さんの誘いにのって二年ほどそこに勤めた中里さんに転機が訪れたのは、七九年三月のことでした。中里さんはある出版社の採用試験を受けて採用されたのです。それは三月二八日に起きたアメリカのスリーマイル島の原発事故の一週間ほど前のことでした。

編集者となった中里さんは、二番目に勤めた柏樹社で脳性麻痺の少女の日記、町田知子著『17歳のオルゴール』（八一年七月）という一〇万部を越えた本を編集しています。

三年半ほど勤めたときでした。中里さんは高木さんを訪ねて、「出版社みたいなことをやりたい」と相談したのです。こうして、八五年に七つ森書館は創業され、最初の本、対論 前田俊彦、高木仁三郎著『森と里の思想 大地に根ざした文化へ』を刊行したのは、八六年一〇月のことでした。この本で高木さんと対談した前田さんは、ヒューマニティーをもじった個人通信誌『瓢鰻亭通信』を出して、草の根から作りあげた独自の思想で注目されました。晩年には三里塚に住み、農民の権利闘争としてのドブロクづくりを提起し、当時の国税局長官に招待状を出して自作ドブロクの試飲会を開いていました。そんな二人が独自の自然観から、雄大なスケールで現代文明の発想の転換を迫った本でした。

二冊目が八六年四月二六日に起こった史上最悪のチェルノブイリ原発事故の経過を高木さんが追い、全地球的規模の放射能汚染に至る全容を究明した『チェルノブイリ 最後の警告』（八六年一二月）でした。この本の刊行によって七つ森書館は一挙に力をもったのでした。その営みは、プロダクション仕事で生計を図り、市民運動との二足の草鞋で、年間三冊の自社刊行書が出せれば、よく出したねというような緩やかなものでした。

九一年一月には、翌年一月の青森県知事選に合わせて、『下北半島六ヶ所村 核燃料サイクル施設批判』を刊行しました。高木さんが体調を崩して二、三ヶ月の間、情報室を休んでいる間に、積み上げたら背丈ぐらいになる膨大な量の再処理工場などの核燃料サイクル施設の資料を解析して書き上げたものでした。

それから徐々に分野を広げていきました。有機農業と食、健康の分野です。たとえば、雞林東医学院の梁哲周（ヤン・チョルジュ）さんとの出会いがあって、漢方の本を出すようになりました（梁哲宗〔ヤン・チョルジョン〕著『漢方で治すアトピー性皮膚炎』〔九八年一二月〕など）。学院名の「雞林」は朝鮮の美称、「東医」は日本で言う漢方のことですが、中里さんが柏樹社を退職しようと悩んでいたときや精神的にも不調だったときに、梁さんの漢方薬で快癒した経験があったからです。

ライト・ライブリフッド賞を共同受賞し、スウェーデンから帰ってきた高木さんを待っていたものは、それまでは在野の研究者で、本を読んでただ発言しているだけの人という社会の評価がガラッと変わっていたことでした。ところが、業績を持つ研究者として認知され、さあこれからはよくなるという矢先の九八年四月に高木さんは、体調を崩したのです。七月には癌の手術をしたのでした。七つ森書館が最後に刊行したのは、『証言　核燃料サイクル施設の未来は』（〇〇年一〇月）でした。死期の迫っていることを察した高木さんは、〇〇年四月に青森で核燃裁判の証人に立ち、これ以上核燃料施設の建設を進行させてはならないと訴えたのです。その半年後の一〇月に高木さんは癌で亡くなりました。「頼むよ」と言われた、生前の高木さんとの約束を守り、中里さんが『高木仁三郎著作集』（全一二巻）の刊行を開始したのは、〇一年一〇月のことでした。〇四年四月の完結に至るまでには、財政的に逼迫する事態に見舞われもしました。それを読者の株主参加という「増資」と、多くの人の支援によって切り抜けてのゴールインでした。

　全集完結によって、社会的評価を得た七つ森書館は、それまでの市民運動に加わりながら、自分が好きなテーマだけやっていくスタイルを返上しました。精力的な出版活動を始めています。

　そんな中の一点を紹介しておきましょう。

山下惣一、大野和興著『百姓が時代を創る』（〇四年一二月）。「農民作家の雄」である山下さんと「生涯一農業ジャーナリスト」を貫く大野さんが、日本の農業、農村、農民の行く末について、また、アジア全体の農業の今とこれからを見据えた発言は刺激に充ちています。

　七つ森書館はこれからも市民と歩む出版社（市民出版）であり続けることでしょう。

（〇五年二月二〇日）

工作舎

企業のＰＲ誌を作っていた十川《そがわ》治江さんが、再就職のあてもなく退職したのは、七一年三月のことでした。時代は、学園紛争が終わり、文化的には担うものが見えてこない、呆然とした時期でした。若者たちの間では、寺山修司や唐十郎の率いるアングラ演劇が人気を集めていました。

その年の夏のある日。失業保険で暮らし始めた十川さんが、新しい雑誌を作ろうとしている人たちがいるという話を人づてに聞いてやってきたのは、池袋駅東口の喫茶店の二階の六畳間ほどの広さの事務所でした。そこでは、数名の男たちが創刊号の最後の版下作りのためにロットリングを引いていたりしていました。早稲田大学理工学部建築学科を卒業した十川さんは、「これならなにか手伝うことができそうだ」と思いました。「不思議な感じ」に誘われて十川さんは、雑誌の創刊に関わり、工作舎設立時のメンバーとなりました。

工作舎の創業には一つ一つの偶然が、必然へと繋がるドラマがありました。十川さんが出会った男たちの話から始めましょう。

中上千里夫《ちさお》さん、三九年京都生まれ。早稲田大学卒業後に広告代理店に入社し、営業を担当していました。部下の一人に松岡正剛さんがおりました。松岡さんは、その代理店が六七年から発行した『ハイスクール・ライフ』という新聞の編集長を務めていました。松岡さんが早稲田大学在学中に、東京六大学の「大学新聞」の編集長をしていたのを見た関係者が、「高校生の関心が書店に向くようなメディアを作ってほしい」と依頼したのがきっかけでした。この新聞で松岡さんは、入沢康夫、高橋睦郎、開高健、天沢退二郎、土方巽、唐十郎、鈴木忠志といった多彩な執筆陣と出会っていったのです。部数一五万部の高校生向けの読書新聞『ハイスクール・ライフ』の編集は、松岡さんの出版人としての将来性を確実なものにしていました。

「雑誌を作らないか」『ハイスクール・ライフ』を見た仮面社の代表者から、その雑誌化の誘いがありました。仮面社は当時の前衛文学を中心に活動していた出版社でした。松岡さんは会社を辞めて新雑誌の創刊にすべてを賭けることにしましたが、仮面社はあえなく倒産してしまいました。すでに原稿をもらっていた著者たちの応援もあり、七一年四月にオブジェ・マガジン『遊』の編集制作チームとして工作舎を発足させたのが、出版社としての始まりでした。

さらに、三二年東京生まれ。五五年に東京芸術大学建築学科を卒業した杉浦康平さんがおりました。杉浦さんは、七一年五月から『遊』のエディトリアル・デザインに参加してくれたのです。そのきっかけは、松岡さんが新たに工作舎からの刊行に際して、杉浦さんにまず相談すべきだと考えて、「アートディレクターをしてくれませんか」と頼み込んだのでした。杉浦さんは、すぐに束見本と表紙のダミーを作ってくれました。印刷会社を紹介してくれたのも杉浦さんです。こうして、七一年九月に『遊』が創刊されました。その「原理の狩人」というページの第一回に、杉浦さんのインタビュー記事が掲載されました。

『遊』の企画が先にあって、刊行のための工作舎を設立させたのは、七一年一二月のことでした。事務所の確保や創刊に至る費用を工面するなど『遊』の全貌にかかわる勇気を発揮し、松岡さんの意気込みを形にした中上さんが社長に就任しました。

書店では釣りの本の棚に置かれたりもした創刊号でしたが、それを手にした野坂昭如さんも、もちろん杉浦康平さんも「いやあ、よくやった、快挙だ」と、松岡さんを取り巻くみんなが沸き立っていました。しかし、作っている期間の方が長く、季刊としてスタートした『遊』は徐々に、不定期刊を余儀なくされていきます。科学と人文の融合や松岡さんならではのアンテナから掘り起こされた企画を満載した『遊』でしたが、結局、お金は注ぐばかりで、帰ってこないというのがすぐにわかりました。

言うまでもなく出版は、経済活動でもあります。そこをどうバランスをとるかが課題になりました。総合的に考えた結果工作舎は、「出版」と並行して活動の多くの時間を企業や各種団体の依頼を受け、広告宣伝やＰＲ誌などの企画制作を手掛けることにしました。それらすべての制作活動を「プロジェクト」と呼び、この「出版」と「プロジェクト」は、二つで一つ、出版物の著者がＰＲ誌の企画に参加したり、プロジェクトを通じての出逢いが、新しい出版企画を生み出したりしてきました。時間を先取りすることになりますが、これまでに工作舎が手掛けた企業名の一部をあげてみると、〈メルセデス・ベンツ日本〉〈明治乳業〉〈オリンパス光学工業〉〈東芝ＥＭＩ〉などとなります。

商業印刷の世界は、それなりに技が磨かれる世界です。必ずしも出版だけが偉くて、企業ＰＲ誌はその身過ぎ、世過ぎという感じでもないのが工作舎の活動なのです。なぜなら、九七年から〇四年までの日本産業広告総合展で工作舎が制作した堀場製作所のＰＲ誌『ＡＢＩＲＯＨ』および「カレンダー」が、金賞をはじめ各賞を連続受賞しているのですから。

「そういうことがないと私たちは観念だけが燃えていくという人間ばかりが集まっていますから、逆にそういうことで学ばせていただいたことがすごく多いのです」

話をまた、創業当初に戻しましょう。デザインから入っていった十川さんは、松岡さんに出逢って科学を新しい目で見られるようになり、徐々に編集に専念するようになりました。好きで、得意だから理工系に進学した。そのためにかえって見落としていた科学そのものの面白さ、人文的な面白さを再発見したのです。ジェンダーとかフェミニズムをやるときも、自然科学につながるような視点からやっていけば、社会学で攻めるのとは違う路線ができるという見通しも立ちました。

『遊』が中心にあって、そこから生まれた最初の刊行書は、高内壮介著『湯川秀樹論』（七四年六月）でした。フリッチョフ・カプラ著／吉福伸逸《しんいち》、田中三彦、島田裕巳ほか訳『タオ自然学　現代物理学の先端から「東洋の世紀」がはじまる』（七九年一一月）やライアル・ワトソン著／木幡《こばた》和枝ほか訳『生命潮流　来たるべきものの予感』（八一年年一一月）といったベストセラーが続きました。

この間に、次世代の育成に関心を持ち続ける中上さんの支持を得て松岡さんは、七九年四月に、『遊』を母体に宇宙史から存在学までを無料で講義する編集塾「遊塾」を始めていました。創業から一〇年の年月が過ぎた工作舎に転機が訪れたのは八二年のことでした。『遊』は休刊せざるを得なくなり、松岡さんが独立したのです。

工作舎は大きな柱を失いましたが、十川さんには、会社を辞めるわけにはいかない事情がありました。『遊』の最後の頃に、下村寅太郎さんのところに行って、「『ライプニッツ著作集』をやります。ちゃんと最後までやりますから監修者になって下さい」と約束していたのです。『ライプニッツ著作集』を完結させるまでは……。八二年一〇月、意を決して編集長になった十川さんは、出版の中心を雑誌から「ニューサイエンス」の単行本にシフトして、工作舎を単行本でキチッとメッセージを出せる出版社に変えることにしました。アーサー・ケストラー著／田中三彦、吉岡佳子訳『ホロン革命』（八三年三月）の刊行が当たって、単行本の出版社としての流れが作れたのでした。

それからのニューアカデミズム路線は、この頃ニューアカデミズムの潮流の中にあった出版業界に、それと並ぶ二本柱として機能していきます。続いて出した本の中に、J・ラヴロック著／スワミ・プレム・プラブッダ（星川淳）訳『地球生命圏　ガイアの科学』（八四年一〇月）がありました。当時は、「ガイア」という概念は、ほとんど知る人がいないので、地球生命圏という風にタイトルを工夫して出したのでした。五年が過ぎて、J・ラヴロック著／ルイス・トマス序文／スワミ・プレム・プラブッダ（星川淳）訳『ガイアの時代　地球生命圏の進化』（八九年一〇月）を出しました。この間に、惑星生態系の危機状況は深刻化し、地球上の生きとし生けるものすべてを含む有機生命体「ガイア」の概念を知る人が増え、タイトルとして使うことができたのでした。「ガイア」を癒すのは誰なのか。「生きている地球＝ガイア」理論は、環境問題に関心を持つ多くの人々に読まれています。

基軸に据えたニューサイエンスの根幹を示すためにも、ライプニッツ著作集を刊行したい。一六四六年にドイツのライプツィヒに生まれたゴットフリート・ヴィルヘルム・ライプニッツは、「天才の時代」と言われる一七世紀においても、その天才の時代の最も天才的な天才でした。それが日本では、哲学のちょっとしたものだけしか訳されていませんでした。特に自然科学系の著作が訳されていなかったということに十川さんは、飢餓感を抱いていたのです。

下村寅太郎、山本信、中村幸四郎、原亨吉《こうきち》監修『ライプニッツ著作集』（全一〇巻）の第一巻『論理学』を刊行したのは、八八年一二月でした。以来最終回配本となった第三巻『数学・自然学』（九九年三月）まで、一〇年余をかけて完結させたのです。この企画は、第三五回日本翻訳出版文化賞（日本翻訳家協会主宰）を受賞しました。

「いつか著作集を完結させたい。それがあったから私はエネルギーがもらえたという感じがします。これで、一つの路線というか色ができたということですね。背骨があったから、三〇〇年のスパンでやっているのだという気概だけは、持ち続けていました」

大きな仕事を成し遂げ、創業以来三〇周年を経過した〇一年に、中上さんの代表取締役会長就任の後を受けて、十川さんは社長に就きました。工作舎の出版活動は、点数から見る限り緩やかな営みといえます。

「ノルマで何本出してという発想にはどうしてもなれない。本を出すというのも生きる活動の一つですから。それだったら面白くて、経験としても楽しくて為になるものになった方がいいと思います。そういうものでなかったら、世の中にアピールできないのではないかと思いますしね」

〇四年一〇月に出した杉浦康平著『宇宙を叩く　火焔太鼓・曼陀羅・アジアの響き』で三八三点になりました。この本で杉浦さんは、古代中国で生み出され、韓国へと伝えられた「建鼓」を考察しています。その響きは、「大自然の蠢動を叩きだす」ものでした。

あの夏の日の「不思議な感じ」は、十川さんにはまだ解けていません。だからまだやっていますと言います。本作りの本来あるべき姿をそなえた工作舎の、創造の日々は続きます。

（〇五年三月二〇日）

晧星社

午前八時三〇分。いつものようにドアの鍵を開けて中に入ると、人気のない事務所に、電話の着信音が響いた。九月上旬のことだった。受話器の向こう側で晧星社《こうせいしゃ》営業部の佐藤健太さんは、こんなふうに切り出していた。

「今度、元患者さんの作品を厳選して『ハンセン病文学全集』全一〇巻を刊行することになりました」

東京都千代田区神田神保町。本の街といわれ、大手から、中小、零細までの多くの出版社や取次店が軒を並べ、新刊書店と古書店が建ち並ぶこの街に、私が勤める東京堂書店はある。その書店で、七二年に入社し、八二年に神田本店勤務となって以来、人文書の棚担当者として過ごしてきたが、三年半ほど前に、都内の図書館を主な得意先とする外商部営業課に異動した。営業部員は、得意先の状況に合わせ、九時前には事務所を出て、夕刻まで戻らない。佐藤さんはそれを見越して、早朝に電話をかけてきたのだった。

書店員をしていた頃には、担当する棚を、テーマごとに分類し、社会問題としてのエイズやハンセン病を考える本のコーナーを作っていた。『ハンセン病文学全集』の刊行。厳選したとはいっても素人集団の作文集ではないのか。いや、待てよ。〇一年五月にはハンセン病国家賠償請求訴訟の地裁判決があり、原告側の完全勝訴となった。その後、国側の控訴断念があり、〇二年一月には正式に和解が成立して、原告団をマスコミが追いかけたりしていた。一連の時流をみて、その頃企画した本だろうか。さまざまな思いが脳裏をかすめた。

そこで、率直に佐藤さんに尋ねた。すると、「一五年来の企画です」という答えが返ってきた。創業以来晧星社は、「朝鮮問題」と「ハンセン病」を二つの柱にしてきたと佐藤さんは言う。話を聞くうちに、キリスト教関係の大学図書館などの蔵書に向いた企画だなという職業意識が湧いてきて、紹介できそうな図書館員を思い浮かべていた。

JR中央線。阿佐ヶ谷駅南口を出ると、小売り店が青梅街道まで続く、パールセンター商店街の入り口が目にとまる。一〇分ほど歩いてそれを抜け、さらに路地に入ると、一階に中華料理店を営むビルがあり、その三階に晧星社の事務所はある。多くの出版社が事務所を置く都心からは、三〇分ほどを要する住宅街の中である。

「会社勤めが合わなかったのでしょう」

『ハンセン病文学全集』編集部で、刊行を取り仕切る能登恵美子さんは、代表の藤巻修一さんの創業をこのように紹介した。

四六年生まれの藤巻さんが大学を卒業した七〇年代初頭は、大学紛争を体験し、既存の企業に安住を求めず、自らの可能性を信じて、少数者の意見を代弁するような仕事がしたいと願う人たちを数多く輩出した。秋山清と無名のアナキストの資料集を孔版刷りの私家版として刊行するなどしていた藤巻さんも、出版に興味を持つその世代の若者たちの一人であった。

職を転々とするうち、先輩でもあった小山出版社代表の小山久二郎さんに出会った藤巻さんは、小山さんを介して編集者であり、詩人の村松武司さんと知り合う。村松さんは、朝鮮植民者の子として朝鮮で生まれ、そこに暮らしたことを「ノスタルジックに語ってはいけない。統一されるまで絶対に朝鮮には行かない」という戒律を自らに科し、「日本人が近代化の中で、ハンセン病と朝鮮を切り落としてきた」と藤巻さんに語った。贖罪意識を生涯負い続けて生きた人である。

七五年の晩秋に、村松さんに連れられて、藤巻さんは群馬県草津にあるハンセン病療養所「栗生《くりゅう》楽泉園」を初めて訪問した。その日、在日朝鮮人の詩人姜舜(カン・スン)さん(後に、皓星社の創業時の刊行書、梁性佑［ヤン・ソンウ］著『詩集　冬の共和国』を翻訳)、評論家の鄭敬謨(チョン・ギョンモ)さん、作家の李恢成(イ・ホェソン)さんらを案内して、在園の作家たちと引き合わせたのだった。

村松さんは、数年前からこの療養所の詩話会の選者をしていたのである。村松さんに師事するようになっていた藤巻さんが、千代田区西神田に事務所を置き、皓星社を創業したのは、七九年一一月のことで、この間の経過から、「朝鮮問題」と「ハンセン病」が出版活動の柱になった。創業の刊行書には前掲書のほか、村松武司著『遥かなる故郷　ライと朝鮮の文学』、在日朝鮮人の写真家趙根在（チョ・クンジェ）さんの写真と国家賠償請求訴訟の際の原告団代表の谺《こだま》雄二さんの詩を編んだ『ライは長い旅だから』があった。

時を得て、念願通りの創業を果たした藤巻さんは、二つの柱の到達点として、二つの企画を構想していた。一つは、当時の在園者の平均年齢は当然今より若く、創作意欲も旺盛だったが、新しい発病者はほとんどなく、いずれ消滅が予感されていたハンセン病患者と元患者の作品の集大成であった。

まず、日本におけるハンセン病について見てみよう。

ハンセン病の感染力・発病力は極めて弱い。（略）

ところが、わが国では、戦時体制への移行に伴い、（略）「祖国浄化、無癩日本」の名の下に全てのハンセン病患者を療養所という「強制収容所」の中で絶滅させる政策がとられるに至った。その政策は、「無癩アジア」の名の下に朝鮮半島等の植民地にまで拡大された。ハンセン病患者たちは、医療を受け社会への復帰を予定された患者ではなく、療養所の内部で撲滅され消え去るべき危険な存在として扱われたのである。患者は、断種や優生手術により子供を産めない身体にさせられ、同じ服を着させられ、お金の代わりに療養所内部でしか通用しない券を持たされた。（略）強制労働を強いられ、症状を悪化させられていった。そして、これらの扱いに反抗した場合、死をも覚悟しなければならない懲戒が待っていた。

しかも、収容にあたっては（略）目立つ方法で消毒がなされ、（略）専用列車で運ばれた。その結果、患者達は、家族への迷惑をおそれ、（略）過酷な運命を受け入れざるを得なかったのである。

（略）ハンセン病医療政策を法的に支えたのが、三一年に制定された癩予防法であった。

四三年、画期的治療薬、プロミンが開発され（略）速やかに治る病気となった。四七年には（略）基本的人権を（略）保障した日本国憲法が施行された。（略）ところが（略）全てのハンセン病患者・元患者を療養所に閉じこめ、そこで絶滅させることを目的とするらい予防法を五三年に国会に提出した。そして、国会はそれにお墨付きを与えてしまったのである。その結果、（略）［同法は］九六年三月（略）まで継続した。

（皓星社ブックレット⑦『訴状「らい予防法人権侵害謝罪・国家賠償請求訴訟」』、九九年七月）

「人間ではありませんよ。生命です。生命そのもの、いのちそのものなんです。僕の言ふこと、解つてくれますか、尾田さん。あの人達の『人間』はもう死んで亡びてしまつたんです。ただ、生命だけが、ぴくぴくと生きてゐるのです。（中略）けれど、尾田さん、僕等は不死鳥です。新しい思想、新しい眼を持つ時、全然癩者の生活を獲得する時、再び人間として生き復るのです。（中略）あなたの苦悩や絶望、それが何処から来るか、考へて見て下さい。一たび死んだ過去の人間を捜し求めてゐるからではないでせうか。」（北條民雄「いのちの初夜」、『ハンセン病文学全集』1巻、小説1）

『ハンセン病文学全集』は、素人集団の作文集ではなかった。作品が最も初めに出されたのは、一九二〇年のことであり、それ以来八〇年、療養所内の機関誌に掲載されたり、自費などで刊行された数は、千冊以上になる（それらの目録をホームページで公開）。むしろそれは国民を「逆に隔離」することで流布しなかった、私たち日本人共有の時代背景に裏打ちされた、文学作品群を取り戻すことである。

刊行に寄せて藤巻さんは、「日本の文壇やジャーナリズムと無縁の場で書き継がれてきたものであり、文学的水準は世界でも例をみないほど高く、質量ともに群を抜いている。完結したその時から自らの枠組みを解体し『ハンセン病』を冠さない普遍的な自立した文学として、一個一個の作品、一人ひとりの作家が一人歩きを始める『出発』でなければならない」と述べている。

「一五年ほど前に一度倒産したんです」

創業の地は西神田。転々とした後に都心を離れた。二つの柱は皓星社に借金を課し、自社での本の刊行がままならずに、しばらくは技術の切り売りをするプロダクション仕事で急場をしのいできた。その時請け負った復刻本の刊行で皓星社は、それが商売になることを知り、借金の返済も終えている。

再出発にあたり、制作費を抑える必要からパソコンの導入と活用を積極的に行ってきた。その結果がそれまで空白であった明治初年からの雑誌記事検索を可能にした『明治・大正・昭和前期雑誌記事索引集成』（社会科学編全七〇巻＋別巻八巻／人文科学編全五〇巻＋別巻八巻／ホームページに執筆者索引を公開）や、明治以降の警察・検察・税務署などの隠語解説文献をはじめ、多数の文献の原典をそのままにコンピュータで編集し辞典化した木村義之・小出美河子編『隠語大辞典』などの刊行をもたらしている。

いま皓星社は、創業時に掲げたもう一つの企画を進めている。それは、併合前後から敗戦までの朝鮮総督府およびその前身の韓国統監府が作った、ありとあらゆる教科書を体系的に復刻することである。日本の出版社が、戦前に出された教科書を記述する研究書を刊行しても、また、復刻しても朝鮮総督府刊の教科書に触れることはない。

さらに驚くことには、国会図書館や研究機関に出向いても、揃ったものが現存しない。その事実を知って以来藤巻さんは、その刊行を皓星社の責務とした。そこで数年前から、ソウル大学教育学部と合同で、朝鮮総督府刊の教科書の刊行目録をまとめる作業を進め（目録をホームページで公開）、現在、各方面からの情報が寄せられるのを待っている。

取材の日、藤巻さんは明日群馬に行くと話していた。そこには「栗生楽泉園」がある。そして、元患者さんとの親交を何よりの拠り所として、本を出し続ける皓星社の出版活動がある。このような小出版社の地道な活動が、日本の著作物の多様性を実現してもいる。

（〇三年一月二〇日）

暮しの手帖社

東京堂書店吉祥寺支店の店頭に貼られたアルバイト募集の張り紙を見て、私がそれに応募したのは、一九七二年春先のことだった。三ヶ月して、社員採用となったのだが、その間を私は、雑誌売場担当として過ごしていた。

　毎朝出社すると、取次店の車がビルの裏に置いていく結束された数十個の雑誌の包みを台車に乗せて、数人がかりで七階の売場まで運んで行く。山のように積んできた雑誌を運び終えると、荷ほどきをし、送られてきた冊数と伝票が合っているかを検品する。間違いのないのを確認してから、売場に出すのである。

　お客さんが発売日を待っているような売れ行きのいい雑誌は、開店前に並べ終えておく。そして、それほどでない雑誌は、売れ残った先月号と差し替え、間違えて売ってしまわないようにしておく。時間に押されながら、腰をかがめたままの入れ替え作業は、開店時間を過ぎて、お客さんが入店してきた後も続く。この一連の作業は、結構な重労働であり、時には、数人で平台を囲み、無造作に取り上げ、読み終わると足下にポイと放り出して行くお客さんに「失礼します」と声をかけ、場所を譲ってもらいながら、なし終えなくてはならない。並べたそばから崩される日常に、腹も立てずに励み続ける雑誌担当者は、若い書店員でなければ務まらない役割の一つである。
ひと月ほどした頃のことだった。大量に入荷してきた『暮しの手帖』を前任者の指示通り、お客さんが最も集まる入り口近くの平台に置き、小一時間をかけて、乱雑な状態のまま開店を迎えた雑誌売場全体を整えて、もとの位置に引き返してきた。するとそこには、表紙の反り返った『暮しの手帖』が一、二冊、残っているのみだった。すぐにストック箱から補充分を取り出した。なにもしなくても売れる雑誌。これが私と『暮しの手帖』の出会いである。
戦後間もない頃の出版界には、用紙の制限があり、雑誌の刊行は不自由を極めていた。

一方、巷には、新しい生活の手引きとなる実用書の刊行を待ち望む、活字に飢えた多くの読者がいた。時代の空気を察した大橋鎭子さんは、日々の暮らしを担う「女の人の役に立つ出版」をしたいという思いを抱いていたが、ある日、編集者として、また、デザイナーとして世に知られていた花森安治さんに雑誌創刊の相談を持ちかけた。話を聞いた花森さんは、自ら編集長を買って出て、ここに季刊誌『暮しの手帖』は創刊されたのだった。四八年九月のことである。

戦争がない　ということは
それは　ほんのちょっとしたことだった
たとえば　夜になると　電灯のスイッチ
をひねる　ということだった

たとえば　ねるときには　ねまきに着かえて眠るということだった
生きるということは　生きて暮すということは　そんなことだったのだ
戦争には敗けた　しかし
戦争のないことは　すばらしかった

花森さんは「見よ　ぼくら一銭五厘の旗」(二世紀八号、七〇年一〇月)で敗戦後の再出発をこのように記している。

自由な時代は到来したが、貧しく、苦しい状況は、しばらく続くだろう。みんな息せき切って駆け出しているような息苦しい世の中に、静かな暖かい風を送ることができたら。その日々の暮らしに小さなかすかな灯をともし、丁寧に暮らすことができたら「豊かな暮らし」がやってくるだろう。そんな思いを形にする雑誌づくりの構想は、むずかしい議論やもったいぶった記事は載せない。ありあわせの材料でできる。しゃれた感覚の実用記事を写真や色刷りを使ったページでやり、本文は趣旨に賛同する著名人に依頼した暮らしのエッセーなどでまとめる。一冊の雑誌の隅から隅まで、活字の一本、一本までを自分たちの心ゆくまでの思いを込めて、作り上げていきたいというものだった。

そこで、花森さんは表紙のデザインや題字から、テーマごとのタイトル、さらに、カットや挿し絵に至るまで、グラフィックワークのすべてを一人でこなし、自らのアイディアで割り付けたスマートな誌面を作り上げた。当時から評判を呼んだのは、新聞や電車の中吊り広告のヘッドラインや座りのいいボディコピーをも独特の手書き文字のみで表現したことだった。

創刊号の主な内容を見てみよう。

「型紙なしで作れる直線裁ちのデザイン」
デザイン　花森安治
寫眞　松本政利　林重男
裁つひと　大橋鎭子
縫うひと　中野家子
着るひと　大橋鎭子

「自分で作れるアクセサリ」
花森安治

美しいものは、いつの世でもお金やヒマとは關係がない
みがかれた感覚と、まいにちの暮しへの、しつかりした眼と、そして絶えず努力する手だけが、一番うつくしいものを、いつも作り上げる。

それは、守るに足る暮らしを自分たちで創り出し、大切に育てていこうという、暮しの手帖社の意思を伝える雑誌の創刊であった。「あとがき」で大橋さんは、夜明かし、残業の日々を重ねたが、こんなに楽しい思いで本を作ったことはなかったと書き、私たちは貧乏だから売れないと困るけれど、何一〇万部も売るには、したくないことをしなくてはならない。それはできないと公言し、

いいじやないの、數はすくないかも知れないけれど、きつと私たちの、この氣も

ちをわかってもらえるひとはある。
（中略）
おねがいします、どうか一冊でも、よけいに、お友だちにも、すすめて下さいませ。

と訴えた。読者による積極的な販売が、雑誌存続の生命線であり、内容に対する率直な感想や暮らしに役立つ投稿を求めている。B五判、九六ページ。一万部からの刊行だった。

「暮しの手帖社の玄関のドアーを引いて中に入ると、そこは個人住宅のような板の間で靴を脱いで上がれと言うのです。妙な出版社だなと思いました。途中で手入れはしていますが、今の社屋はほぼその頃のママです。いつかビルになると思って入社したのですけどね」と、編集長の尾形道夫さんは三〇年前の入社試験当日の思い出を話してくれた。

尾形さんの話を交えながら、暮しの手帖社の出版活動に戻ろう。創刊以来一貫して変わらない、「隅から隅まで、心ゆくまで作り上げていきたい」という、手抜きをしない編集姿勢と共に、経済的困難を承知の上で、何者にも拘束されない決意とを表明しているのが九号（五〇年一〇月）の「あとがき」である。

もしかして、この雑誌に、ほんのすこしでもなにか清潔な感じがあるとすれば、それはこの雑誌に、一つも廣告がのつていないことではないかと思います。（中略）たとえ何百万円の廣告費をいただけるとしても、それとひきかえにはしたくない、というのが、私たちみんなの必死の氣持ちでございます。

清潔な感じを失いたくないという誌面へのこだわりは広告を排除し、編集者と読者との間で、共感しうる記事のみで一冊を埋めていく編集方針を生み出した。広告収入には頼らず、読者が支払ってくれる代金のみが、雑誌の制作費であり、社員の生活費となるのである。

それは、時代の半歩先を行く雑誌づくりを標榜する暮しの手帖社にとって、当然のものでもあった。何者にも寄りかからず、すり寄らない、ひたすら自分たちの暮らしに必要と思う事柄を納得のいく内容にまで掘り下げて記事にする。その結果が、いかに読者の共感を得たかは、驚くべきことだが、創刊号以来の各号が、数年間にわたり重版を繰り返したことによって推し量ることができるだろう。

また、広告を排除した一方で、雑誌が影響力を発揮しうる刊行部数、三〇万部になったのをきっかけに、二六号（五四年一二月）より、「日用品テスト」（後に、「商品テスト」）を採り入れたのである。その第一回は「ソックス」（三社、二三種類）であった。

試験のやり方
はいた期間　五月一日から七月末日まで
三ヵ月間。
はき方　毎日・学校への通学、友だちの
家への訪問、買物、日曜の外出など。

はいた人　小学校五年生、中学校一年生、中学校三年生の女生徒たち。
洗濯　三日目ごとに電気洗濯機で洗剤（ソープレス・ソープ）を用いて行った。
テストした結果はこうでした
A　アナはあかない
B　色はみんなはげる
C　はき心地はウーリイ・ナイロン、但し黄ばむのが欠点
D　形の崩れないのもウーリイ・ナイロン
E　ゴム止めは完全でない／銘柄だけで安心して買える品はない
（「日用品のテスト報告　その1」、二六号、五四年一二月）

花森さんは、
〈商品テスト〉は消費者のためにあるのではない。（中略）生産者にいいものだけを作ってもらうための、もっとも有効な方法なのである。
（「商品テスト入門」、一〇〇号、六九年四月）

とその目論見を語っている。
「スリップをテストする」（四〇号、五七年七月）、「電気釜」（四四号、五八年五月）、「電気洗濯機」（六〇号、六一年七月）「自動トースター」（九九号、六九年二月）と消費の拡大を後ろ盾に始めた「商品テスト」は、いつ

しか『暮しの手帖』の顔となり、優良品の買い物ガイドとしての役割を担っていった。

誌面に対する内外からの評価は高まり、「婦人家庭雑誌に新しい形式を作り出した努力に対して」花森さんと暮しの手帖編集部に菊池寛賞（五六年）、「独創的な作り方」に対して大橋さんにアメリカのペアレンツ社からペアレンツ賞（五八年）が与えられている。

こうして六〇年代の高度成長期に部数を伸ばし、最終的には一〇〇万部に届こうかというところまで部数を積み上げていった。私が雑誌担当者として『暮しの手帖』に出会ったのは、この少し後のことであった。

親から子、そして孫へと三代にわたって読みつがれてきた『暮しの手帖』が〇二年九月に通算三〇〇号を刊行し、編集部は、一二月に『三〇〇号記念特別号　保存版』をまとめた。そこには、ほかに例をみない出版活動の足跡が記された。

戦後、私たちの生活は座る生活（東洋文化）から、腰かける生活（西洋文化）へと、その様式を変えてきた。『暮しの手帖』は、その一つひとつを生活者の視点からとらえ直して社会に問うている。昨今の例を一つあげれば、ヒット商品となった「洗剤のいらない洗濯機」を「世界初、〈洗剤ゼロ〉の洗濯機」（〇二年一月号）でいち早く採り上げている。私たちの身の回りには、学会でまだ評価の定まらないままに、競って商品化される例が後を絶たない。

尾形さんは、「それらを採り上げ、数ヶ月

かけて商品テストを行い、高いコストの雑誌づくりをしています」と言う。

「これからも花森が確立した、健康と料理と商品テストを三本柱にしていきます。広告を載せることはないでしょう」

学会で確立した学説をわかりやすく紹介する健康書や大江健三郎さんが雑誌の通りにやったら、僕にもおいしい料理ができたと言っていたような、実用的な料理書を刊行する。

その代表に、ベンジャミン・スポック著／暮しの手帖翻訳グループ訳『スポック博士の育児書』（六六年一一月初版／九七年一〇月「最新版」／累計五五刷、一五〇万部）や暮しの手帖編『おそうざい一二カ月』（六九年一月／三四刷、累計七〇万部）といったロングセラー図書がある。

暮しの手帖社が近代的なビルを建てる日。その日こそ、私たちが「豊かな暮らし」を手に入れた日でもあろう。

（〇三年二月二〇日）

青弓社

仮定の話から始めましょう。時は一九八一年。所は日本。あなたは小さな出版社に三、四年勤め、経理以外の編集から営業までのひと通りを体験してきていたとします。その時、ちょうど三〇歳を迎えていました。経済的には低空飛行ながらも、なんとか凌いできた平穏な日々が突如破られます。それまで勤めていた小出版社が潰れてしまったのです。

あなたならどうしますか。

矢野恵二さんの場合はこんなふうでした。

社長は雲隠れをしたきり、会社に連絡もしてこない。状況が状況だから、湧き起こるクレームを一つずつ片づけながら、数人いた年下の社員を知り合いの編集プロダクションに押し込み、気づいたら自分一人が取り残されていました。履歴書を持って、頭を下げて歩き回る気力は湧いてきません。代わりに、確たる準備も見取り図もないまま、自分一人ならなんとか食べていけるだろうという、実に甘い考えが頭を持ち上げておりました。

幸か不幸か、親交のあった著者から、「自分で始めるなら書きためた原稿を出してあげるよ」という言葉もかけられました。その気にさせるひと言でした。八橋一郎著『五十人の作家　上、下巻』、それと、西井一夫著『日付けのある写真論』の原稿がそれでした。

書籍という批判の矢を社会に放つ「弓」。そしてそれが、根本的で急進的でありたいと願う心情を色にたとえたら、「青」こそふさわしい。そうだ、社名は「青弓社」としよう。大手取次店の取引口座が取れなくても、知り合いの出版社に発売元を引き受けてもらうてはありました。当初は発行元に甘んじても、半人前からなら踏み出せる。思いがここまで具体化すると、妄想が現実と名前を変えて、一人出版社創業の旗をスルスルと揚げていました。

あなたの場合もきっとこうするでしょう。

ハイ、と答えたあなたには、それから後の矢野さんの出版活動も参考になるでしょう。

岩男淳一郎著『絶版文庫発掘ノート　失われた名作を求めて』（八三年一月初版／九一年七刷／現在品切れ）。三点目の企画に、「次々に絶版を宣告される名著・名作の数々を古書のなかから掘り起こし、ほこりを払って慈しむように扉を開ける。シュテフターから中島敦までの古書八四冊の紹介と古書店探訪日記など、真によきものへのノスタルジーを呼びさますエッセイ」といった紹介文を添えて、発売元を通して取次店に新刊情報を入れました。それが「取次週報」に掲載され、全国の書店の知るところとなりました。

書店員が読みたいと思う企画は必ず成功する。青弓社が構えた三本目の「矢」は、なんと書店員の「ツボ」を射抜いてしまうのです。まだ、見本もできていない段階から事前注文が殺到し、その数は、一挙に二〇〇〇部に達してしまいました。発売元は羨むことしきりで、「新刊配本分がなくなってしまう」と大騒ぎになりました。すぐに二刷を手配し、初版を配本したら今度は、マスコミの「短評」などがかなり出て、それも足りなくなるほどの追加注文が舞い込みました。その数、じつに八〇〇〇部。あっという間に注文書が束となり、一万部の刊行となりました。あとは、お祭しの通り。大手取次店の取引口座開設を求めて、攻めて、攻めて開かせることに成功したのでした。

あなたの場合もきっとこうなるでしょう。

時は、八五年を迎えていました。社会状況は、六〇年代の安保批准以来の闘争の時代から抜け出して、出版界には、矢野さんと同世代の書き手が育っていました。中でも、浅田彰著『構造と力』（八三年九月、勁草書房）のベストセラー入りは、ニューアカデミズムの台頭を象徴し、思想の語り口が、時代の相貌を帯びてきていました。あなたはどんな企画でブームに乗りますか。

矢野さんの場合は、なにせ一人出版社ですから、季刊誌形式の刊行物『クリティーク』を企画し、哲学や経済学、そして思想史などを専門とする三〇歳前後の学者五人に編集委員を引き受けてもらい、開放したのでした。「会社も無名の立場だし、組織にコネクションがあったわけでもなし、あらゆる社会現象を扱う現代思想書のジャンルに切り込み、理論的に整理していく雑誌を打ち出すことで読者にアピールし、著者にも存在を知らしめたいという思いがあった」のでした。

この企画は、すでにあった『現代思想』（青土社）や『エピステーメー』（朝日出版社）に追随し、そして『ORGAN《オルガン》』（現代書館）といった雑誌の創刊を促し、六、七誌が競合することになりました。現在では、それぞれの専門分野の第一線で活躍する学者、言論人が世に出る格好の場となったのです。三年半ほどかけて、一五号まで出したのですが、中でも、フェミニズムの潮流に乗った六号の「特集　家族と性」は、好評のうちに品切れとなりました。この頃から矢野さんの企画は、絶版文庫で培った「文芸エッセイ」と、写真から入った「芸術物」、そして、ボクの力量でどれくらいできるかなと思っていた「思想・社会論」が三つの柱となっていったのでした。


でも、あらゆる社会現象を扱うとしたところに、「抜け道」が用意されていました。

九〇年代に入ると矢野さんは、自らが並々ならぬ関心を寄せる、「珍奇」な企画にも手を染めていくのです。たとえば、写真叢書の一冊、下川耿史《こうし》著『日本エロ写真史』（九五年九月）のように。「企画内容は、著者のキャラクターに規定されるよね」というのが矢野さんの言い分なのですが。

イカン、イカン私なら出さないと怒るあなた、品が悪くてごめんなさい。では、社会現象をヒントに、心理を射抜いたこの企画はいかがでしょう。川崎賢子《けんこ》、渡辺美和子編著『宝塚の誘惑　オスカルの赤い口紅』（九一年一二月）。宝塚歌劇団は自前の劇場を持ち、劇作家・演出家・舞台スタッフ・オーケストラ・役者、さらに養成教育機関を備え、それらの緊密な連携システムによって作品を上演し、年間二〇〇万人の観客を得ています。その宝塚の魅力は、出演者が皆未婚の女性で、作品は、男女のラブロマンスとして仕上げられ、どんな役でも品位をもって演じるといった数々の制約をかかえるところにあります。この特殊性が、宝塚を熱狂的に支持する献身的・追っかけ派ファンを生み出しているのです。

ところが、そのような宝塚とそのファンには、劇団に寄り添い、正当な演劇批評をしない雑誌しか持ち合わせていませんでした。このような現状をとらえ、まず、写真が一枚もなく、二〇人の論客が宝塚を多角的に分析するこの本を刊行して、それが当たると路線化したのでした。「自分の好きなものを解説してほしい」と望むファン心理を巧みに突いた一連の宝塚本は、一般の書店で爆発的に売れ『宝塚アカデミア』（九六年創刊、〇二年一一月、一八号まで）の刊行を導きました。

この間に社員五、六名となった青弓社は、少部数の単行本で成り立つために、年間四〇点ほどの新刊を出し続けています。そこで、九一年に出したもう一つの本、『クリティーク』の編集委員の一人、鷲田小彌太著『大学教授になる方法』（九一年一月）を見てみましょう。鷲田さんは、九〇年代初頭の状況を、

しかし、現代日本は、高度産業社会のまっただなかにある。（中略）失業が、

餓死につながるという恐れがなくなったばかりでなく、高度産業技術の展開によって、生産性が飛躍的にあがり、潜在的にも現実的にも、労働時間の大幅な短縮が可能となり、休日は、かつてのように、働く力を貯えるための準備日(「余暇」とは、労働の余りであり、労働力の再生期間、を意味する)であるよりも、「遊び」それ自体を目的とする時間に変化しつつあるのである。つまりは、高度生産性の社会が高度消費社会を可能にした時代に生きつつあるのである。

(『大学教授になる方法』)

と分析しました。この時、大学生は二〇〇万人を超えていました。社会的地位は高く、安定している大学教授。その魅力と、内実を詳細に紹介したこの本は時代の空気に後押しされ、二一刷一八万部が売れ、続編の『大学教授になる方法　実践篇』(九一年一一月)も一一刷までいき、青弓社のベストセラーとなりました。

更に一〇年余りが過ぎました。日本経済は泥沼の不況の中にあり、少なくない国民が先行きの生活不安を抱えて暮らしています。あなたならどんな企画で社会と対峙しますか。

矢野さんの場合は、若林一美著『自殺した子どもの親たち』(〇三年一月)を出しました。統計によると九八年以降自殺する人が急増し、〇二年には三万五千人。失業が餓死ではなく、「自死」いわゆる自殺に国民を追い込んでいます。一時間に四人。身の凍る思いがします。

自死で家族を失った人は、とくに「なんとか自分が努力をすれば、死なずにすんだのではないか」という思いを強くもっている。

子を亡くした親ばかりでなく、親を亡くした子、兄弟姉妹の死、親戚、友人など、ときにはそれほど親しい人でなくても、自死という死は、周辺の人たちに長年にわたる自責の念を生じさせ、ことあるごとにその死に対する疑問や恐怖が頭をもたげる。とくに人生の転換点と呼ばれるようなところに立ったとき、必ずといっていいほど記憶の底から呼び戻されるような死である。それは危機状況であるとはかぎらず、幸せな思いにつつまれたときにも思い出されてくる。

（『自殺した子どもの親たち』）

逃れられない事実と向き合い、遺された者としてどう生きるかを模索する体験記を通じ自死の意味と死別の影響を考える本です。個人の苦悩が家族の絆と社会の支えで取り除かれる、そんな社会を構築する意味で、いまの日本で広く読まれてほしいと思う一冊です。

振り返ると、思想書のみの刊行ではやってこれませんでした。でも、〇〇年一一月に、創業の頃からの企画・クロード・レヴィ＝ストロース著『親族の基本構造』（A5判九一四頁、本体価格一四、〇〇〇円）を一五〇〇部刊行して、完売することができました。本当に出したいと思っていた本が評価されたのです。

矢野恵二さんの場合はこんなふうでした。

（〇三年三月二〇日）

［小島さんから訳者へのEメール］

三〇歳で青弓社を起こした矢野恵二さんには、本業の傍ら小出版社が抱える「流通問題」の改善に積極的に関わっていることや再販制の議論を公取委が出版業界に仕掛けてきた経過の中で、小出版社の立場から守り抜いた論客でもあります。「再販制があるなら、読者のために」がその持論です。現状でいちばん利しているところはどこか、誰かを見極めなくてはいけない。それは、大手、大量出版のために最も有効となっているのでは。現在青弓社は、在庫僅少本など常備からはずれ、市場に出ていない本を再販制からはずし「非再販本」として公開し、読者からの値引きの要請に応じてもいます。このあたりに触れたくて、青弓社を採り上げたのですが、十分な紙数がないと誤解を招く恐れがあり、今回は書きませんでした。またの機会といたします。

不二出版

日本近・現代史と女性史に限定して、研究者の役に立つ復刻版を、二十余年間にわたり連綿とこなしながら、単行本も手がける。その数実に、五二〇タイトル。その内訳は復刻版が三一〇点。単行本、研究書は九〇点。復刻に付加価値をつける意味からも欠かせないインデックス・索引編といったいわゆる別冊が一二〇点となる。

研究者の役に立つ本を出したいという括りで関連づけられたこれらの刊行物は、時間はかかるけれどいずれ売り捌かれていくことになる。なぜかと言えば、学問としての近・現代史が廃れない限り、何十年たっても新たな需要が生まれてくるからだ。それゆえに、長期間にわたる保管が必然であり、群馬県に自前の敷地を確保し、三棟の倉庫を構えた。そして、息の長い商売だから、収支の見合う経営をしないといけないという理念に沿って、支払いを現金で済ませていたら、結果的に無借金経営が続き、その上、自社ビルと温泉付きの保養所を二カ所持つことができた。それでいて、パートさんの労働条件は社員並みを実現している。

今回は、不特定多数の読者の獲得とは無縁な、特定の人たちに売るための本を作ろうという発想から出発した不二出版のお話をしよう。この出版活動にあなたは興味を持つだろうか。

印刷会社を親会社に持ち、主に学術専門書を刊行する小出版社で、十数年来編集長を務めて、復刻本の刊行を担当していた船橋治さんが、親会社の倒産で躓いたその会社を去り、独立を企図したのは、八二年のことだった。

一方、四十数年前に農林省の外郭団体が創業した出版社で、お役人がアジアに農業を普及させるような本を企画し、受注生産をしていた不二出版は、時代の推移とともに出版社としての一定の役割を終えて、在庫を捌くだけといった状況になっていた。そこに、両者を仲介する人が現れて、船橋さんが不二出版の暖簾を掲げることになった。非常にラッキーなことである。というのは、休眠状態の出版社と縁が結ばれたからではない。前身の不二出版は書店に置いてもらうような一般書を刊行していなかったために、取次店の委託口座をもたなかった。通常の出版社では十全とはいえない、書店に刊行書の委託ができない、注文扱いだけの取引であったことが、幸いしたのである。

このとき前の会社から、船橋さんについて出て、不二出版の創業に加わったのが、営業の大野康彦さん、企画編集の山本有紀乃さんの二人であった。進めていた最初の企画は、戦前から戦中にかけて、書籍雑誌を中心とするあらゆる出版物の取り締まり状況などを記録し、マル秘文書とした月報の復刻版、『出版警察報』の刊行であった。

それに、『婦女新聞』が続いた。この新聞は、姉の不幸な結婚から感じるところがあって、女性の地位を高めるために福島四郎さんが、一九〇〇年から、四二年まで出し続けた週刊誌である。女性の立場から軍部の横暴を批判し、母性保護・婦人参政権など女性に関するありとあらゆる事柄を論じ、女性の人権擁護、女性を束縛する制度、伝統的習慣からの解放を唱えていて、女性史・婦人問題の重要資料といわれる。

また、前の出版社から退職金代わりに出版権を譲り受けた『青鞜』は、婦人のみの文芸集団青鞜社の機関誌で、「女流文学の発達を計る」ことなどを目的に発刊された月刊誌である。『青鞜』の創刊、それは、近代日本の女性の目覚めの象徴であり、女性解放の暁を知らせるものであった。復刻版の刊行にあたり作家の瀬戸内晴美さんは、「すいせんの言葉」で、

我が国のウーマン・リブは、『青鞜』なくしては考えられません。そこに集まった若い女たちは時代の厚い因習の壁を、自らの爪に血をしたたらせてかき破り、社会の無理解と迫害に敢然と団結して立ち上がりました。
彼女たちは自分の中の才能を信じ、何をなし、誰と闘うべきかを見極めていました。(中略)
それから七〇年が過ぎた今、私たちは彼女たちから何程の進歩をしているでし

ょう。私たちはいつまでも「自由もどき」にだまされてはいられません。今ふたたび『青鞜』のルーツに帰り、私たち女性が団結して立ち上がる時が来たのです。『青鞜』の時代よりもさらにその輪をひろげ、地球を女たちの団結の腕で抱きかかえる時が来たのです。

山の動く日が再び来たのです。

火と燃えた彼女たちの情熱の炎を今こそ私たちの胸にしっかりと移しとるべき時が来たのです。

（「火と燃えし情熱を」、復刻版『青鞜』［八三年六月］内容見本）

と訴えている。この「すいせん」の背景には、一九七五年以来、国連が提唱した「国際婦人の一〇年」の、この間に、世界的に女性の人権を確立しようという気運が盛り上がり、国内的には、欧米のフェミニズムの理論と運動が次々に紹介され、女性の地位を回復する女性学の提唱が起こり、学問を根づかせようとする状況があった。不二出版の創業とそのとき掲げた復刻版刊行の企画は、固有の婦人解放運動の歴史を見直す時流を作り、多くの読者からその刊行が待ち望まれた。

昨年、船橋さんから引き継ぎ、代表取締役社長に就任した大野さんは、大学を出てすぐに、前の出版社に入社し、それから不二出版創業に加わるまでの一年半の間の営業体験を通して、研究者の役に立つ本を出し続けるにはどうしたらいいかを模索してきた。高定価の復刻版をどのようにして販売しているのかを見てみよう。

委託口座がないので、取次店や書店の販売力に依存するつもりはない。また、数十万円する資料集を一度にまとめて作る資本力はない。そこで、たとえば、五〇万円する資料集を一期から一〇期に分冊して、一〇回に分ければ買う方も無理がないだろうと、セット組でのパッケージ配本を思いついた。待っている人には、早く出してくれと言われるが、これによって、一回ごとの予算で買えることとなり、その結果、販路が拡大したのである。

それでは、どうやって買ってくれる人を見つけだすかである。それには、本を紹介する相手の欲しいものが見えていたらいいのではないか。「購入者の顔ぶれを見て本を作る、そういう仕事をしたい」と大野さんは船橋さんに話した。

復刻版をやるには、特定の人に使い込んでほしいというのが基本にある。なかなか資料の価値が判断できない。どういう風に使うかわからない。限定されたジャンルの人しか使えなかったという企画は広まらないからだ。

まず、関連する学部を持つ大学の市場調査をしたり、研究者の動向を調査したりして、購入先を捜す。そうすると、研究者が浮かび上がってくる。そこで、それなりの人たちを選んでカタログ配布をする。場合によっては出かけて行って、どういう資料集が必要かを話し合う。この段階で、研究者に購入資金がないことがわかれば、図書館に置きませんかといった案を示して、大学と予算をつけるように交渉する。

数日して、訪問した大学からの注文が出入りの書店から回ってくる。あとは、先生が使って、口コミで広まる。あるいは、それが何かの論文で引用され、または、書評に出て、資料集の販売路が生まれてくるのである。

新刊委託はできないが、一組ごとに売っていった方が、結果的に行き着くところが一緒で、購入した相手もわかると大野さんは言う。購入者名は、必ず台帳に記録しておく。書店で売れたものでも、できる限りエンドユーザーまで追いかける。それは、刊行後数年して新たに資料が見つかった時などに、無料で購入者に配布するための役に立つ。アフターケアまできちんとするという行為の根底には、研究に役立つ資料集を出すことで成り立っているという不二出版の姿勢がある。それが新たなデータを生む。「二〇年やってきて、誰が買ったかわかっているのが強いですよ」と大野さんは言った。

創業以来、三人が持てる力を発揮して、それぞれの役割を活かしてきた。企画が上がった段階でみんなで議論しようというのが不二出版の社風である。編集部と営業部が車の両輪のように機能するとは、このようなことをいうのかという例を示そう。

『法律新聞』は、弁護士高木益太郎を主幹として一九〇〇年九月に創刊され、四四年八月に四九二二号をもって終刊となった新聞である。広く下級審裁判例をも収載し、法律の適用とそれが社会に及ぼす影響を明らかにし、法律の普及と立法の資料として役立てることを目的としたものだ。このような大型企画を、持っていないところを調査して、社内の合意を得て刊行し始め、二〇年がかりでもうじき品切れ、在庫僅少となったという。企画が通り、でき上がった段階で、それがたまたま単行本であっても、おおよその販売路をつかんでいる。したがって、採算点を割ったという企画が今までにない。時間はかかるが、毎年のように新しい研究者を探し出し、接する機会を持つたびに確実に売れていくからである。

もう、おわかりいただいたことと思う。不二出版の出版活動の特徴は、刊行する分野を広げずに、販路となるデータの蓄積を徹底して行っているところにある。それを使って、次の企画に活かしていく。深めていくやり方である。新しい企画を売り込みながら、在庫を同時期に展開していく。何度も販促をかけることができるから、研究者に情報が伝わらないような取りこぼしがないのである。

日本の近・現代史をやり、アジア史がついてきた。女性問題をやることで、文学がついてくる。行きつ戻りつしながら、特定と周辺のジャンルの研究者をもれなく視野に入れていく出版活動である。この出版活動にあなたは興味を持たれましたか。

（〇三年五月二〇日）

草風館

歌うのが好きなアミの少女
わたしの故郷は大海原のそば、
波は時間どおりに、毎日戸をたたく、
かもめはわたしの歌をまねる、
わたしは楽しいアミ族だ！
（中略）
「当美容院は、障害がある、向上心が高い学生を特に雇用しています。心あたたかいお嬢様方奥様方のご来店をお待ちしております」

ビラの一番下に印刷されたこの一行が、わたしの好奇心をそそった。遠くもないことだし、この愛にあふれる美容院に行ってみよう。

（『台湾原住民文学選2　故郷に生きる』）

これは、一九六九年に、台湾の原住民・パイワン族（「原住民」という呼称は台湾においては日本語の先住民に相当し、台湾先住民族が自ら選びとった呼称です）の母から生まれたリカラッ・アウーさんの著作「歌が好きなアミの少女」の冒頭の部分である。

二十歳にもならないらしい少女がタオルを持ってすぐにやって来て、なれたしぐさで肩のマッサージをはじめ、頭を近づけて聞いた。

「いかがですか?」

ごくあたりまえのことばだったが、わたしはかすかに身ぶるいした。この少女は、小さいころから両耳が聞こえなかったのだ。(中略)

わたしの髪を洗ってくれた少女は、わたしが店の主人とおしゃべりをしているあいだじゅうずっと、自分の歌の世界にひたっていた。彼女は外の世界とは大したつながりはないようだった。耳が聞こえないために、彼女の発音は、ふつうの人とは少しちがっていた。しばらくのあいだ、わたしは、彼女がいったい何を歌っているのか、正確に聞き取れなかった。

(中略)

社会は、生理的な欠陥がある人に対して、往々にして残酷で無情なものである。成長する過程で、少女は、多くのショックと挫折を経験したが、それは避けられないことだった。(中略)

「おかあさんはいつも歌って聞かせてくれたわ。聞こえなかったけど、歌っているとき、おかあさんはとても楽しいんだとわかった。」

(前掲書)

けなげな明るさを持った少女を簡潔に描くことで、海のように広い母親の愛を感じさせる作品となっている。

一九九三年に国際先住民年が提唱されて以来、さまざまな先住民の主張に注目が集まり、台湾国内でもいまだに体系的にまとめられていない台湾先住民の言語世界を、いま私たちは手にしようとしている。というのは、『台湾原住民文学選』（全一〇巻）の刊行が始まったからだ。この「歌が好きなアミの少女」は、その第2巻「故郷に生きる　リカラッ・アウー／シャマン・ラポガン集」（〇三年三月二〇日）に収録されている。

装幀は、創業当初から、一貫して草風館の仕事を引き受けている菊地信義さんである。洒落ていてスマート。彼の装幀を好む読者は多い。このシリーズでは、全巻を原住民の腰巻きに使う布地の写真を原寸まで拡大して、その部分を撮った。凝りに凝った装幀。内川千裕さんと菊地さんのコンビが、一つのスタイルを作り上げている。

『台湾原住民文学選』。マイノリティーの発想がこれから大切になるという直感があっても、基本的に商業出版では、このようなマイノリティを企画にはしないだろう。いったいどれほどの読者がいるものか、答えることはむずかしいからだ。ところが、誰もやらないから、やりたくなる。そんな先人みたいな本づくりを好んで続けてきたのが、今年、六六歳になった内川千裕さんである。

内川さんは、上智大学史学科を卒業し、郷里の長野県に戻って、ミッションスクールで教師をしたり、再び東京に出て来て、男子校の教壇に立ち、日本史を教えたりしていた。二七歳の時に自分探しがしたくなり、立教大学大学院に進学したが、二年で中退し、元々マスコミ志望をもっていた内川さんは、社員数一二〇名ほどの出版社に入社する。中途で潜り込めたのは、同社がつぶれる寸前でいい加減にやっていたからだとあとで気づいたが、時すでに遅く、翌年にその出版社は倒産した。すると、すぐに新しい経営者が現れて、新社が再建される。その新しい経営者とは、わりと仲がよくなって、残って欲しい、そして何をやってもよいと言われた。そこで出した企画が、『近代民衆の記録』(全一〇巻)や『怪奇幻想の文学』(全七巻)などであった。

『近代民衆の記録』。この企画に内川さんは、五年をかけて完結にこぎ着けるが、何か不完全燃焼のような、わだかまりを感じていた。それは、企画の段階で、あることに気づいたからだ。当初、民衆の記録は、民衆に語らしめる企画だった。けれどそれは、矛盾していた。民衆の中には、語る人もいるけれど、語れるような人は、たいていインテリになってしまう。民衆のことをルポした記録はあるけれど、民衆自身は、自ら記録を残したりしないものだ。

好き勝手に大衆路線をやっている、そんな社風にしばらくは染まってみたが、次第に馴染めなくなった内川さんは、七九年に、在日二世のある出資者と出会ったのを潮時に、四〇歳で独立して、草風館を創業する。自らは、もとの会社の下請けや他社の企画を扱う編集プロダクション仕事に従事して、フリーの編集者に制作を任せて始めた季刊誌『人間雑誌』(全九巻で休刊)は、自分たちで納得のいく民衆の記録を創ろうという意図のもとに、完全燃焼を目指しての創刊だった。広告なし。五〇〇〇部の刊行から始めて、掲載した著作の中には、八七年に白水社から単行本が刊行され、後に大宅壮一ノンフィクション賞を受賞した吉田司著『下下戦記』や近代沖縄の民衆の歴史を綴った上野英信さんの記録文学『眉屋私記』（潮出版社から刊行）などがある。このほかにも単行本になったものが多くあり、この雑誌の水準の高さを裏付けているが、二年半続け、二〇〇〇部の刊行にした九号まで出して休刊とした。

これを受けて内川さんは、プロダクション仕事を精算して、単行本を作り始める。最初の企画は、『人間雑誌』に連載をしていた山福康政著『ふろく—昭和庶民絵草史』（八二年六月）である。その後は、その頃はまだ一生懸命やるところのなかった朝鮮・韓国関連の企画を手がけていく。内川さんは、高校時代に出会った山辺健太郎の本の影響から、朝鮮史が学びたくて、史学科に進学していたのだった。

その中から草風館のベストセラー、一万部を越え、新版を刊行した本がある。それは、戦前に岩波文庫版で『朝鮮民謡選』などを編訳して、その日本文の巧みさが、北原白秋などの文学者を感心させたという金素雲（キム・ソウン）さんの長女の金纓（キム・ヨン）さんの著作『チマ・チョゴリの日本人』（八五年五月）である。この本の中から、金纓さんが「外国人による日本語弁論大会」に出場し（七三年）、「日本のなかの韓国文化」と題して講演して、優勝したときの一部分をみてみよう。

それに比べると、沢庵の日本人は、どんなときでもほとんど表情を変えず、嬉しいのか悲しいのかわからないぐらい微妙で曖昧です。私、キムチの韓国人からみれば、日本人はもっともっとキムチを食べ、自由になって、泣いたり笑ったりするほうがいいと思います。人間ですからね。

(『チマ・チョゴリの日本人』)

延世大学留学中の日本人学生・沢正彦(のち牧師になる)と知り合い、結婚した韓国女性・金さんが、帰化して日本人になっても、実際の生き方では、あくまで韓国人であり続けたいという思いが、この表題となった。こうして、朝鮮・韓国関連が、草風館の出版活動の路線となっていくが、そのうちにどこの出版社でもやるようになり、みんなが始めるようになると、いつの間にか内川さんは、朝鮮・韓国関連の企画から撤退して行くのであった。

前の会社での企画『近代民衆の記録』で、不完全燃焼ながらも採り上げて、植えていた種子が根を張り、やがて芽を出すように、その頃の企画を掘り下げ始めた。北海道の先住民・アイヌ民族は、大自然と一体となって生きる独自の文化の継承から生じる日常的な差別と、国家による同化政策の軋轢に晒されて生きてきた。内川さんは、アイヌの魂を活字化することを路線に据えたのだった。

「その頃山田秀三さんと出会ったのも僕の人生で大きい」と内川さんは言う。山田さんは、東大法学部卒の元高級官僚。一九四一年に、宮城県仙台の鉱山監督局の局長に任官され、増産督励のために回った東北の山々で、後年アイヌ語地名に引き込まれていくもととなる「奇妙な地名」に出会う。戦後は、登別に移住して、企業を経営する傍ら金田一京助からアイヌ語を学び、草風館から出した著作は、『アイヌ語地名の研究』(全四巻)など、六タイトル、全著作を網羅する。

山田さんのアイヌ語地名に関するその学風は、決して断定しないものだった。どうしてこの地名をつけたのか? そういうふうに読めるけれど、現場に行って地名が地形と合わなければ山田さんは確信を持たない。そういう真摯な考え方を内川さんは、「偉かったね。二〇年つきあった。ものすごく膨大な勉強の末に、九二年七月に九四歳で亡くなられたから、晩年になって、もうすぐお迎えが来るので、ここまでは断定してもよかろうとなった」と述懐している。

『近代民衆の記録』の企画に回帰して、草風館での出版活動を展開してきた内川さんの仕事で、際立つ一点が、岡本達明編『聞書 水俣民衆史』(全五巻)の刊行である。一九五六年のこと。熊本県水俣の新日本窒素肥料株式会社(六五年、チッソ株式会社と改称)の水俣工場から排出されたメチル水銀が、水保湾に生息する魚介類に蓄積され、それを摂取することによって発病したのが水俣病であった。水俣湾周辺で、二二〇四人の患者が認定されている。

岡本さんは『近代民衆の記録』で「漁民」を編集した。争議となった当時、チッソの労働組合委員長をしていた岡本さんは、「会社」にいてなぜ水俣病を防げなかったかの究明を後半生のライフワークとして、工場の建設が始まった明治期以来の水俣民衆の歴史を古老に語らしめ、徹底した聞き書きで編んでいった。『聞書　水俣民衆史』が九〇年に完結するまでに、聞き書きを始めてから二〇年が費やされている。

『第五巻　植民地は天国だった』では、植民地運営を可能にする朝鮮電気事業に日本窒素は深く関わり、その朝鮮半島における経営体質のすさまじさが当事者によって語られた。後に水俣病を引き起こす企業の戦時中の実態が鮮やかによみがえってくる。民衆自身が物語った一次資料集として刊行された『聞書　水俣民衆史』は、九〇年度毎日出版文化賞特別賞を受賞している。

誰もやらないから、やりたくなる。内川さんは、再び朝鮮関連の企画に戻って、「朝鮮の歴史」や「アイヌ民族の歴史」などを刊行したいと思っている。

（〇三年七月二〇日）

ぺりかん社

西欧の古典や現代思想の翻訳書の刊行は盛んになされるが、江戸時代の主要作家の本となるとさてと首を傾げざるをえない。日本とは「不思議」な国である。

こんな話をしてくれたのは、〇二年四月に創業者・救仁郷《くにごう》建さんの後を継ぎ、ぺりかん社代表取締役社長に就任した宮田研二さんでした。社員一二名の出版社ながらぺりかん社は、江戸時代の戯作文学界を代表する作家・山東京傳の多彩な業績を集大成する『山東京傳全集』（全二〇巻）をA５判上製布装貼箱入り、各巻平均四五〇ページ、予価八〇〇〇円から一五〇〇〇円で刊行しています。大手出版社が参入を繰り返す新書版の創刊ブームをしり目に、軽薄短小はいやだとばかりに、日本思想の専門書を重厚な本づくりで仕上げていく。経営基盤を整えた上で、時代に抗うぺりかん社の出版活動は個性的でそして魅力に満ちています。

早稲田大学文学部で日本文学を専攻し、後にぺりかん社から著作集を刊行することになる相良亨さんの研究室に出入りして、本を読むことに熱中していた宮田さんは、就職先がなければないでいいと思っていました。それが、卒業間際になって新聞広告か何かで知ったある出版社の入社試験に応募したら、すぐに勤めてくれと言われました。そこで、写植や編集の技術を覚えました。一年が過ぎた頃、即戦力としてぺりかん社に入社しました。七三年のことでした。その頃の同社は、労働組合とのトラブルがあったり、入社してひと月後には編集長が辞めていったりしました。そんなわけで編集から営業、品出しと何でもこなすのが日常でした。これが創業から一〇年ほどを経たぺりかん社の、宮田さん入社の頃の状況です。それでは、それ以前のぺりかん社の一〇年間はどんなだったでしょう。

六三年五月一〇日。当時論争社の編集長をしていた救仁郷さんは、社長から「論争社をある人に譲ることになった。君ら社員は今月末でやめてもらう」と言い渡されました。右顧左眄しない、真摯な討論の場を提供する月刊誌『論争』が多額の赤字を生んでいたのがその要因でした。六一年暮れに編集長に就いた救仁郷さんは、先に、論争社の出版活動の主力を雑誌の月刊化と並行して、実用書に変更していました。『漢方の秘密』や『ステレオFM時代』『世界の一流品』といったぺりかん新書の企画がそれでした。比較的好調だったこの路線も、雑誌の膨大な赤字を埋めることはできなかったのです。

退社することになった救仁郷さんは知人の紹介で、ちょうどその頃、未來社営業部で一〇年の経験を積み退社した小汀《おばま》良久[*1]さんと知り合いました。二人は意気投合し、救仁郷さんは、論争社の書籍の在庫と紙型を退職金代わりに無償でもらって、論争社の出版物を引き継ぐかたちでぺりかん社を、六三年六月二五日に設立させました。社名はこのような事情からで、すでにわりあい知られていたぺりかん新書からとったものでした。

経済、経営書、ヨーロッパの現代史の翻訳書といった路線が、救仁郷さんのぺりかん社創業時の企画です。しかし、資本金が絶対的に不足していたことにより、黒字に転化したのは、六七年のことでした。

六八年の秋のことです。ある人づてに日本航空広報室から、提携出版の話が舞い込みました。日本航空の狙いは、『ジェット・パイロット―国際線機長ものがたり』という副読本を二万部作り、そのうち一万部は優れた人材を集めるための広告宣伝活動のテキストに、残り一万部は全国の書店に並べて、売れ行きの調査と読者の読後感を回収して若い人たちの反応を見ようというものでした。本の冒頭に歴代の民間航空パイロットを登場させ、その成功と失敗のドキュメンタリーを綴って面白く読ませながら、生きがいとこの種の職業の適性がわかるようになっていました。そして巻末には、「君もパイロットになれる」と題する簡略な「なるにはコース紹介」が付いていました。

六九年五月にでき上がったこの本の見本配布の翌日、委託配本部数の確認をしたら、各取次店の仕入れ希望部数が大幅に膨らんでいました。すぐに一万部を増刷し、その後も増刷を繰り返して、日本航空に一万部を納めたのは、発刊の半年後のことでした。

しかし、この本の真価は、飛ぶような売れ行きではなく、読者の要望を把握しえたことにありました。「もっと詳しく知りたい」という真剣な要求が次々と舞い込んだのです。それをヒントに、『パイロットになるには』という本を企画して、職業全般にわたる「なるにはBOOKS」を誕生させたのでした。次作の『スチュワーデスになるには』もよく売れました。

宮田さんは言います。「人気のある職業は売れたが、三巻め以降はだめだった。私が入った頃の『なるにはBOOKS』はお荷物でした」仕事の百科事典として、初版五〇〇〇部から八〇〇〇部を刊行して、現在一一六巻+別巻二巻を揃えるまでに成長したこのシリーズの特徴は、たとえば、看護婦が看護師と名称が変わったり、法律が変わるつど、また、巻頭に入れているドキュメンタリーが古くなるたびに最新の情報に入れ替えて、重版と改訂を繰り返すことにあります。『映画監督になるには』は、現在著者が三代目となるなど、その補修作業は徹底してなされます。また、担う人がいてくれなければ困るという職業観から、『農業者になるには』といったものまで揃えているところに、広範な需要が生まれ、ぺりかん社の年間売上金額の五、六割を占めるドル箱となっています。

さて、話を宮田さん入社の頃に戻しましょう。七三年一〇月のことでした。中東の石油輸出国が石油の供給制限と七〇パーセントの値上げを宣告して、たちまち日本はオイルパニックに巻き込まれました。

救仁郷さんはこの事態の影響を「近代社会の物質的基盤を危うくしたばかりでなく、精神的基盤をなしていた『西欧近代思想』に鉄槌をくだすことになった。このとき、日本が明治維新以来導入し、これまで骨肉化してきた思想、科学、芸術、教育等々、文化全般にわたって、根本から再検討すべきこと、そして日本人がたどってきた中世・近世を見直すべきことを痛感した。仏教、儒教、神道、国学、耶蘇教などが中世以来の時間的経過とともに、それぞれの主役を変えつつ、連綿として日本文化に影響を与えてきた。その足跡を究める、重要な日本思想史学の再興に尽くしたい」と思ったと言います。日本文学出身の宮田さんも、「今さら西洋のものをやってもしようがないだろう」と二人の考えが一致しました。当時、二〇〇人に満たない学会員だった日本思想史学会の存在を知った救仁郷さんは、学会の総意を得て編集同人を作り、この会の編集で雑誌を刊行することにしました。それが、編集同人「日本思想史懇話会」であり、準学会誌『季刊　日本思想史』の創刊でした。出版活動が研究者の世界に役立つものでありたい。七六年七月のことであり、学会とぺりかん社の間の絆となりました。

こうして、『季刊　日本思想史』の刊行をきっかけにぺりかん社は、七〇年代半ばから日本文化を基軸に出版活動を始めました。最初の本は、三枝充悳《さいぐさみつよし》、今井淳編著『東洋文化と日本』（七五年一一月）でした。

かつての国粋主義に懲りた国民は、日本思想を遠ざけ、学問まで忘れようとしているようです。出版人としての矜持は保てても、この路線は一般の関心からは外れています。そんな中で、七九年に刊行した今井淳、小澤富夫編『日本思想論争史』は、現在、新装版一五刷。通算二五刷。二五〇〇〇部を売り、韓国語に翻訳され、韓国でも刊行されました。

「ヨーロッパ志向が強く、戦前の人たちが常識として持っていた漢文に対する素養は、戦後葬られた。若い人たちにとって、基礎訓練の大変な日本の古いものを読むことは、英語の本を読むよりも難しい。そのために、書店営業に行き、置いていただければ売れますと言って、売れなかったことも多い。また、右翼と混同されることを嫌って出版社は刊行に二の足を踏み、高名な思想家の著作が読めなかった」と宮田さんは言います。

そんな状況に変化の兆しが現れました。現在、日本思想史学会は、当初二〇〇人弱の研究者が五〇〇人を越えるほどになりました。〇一年に二〇〇名の執筆陣を要して刊行した子安宣邦監修『日本思想史辞典』は、書評での紹介もなく、社会的には無視されたにもかかわらず、ぺりかん社の本なら買うという読者に支持されて、二五〇〇部作ったのが売り切れ、一年で重版になりました。

国際化の進展が進み、各々の文化の差異を理解し合える時代が来ています。日本の思想を語ることに抵抗がなくなりました。自分たちのアイデンティティというものを本気で持ちたいと思う人が増えた分、昔ほどは売れなくもない状況が現れました。

Ａ５判上製、五六九ページ。本体価格五八〇〇円。〇三年四月刊、黒住真著『近世日本社会と儒教』がそれです。この本は、現代日本では何より不要とされている儒教をしかるべき位置に据え直す考察が行われ、江戸時代をみる見方、実際はどうだったのかということを提示しています。この重厚な専門書が、発売後三ヶ月で、重版になりました。それには、六月八日付の朝日新聞朝刊。その書評欄の「著者に会いたい」コーナーに黒住真さんが紹介されたのが引き金になりました。

黒住さんと宮田さんとは、学生の頃からの知り合いです。宮田さんが、相良亨さんの研究室に出入りしていた頃、その輪の中に、黒住さんもまた、いたのでした。この本は、黒住さんにとって、五〇代で初めての著作となりました。

日本思想書は、売れないと思っているから大手出版社は企画を出しません。また、相良門下生は、簡単に本にまとめないといいます。日本文化の根底に宿り、日本人の存在証明となる日本思想書の刊行。社員一二名の小出版社・ぺりかん社は、それと真摯に取り組んでいます。

（〇三年八月二〇日）

＊1　小汀さんは、六八年七月に独立し新泉社を設立しました。のちに、出版流通対策協議会などの設立・運営に尽力し、業界内における小出版社の地位の確立のために奮闘しました。

花神社

青山学院大学法学部を卒業し、ある出版社に勤めていた大久保憲一さんが、大学時代の友人に、「新しい会社で、出版をやってみないか」と誘われ、山梨シルクセンターに入社したのは、一九六七年のことでした。この会社は、六〇年八月に、ソーシャル・コミュニケーション・ビジネスの確立を目指して設立されました。六六年八月には出版部を新設して、やなせたかし詩集『詩集　愛する歌』を発行していました。高校生の時から詩を書いていた大久保さんにとって、詩集をやらせてくれる職場からの申し出は魅力的でした。

ある時大久保さんは、『現代女性詩人叢書』というシリーズを企画しました。採り上げた詩人たちの中には、茨木のり子さん、高田敏子さん、新川和江さんらがおりました（この方たちは後に、作品を出させてくれるということで、大久保さんの独立を支援してくれました）。『叢書』の第一巻は、茨木のり子詩集『人名詩集』（七一年五月）でした。この本は、大久保さんが同社を辞めた後に絶版となったのですが、〇二年六月に童話屋が復刊しています。

復刊された『人名詩集』の「あとがき」に茨木さんは、大久保さんが初めて茨木さんの家を訪ねたときのことを次のように記しています。

（略）大久保憲一さんが拙宅を訪れる前に、家の近くの東伏見稲荷に参拝しておみくじを引いたそうである。

（略）私が承知するか否かを占いたくなったらしい。

ところが出たのが凶であった。

詩集を出すとき、なぜかいつも逡巡するものがあり、この時も迷っていたのだが、初対面の二十六歳の青年が、悪いおみくじの影をひいて、どこかしょんぼりしているのを見て、彼の凶を吉に転じてあげたくなって、承諾に踏み切ったのをおぼえている。

「解説」を美術評論家であり、気鋭の詩人・大岡信さんに引き受けてもらいました。

この間、飛躍的に業績を伸ばした山梨シルクセンターは、七三年四月に、サンリオに社名を変更し、五月には、大久保さんが編集長となって、季刊雑誌『詩とメルヘン』（後に月刊）を創刊しています。七四年九月には、「ハローキティ」などのキャラクターを開発して、大企業への道を邁進していったのでした。

一方日本の社会状況はというと、六〇年代初頭から推進された高度経済成長が、この頃転機を迎えています。七〇年代に入ると「繁栄」の影で、公害問題が深刻化し、七三年には「石油ショック」がやってきました。「あの当時サンリオは給料が良かった。それもいやだったね」と大久保さんは言います。

大久保さんは当時、『詩とメルヘン』の編

集長をしていました。役職でも上には社長しかいませんでした。全てをまかされていました。その社長に、「好きなようにやっていい」と言われていたといいます。口では、好きなようにと言っても、それが「いっぱい売れて会社に利益をもたらすために、好きなようにやっていい」という意味の限定されたものでした。

社長さんが、「俺が頼んでいるのは、君の仕事が一〇あるとすればその中の一つか二つだろうというわけね。だけどその一つが嫌なんだから、サラリーマンとしては、失格なんだ」。

美しい日本語として何年も読み継がれ、残るものを出したいという編集長に、「サンリオ」らしい雑誌を出してほしい、それだけなんだという社長の「それ」が嫌だったのです。著者との関係を拠り所として本を作っていくような、もっと小さい、けれど充実した感じで仕事をしたかったのです。

「好きなことをやっていた方がいいんじゃないの」と大岡さんに言われて、七四年一〇月、大久保さんは、大企業となったサンリオを退職して、詩集を出していくことを目的とした一人出版社・花神社を創業しました。社名とした花神社の「花」は芸術を意味していて、いくつかあった候補の中から、大岡さんが選びました。そして、事務所の入り口に掛ける表札も書いて、励ましてくれました。

こうして、大岡さんに、支えになってもらっての出版活動が始まりました。とはいえ、日本における詩集の市場性は限られています。その中でも、現代詩に特有の無理やりひねったような詩集とか、大久保さん自身が理解できないような革新的なものを手がけるつもりはありませんでした。大久保さんがやりたいと思うのは、読んでみて気持ちがいいと感じるような、伝統的な詩の世界です。範囲を狭めてでも、やりたいものだけを本にするというのが、設立からずっと心がけてきたことでした。芸術というのは、そういうものだと思っているからです。

最初の刊行書は、シベリア抑留の経験を記録し、その経験を戦後史の中で掘り下げ、深めた詩人石原吉郎さんの評論集『海を流れる河』（七四年一一月）としました。二点目には、美しい日本語とは何かということを、日常の会話や詩の言葉を通して考えていく、茨木さんのエッセイ集『言の葉さやげ』（七五年一一月）を出しました。詩集を出させてもらえるようになるには年月が必要でした。

明日どうなるかなんてまったくわからない。覚悟の上での出版活動に光が差し始めたのは、創業から三年ほどが過ぎて、茨木さんの詩集『自分の感受性くらい』（七七年三月／〇三年一〇月、二四刷）を出した頃からでした。

ぱさぱさに乾いてゆく心を
ひとのせいにはするな
自ら水やりを怠っておいて

気難しくなってきたのを
友人のせいにはするな
しなやかさを失ったのはどちらなのか

苛立つのを
近親のせいにはするな
なにもかも下手だったのはわたくし

初心消えかかるのを
暮しのせいにはするな
そもそもが　ひよわな志にすぎなかった

駄目なことの一切を
時代のせいにはするな
わずかに光る尊厳の放棄

自分の感受性くらい
自分で守れ
ばかものよ

（「自分の感受性くらい」、『自分の感受性くらい』）

本が売れたことともに、この頃から、詩歌の出版社として認知されたことが花神社にとって大きな収穫となったのでした。社員は二人。大久保さんが詩集を担当して、もう一人が俳句・短歌を受け持ってきました。この分業で、自費出版も含めて年間平均三〇点、多い年は六〇点を越えたときもあります。創業以来二九年間を振り返れば、一〇〇〇点を越えています。伝統的な詩歌という分野に絞り込むことで、読者が満足する本作りをしているのです。

八五年五月のことでした。長谷川櫂さんの

最初の句集『古志』（牧羊社）が刊行されました。その出版記念会に出かけて行った大久保さんは初めて、当時まだ、読売新聞社の整理部にいた長谷川さんと知り合いました。それが縁で、大久保さんは長谷川さんを俳句の師と仰ぎ、指導を受けています。

花神社が刊行した長谷川さんの句集は、『天球』（九二年四月）、『古志・天球』（九五年六月）、『果実』（九六年九月）、『蓬萊』（〇〇年二月）、『虚空』（〇二年三月）と続き、俳論集『俳句の宇宙』（〇一年九月）も出しました。そのうちの『俳句の宇宙』がサントリー学芸賞、『虚空』は讀賣文学賞を受賞しています。「出版をやっている楽しみの中には、人と出会う楽しみがあるでしょう」と大久保さんは言います。喜びの二重奏。二人の出会いがもたらした受賞といっていいでしょう。

詩歌の出版社として認知されるにつれ、大久保さんには辛く思われることがありました。それは、出版するための作品を他社から貰ってこなくてはならないことでした。

八七年五月、花神社は、大岡さんを編集委員に迎えて、季刊誌『花神』を創刊しました。出版社が雑誌を持つことは、そこから単行本を出していく自前の本作りの経路が生まれます。九一年七月の一三号まで続けた『花神』の連載から単行本になったものに、先にあげた『俳句の宇宙』がありました。

また、新しい可能性を茨木さんが開いてくれました。というのは、『花神』の刊行に先立って茨木さんは、韓国語の勉強を始めていたのです。それを知った大久保さんは、雑誌に掲載するために、韓国の現代詩を翻訳してほしいと茨木さんに依頼したのでした。こうして始まった茨木さんの連載分から、韓国の一二人の詩人の詩集を編んだ茨木のり子訳編『韓国現代詩選』（九〇年一一月）が生まれました。この本は後に讀賣文学賞を受賞しました。この連載時に茨木さんは、大久保さんと連れ立って何回か韓国に行っています。これが縁で、花神社は、金南祚（キム・ナムジョ）著／姜晶中（カン・ジォンジェ）訳『風の洗礼』（九五年四月）、趙炳華（チョウ・ビョンファ）著／姜晶中訳『雲の笛』（九六年四月）、鄭芝溶（チョン・ジヨン）著、呉養鎬（オ・ヤンホ）ほか訳『鄭芝溶《チョンジヨン》詩選』（〇二年一一月）の三点を刊行しています。韓国を代表する作家の作品を私たちは、日本語で読むことができるのです。

九二年四月、花神社のロングセラー『自分の感受性くらい』から遅れること一五年を経て刊行し、〇三年六月には二五刷となったのが、吉野弘詩集『贈るうた』です。

二人が睦まじくいるためには
愚かでいるほうがいい
立派すぎないほうがいい
立派すぎることは
長持ちしないことだと気付いているほう
がいい
完璧をめざさないほうがいい
完璧なんて不自然なことだと
うそぶいているほうがいい
二人のうちどちらかが

ふざけているほうがいい
ずっこけているほうがいい
互いに非難することがあっても
非難できる資格が自分にあったかどうか
あとで
疑わしくなるほうがいい
正しいことを言うときは
少しひかえめにするほうがいい
正しいことを言うときは
相手を傷つけやすいものだと
気付いているほうがいい
立派でありたいとか
正しくありたいとかいう
無理な緊張には
色目を使わず
ゆったり　ゆたかに

光を浴びているほうがいい
健康で　風に吹かれながら
生きていることのなつかしさに
ふと　胸が熱くなる
そんな日があってもいい
そして
なぜ胸が熱くなるのか
黙っていても
二人にはわかるのであってほしい

（「祝婚歌」、『贈るうた』）

この「祝婚歌」を含む『贈るうた』は、自分で読むことと共に、結婚式で引き出物に選ばれたり、祝辞として読まれたりして、一〇年間にわたって売れ続けています。

本が好きな人が作った本は、見るとわかります。それは、奥付がこう作ってあるとか、手に持った瞬間にどうなるとかといったことで感じるものなのです。隅々まで編集者の思いがこもった花神社の本作り。五〇年後、一〇〇年後にも残る言葉だけを本にしたいと大久保さんは思っています。

(〇三年一二月二〇日)

石風社

四八年三月に鹿児島市に生まれた福元満治さんが、熊本大学法文学部に入学した頃は、まだ大学紛争前夜ののどかな時代でした。福元さんはヨット部にも在籍して、ごく普通の学生生活を送っていました。ところがひょんなことから、平穏な学生生活が一転することになります。

それは六八年の冬、全国で学園紛争が燃え盛り始めた、福元さんが三年の時のことでした。シーズンオフで、たまたま大衆団交の会場に顔を出したところ、大学側がドクターストップを理由に逃げ出してしまいます。「すわ、ストライキ！」ということになったのです。そこに居合わせた福元さんは、リーダーの一人に祭り上げられてしまいました。もともと政治に無関心ではなかったのですが、既成の政治党派に共感するものはありませんでした。当時全国の大学で澎湃として起こった全共闘運動とは、そういうノンセクトの学生たちが中心になった初めての学生運動でもありました。

その後の福元さんの生き方を決定づけるのは「水俣病」との出合いです。熊本県水俣市で発生した水俣病事件は、日本の工業化社会の矛盾そのものでした。福元さんは大学闘争終結のあと、不思議な縁でその水俣病訴訟に関わるようになっていました。じいちゃんは水俣病で亡くなり、奥さんとばあちゃんも水俣病の漁師の一家に、手伝いに行くこともありました。ヨット部であったことが役立ったわけです。

水俣病患者を支援する運動の中で、渡辺京二さんや石牟礼道子さん、それに松浦豊敏さんといった作家たちに出会いました。彼らは、賠償を求める裁判闘争が一段落した七三年に責任編集者となり、『暗河《くらごう》』という思想文芸の季刊雑誌を創刊しました。福元さんは、その編集実務に携わることになりました。発売は福岡県福岡市の葦書房が引き受けてくれましたが、この『暗河』が縁で一九七四年の四月に葦書房に入社します。

葦書房では、渡辺京二さんや森崎和江さんの著作をはじめ、絵本や詩集を数多く手がけましたが、看板になるような本はありませんでした。七年半が過ぎた頃、出すべき本も出そうとする本もなくなり、煮詰まってきたという感情にとらわれて、殊更な志や見通しも持たずに葦書房をやめました。八一年のことでした。

とりあえず、一階が布団屋の木造家屋の二階に事務所を借りて、中古の机と椅子を買い込み、一人出版社・石風社を立ち上げました。その時あった仕事は一つだけでした。葦書房時代から、毎月それをやらされていた、ある労働組合の機関誌の製作です。毎月三万円ぐらいにしかならない仕事でしたが、家賃が三万円で、それで支払うことができました。

仕事はなく、その辺のタンポポや野草を摘んできてそれを焼酎につけ込んだり、暇つぶしみたいな生活がしばらく続きました。

出版社としての企画といえば、石風社レクチャーを始めたことでしょうか。毎年、一橋大学教授の阿部謹也さんを福岡に招き、講演を聞く集会を開き、その後で懇親会をもつ。翌日はみんなで近くを散策するといった企画でした。レクチャーは一〇回まで続き、その内容が阿部謹也著『ヨーロッパを読む』（九五年一〇月）として刊行されました。

それまで、出会った人間関係を基盤にして出版活動を展開してきた福元さんに、その後の活動を決定する出会いが訪れたのは、八〇年代末のある日のことでした。

地元紙の西日本新聞に連載された中村哲さんのエッセイを読んでいた福元さんは、ざわざわと身体の血が騒ぐのを覚えました。そこには、九州大学医学部を卒業し、八四年五月から、パキスタン北西辺境州のペシャワールでハンセン病の診療を行っている中村哲さんの日常が記されていました。中村さんの主たる任務は、北西辺境州の〝らいコントロール計画〟に民間側から強力な側面援助を撃ち込むことでした（世界中で差別の対象となってきた「らい」は、特に報道関係者の間では、らい菌の発見者の名を冠する「ハンセン病」の呼称が用いられますが、中村さんは一貫して正式の医学名「らい」と表現しています）。

「まあ、それを読んで、私は中村さんに嫉妬したのです。後になってわかったのですが、嫉妬したというのは、中村さんとアフガンの人たち、患者であったり難民であったりする、そういう人たちとの関係の深さに嫉妬したのです」

この人の本だけは、誰でもない私が出そうと思える人間と、初めて福元さんは出会ったのでした。

誰もが行きたがらないところに行き、誰もがやりたがらないことをする―それが、八三年に中村さんのパキスタンでの医療活動を支援する目的で福岡市に結成されたNGO「ペシャワール会」です。その存在は、福元さんも知っていました。

「ボランティアというのは苦手なところがあります。美しい話は、大学の騒動とか、水俣を見てきていますので、どこか性に合わないところがありました」

性に合わないのに、これまでなぜかそういうところに居てしまったというのが福元さんの軌跡です。かつての体験から、人間の善意に対しては懐疑的になりました。ペシャワール会とは距離を置きたい。単純に著者と出版者という点で接したい。そう思ったのですが、反面では、それではすまなくなるだろうなという、中村さんとは深い付き合いになるだろうなという予感がありました。

石風社は中村さんの著作『ダラエ・ヌールへの道　アフガン難民とともに』（九三年一一月）、『医は国境を越えて』（九九年一二月）『医者井戸を掘る』（〇一年一〇月／八刷）、『辺境で診る辺境から見る』（〇三年五月）等を刊行するうちに事務局分室を引き受け、福元さんは現在、会の広報担当理事となっています。
それでは、アフガンと関わることによって中村さんには何が見えてきたのかを、石風社が最初に出した中村さんの著作『ペシャワールにて』（八九年三月初版／九二年三月増補版／〇二年八月増補版六刷）に見てみましょう。

ペシャワールについて語ることは、人間と世界について総てを語ることであると言っても誇張ではない。貧困、富の格差、政治の不安定、宗教対立、麻薬、戦争、難民、近代化による伝統社会の破壊、およそ凡ゆる発展途上国の抱える悩みがここに集中しているからである。悩みばかりではない。我々が忘れ去った人情と、むき出しの人間と神に触れることができる。我々日本人が当然と考えやすい国家や民族の殻を突き破る、露骨な人間の生き様にも直面する。

（『ペシャワールにて』）

〇四年三月現在ペシャワール会は、パキスタン北西辺境州とアフガニスタンで一病院と四診療所を運営しています。〇二年には、年間約一五万人の患者を診療しました。加えて〇〇年夏から、戦乱に次いで今世紀最悪の干魃に見舞われたアフガニスタンの村々で、約一〇〇〇カ所以上の水源（井戸、カレーズ）の確保作業を継続しています。これは、〇〇年以来一〇〇万人が餓死するという大干魃に見舞われ、砂漠化したところを蘇らせるものです。

大規模な灌漑用水路の工事は一〇〇〇人以上の失業対策にもなります。また、一人には、一〇人ぐらいの家族がいますから、それで一万人ぐらいの飢えを凌げるのです。そういう仕事があれば、軍閥やアメリカ軍の傭兵にならなくてもすみます。水を通すことは、アフガニスタンにとっては治安の安定にも役立つのです。

〇一年九月一一日以来、中村さんとペシャワール会事務局は、アフガニスタン情勢を伝えるマスコミの取材攻勢、講演依頼に追われるようになりました。一〇月からは、アフガニスタン空爆の中、緊急食料援助を行いました。この時寄せられた「アフガンいのちの基金」をもとに、医療事業、水源確保事業、農業計画からなる「緑の大地計画」を継続し、〇三年三月より、長期的な灌漑計画を始めました。これを日本では約一二〇〇〇人のペシャワール会会員が支えています。年間三億円ほどのお金を動かすようになったペシャワール会の活動を福元さんは、

私たちが目指すのは、国際的圧力によるアフガンの破壊でも復興＝近代化でもない。ただアフガニスタンという伝統的農村共同体がかつての豊かさを回復するための、その自然治癒力にささやかながら寄り添うだけである。

（『伏流の思考』〇四年一月）

と記しています。緊迫する世界情勢の中でペシャワール会の活動は重みを増しています。

このように紹介すると、本業の出版活動が気になります。九七年には、讀賣文学賞の最終候補に残った本を出しました。若い頃からコンサートや芝居を主宰していた福元さんは、佐賀県の郷土芝居「佐賀にわか」の筑紫美主子《みすこ》さんを追いかけていました。周辺に、さまざまの苦難の果てに在日の実業家として成功した姜琪東（カン・キドン）さんがいました。姜さんの会社の肝いりで、筑紫さんは五年に一度、「佐賀にわか」の記念公演をしていたのです。

　筑紫さんを通じて姜さんと出会い、九七年一〇月石風社は、姜琪東著『身世打鈴《シンセタリヨン》』を出しました。この句集を姜さんは本書はいわゆる〈句集〉ではない。俳句という表現形式による一人の在日韓国人の自叙伝であり、パンチョッパリと呼ばれる男の精一杯の抗いであると説明しています。

　ビール酌《く》むわが本名を告ぐべきか
　初日待つ父の越え来し海に向き
　（『身世打鈴』）

姜さんの抗いは、多くの読者の胸を打ちました。

異色作といっても良いでしょう。月刊『左官教室』の編集長・小林澄夫著『左官礼讃』（〇一年八月／〇二年一二月二版五刷）は、初め東京の出版社から刊行の話がありました。編集者は強く押したのですが、企画会議で通りませんでした。幾つかの出版社を三年ほどたらい回しにされました。

〇一年一月に石風社は、カメラマンの藤田洋三著『鏝絵放浪記』（二刷）を出しました。その藤田さんが小林さんと親しくしていて、どうにかならないかと持ち込まれたのでした。時代の流れに追いやられ、滅びゆくだろう左官職人の視点から見える現代建築と現代社会は、なんと殺伐とした光景なのか。「塗り壁」に惚れぬいた小林さんの左官への激励と礼讃は、時代を鋭く射抜いています。その故か、刊行と共に書評が相次ぎ、建築関係者以外にも幅広く読まれています。また、〇二年には、水俣で縁のあった石牟礼道子さんの全詩集『はにかみの国』（文化庁芸術選奨・文部科学大臣賞受賞）も出しています。

「企画を立て、著者に原稿を依頼するという意味では、私は編集者とは言えないのかも知れません」と福元さんは言います。人との縁を蜘蛛の糸のように張り、そこに掛かってきたものを本にする、「スパイダー方式ですよ」と福元さんは笑っていました。

さて、もしペシャワール会が東京であったなら、中村さんの訴えも厖大な情報にかき消され、ここまで届かなかったかも知れません。福岡という地場から、石風社は世界に向けて発信しています。

（〇四年五月二〇日）

新曜社

国立国語研究所の主宰で「世界の〈外来語〉の諸相」と題する国際シンポジウムが、〇四年三月二一日から二四日にかけて東京都千代田区の「よみうりホール」ほかで開催されました。私は、国語研究所への出店申請を行い、二一日に会場で五社三二点の書籍販売をしていました。その時売れた本の中に、小熊英二著『単一民族神話の起源〈日本人〉の自画像の系譜』（九五年七月／〇三年一二月一七刷、新曜社）がありました。それも、四六判・上製・四六四頁・本体三八〇〇円のこの本が、短時間に二冊売れたのです。明治中期から戦後までの日本民族論の変遷をあつかったこの本は会のテーマとは直接結びつかないように思えます。

新曜社からはほかに、荒このみ、谷川道子編著『境界の「言語」』（〇〇年一〇月）、ダニエル・ネトル、スザンヌ・ロメイン著／島村宣男訳『消えゆく言語たち』（〇一年五月）、バリー・サンダース著／杉本卓訳『本が死ぬところ暴力が生まれる』（九八年一〇月）、エレン・ビアリストク、ケンジ・ハクタ著／重野純訳『外国語はなぜなかなか身につかないか』（〇〇年二月）の四点を並べました。いずれの本も多くの来場者が手に取り、読み込んでおりました。なぜ新曜社の本が関心を引いたのでしょう。新曜社の出版活動に興味を持った私は、同社を訪ねてみることにしました。

五〇年六月、朝鮮戦争以来の「特需」によって復興を促進させた日本では、五三年二月に、NHKが東京地区でテレビの本放送を開始して、新橋駅前などの繁華街に街頭テレビが置かれました。八月には日本テレビが民放初の本放送を開始しています。五四年二月、シャープ兄弟と力道山・木村政彦組のプロレス試合が行われ、その実況中継が黒山の人だかりとなりました。テレビが国民に情報や娯楽をも与える身近な媒体として時代を作り始めたのです。

一方、出版界では、五六年二月に新潮社が出版社系で初の週刊誌『週刊新潮』を創刊してこれが契機となり、週刊誌ブームが起こっています。

この頃のことです。三二年に東京に生まれた堀江洪《ひろし》さんは、東京大学文学部社会学科に在籍して、日高六郎さんや戦後の社会学の興隆期を形成した学者たちの薫陶を受けていました。やがて堀江さんが卒業を迎えた五七年の頃は、先に述べた時代背景もあってテレビ局が大量に人材を求めていました。時代を映し出すマスコミ業界です。興味はありました。でも、堀江さんは以前に結核を患っていました。当時、結核は採用の際に最も嫌われる病気だったのです。最初から「受けても無駄」と堀江さんは判断して、二四（大正一三）年一二月に創業された理工書出版社・培風館に就職したのでした。培風館には、点数は少ないけれど人文系の著作を刊行する土壌があったのです。

　社会学や心理学。堀江さんはそれらを担当しました。学生時代からのネットワークを活かして企画した本の中で、科学哲学の第一線を紹介した大森荘蔵ほか編『科学時代の哲学』（全三巻、六四年一〇月～一一月）などが評判になりました。時代は、「六〇年安保」を越えて「所得倍増計画」が進められ、「レジャー・ブーム」「高度経済成長」へと流れていきます。

　そして、六〇年代末には、「大学紛争」の時代を迎えていました。社会の至る所で問題が噴出する中で培風館は、伝統的に「時代の要求から比較的超然として、学術書を入念に作りあげてお届けする」出版活動をしていました。その頃堀江さんは、人文系の編集部長と宣伝部長を兼任していましたが、会社の運営方針に齟齬を感じるようになっていました。

　六八年一月、東大紛争。四月、日大紛争。社会変革を求める時代のうねりに煽られるようにして堀江さんは、会社を辞めました。それに共鳴する社員が四人いて堀江さんについて来ることになりました。

　六九年七月末、培風館を辞めた五人の社員によって新曜社は創業されました。これまで培ってきたネットワークを活用した哲学や社会学、そして心理学を中心に「人文系の学問研究」でやっていきたい。しかし、それだけだと読者が限定されます。そこで、そういうものをベースにした手引きや教科書。専門書と教養書、専門書と啓蒙書という考えでよそにないものを人文科学の世界の中で作っていこう。これが新曜社の地道な出版活動の始まりでした。

千代田区神田神保町の木造三階建ての三階の一室。羽目板から茶羽ゴキブリが顔を出す、そこを最初の事務所としました。腹案としては一〇点ぐらいありましたが、形を為していた企画はありませんでした。それから数年は、編集プロダクションのような仕事が主な仕事でした。その合間に、自社の書籍を刊行するといった状況です。

その中で評判になった本が二つありました。一つは、城戸浩太郎著『社会意識の構造』です。城戸さんは堀江さんの大学時代の先輩でした。その城戸さんは、若手の大学講師だったときに将来を嘱望されつつ、南アルプスで遭難して亡くなってしまったのです。その遺稿集を堀江さんは培風館で出そうと思って準備しました。それが出されることなく温存されていたのでした。社会的な発言性をもったこの本は、エッセイ風のものだったので持続的に売れることにはなりませんでしたが、当時評判になりました。

それからもう一つは、二年目に刊行した村上陽一郎さんの『西欧近代科学』(七一年四月初版)です。かつて、『科学時代の哲学』を刊行したときに編者になっていただいた大森荘蔵さんに、若手の村上さんを紹介していただいて書き下ろしてもらったのがこの本でした。〇二年五月に新版を刊行して、創業期以来いまでも売れているロングセラーとなりました。

時代は七〇年代前半です。大手出版社が毎年三割台のベースアップを続け、三年たつと給料が倍になってしまうような時代を迎えていました。創業の頃からズーッと思っていた、いずれは一般書を出していきたいといった視点を時代の流れが後押ししました。一般書の比重を徐々に増していったのです。それにつれて、この頃から書店の人文書の棚に新曜社の本が並ぶようになっていきました。その中でも、家庭内暴力が社会問題となり、登校拒否が増えていく原因を心理学をベースに解明した平井信義著『登校拒否児』(七八年一二月)は、励ましの書として、当時の要求に結びついて売れていきました。


視点が新しくて深いとか、ある批判性をもつとかという本を刊行していきたい。新曜社のこの思いに沿って刊行され、大きな反響を引き起こした本があります。スイスの思想家アリス・ミラー著/山下公子訳『魂の殺人』(八三年七月)がそれでした。

「教育や躾の名による暴力は子ども達の魂を粉々に打ち砕き、社会はいずれ手痛い復讐を受けずにはすまない」

この本は、ヒットラーや少女クリスティーネの幼年時代を詳細に分析して、教育の暴力性と非人間性を容赦なくえぐり出したものでした。刊行されると、編集部にはミラーを知った読者からの便りが舞い込みました。

「社会に通用する人間になれ」「思いやりのない子は嫌い」。このような親のひと言が時として、子どもの魂を致命的なところへ追いやります。「ああ、私もこうして心の奥までつぶされたんだ」。刊行から一〇年後の九三年一一月一日付の朝日新聞に「力のしつけは逆効果」と、アリス・ミラーと『魂の殺人』が特集で採り上げられると、読者が一気に拡大して注文が殺到したのでした。

『魂の殺人』は、村上陽一郎さんとの縁で出会った山下公子さんが、ある面で自分も衝撃を受けた、いずれ翻訳刊行に漕ぎ着けたいと思い定めていたものでした。それを知り、刊行を申し入れた新曜社は、当初これは大事な本だから大きな、力のある出版社から出したいとミラーに言われ、新曜社での刊行を断られたのでした。この著者の意向に堀江さんは屈することなく、是非出したいという思いを募らせて、スイスに長文の手紙を書いて説得したのでした。堀江さんの熱意を知ったミラーからやっとオーケーが出て刊行に至ったのでした。八四年から九四年の一〇年間に三万部、九三年に朝日新聞に採り上げられて、また三万部。現在までで、八万部を売っています。

在庫を持ち、こつこつと地味に売っていく。それのみで新曜社の本が社会的評価を受けるはずはありません。

「それなりの本を作るときには、参考文献をきちんと付けてもらう。校正はもちろんですけれども、索引をつけるとか、そういうことは手堅く、怠らずにやるようにしている」

堀江さんのこの発言が新曜社の出版姿勢を

物語ります。このようなオーソドックスな本作りに共鳴する著者のネットワークが実を結び、近年刊行した若手の研究者の著作が続けて注目作となりました。

小熊英二著『単一民族神話の起源〈日本人〉の自画像の系譜』（九五年七月）。日鮮同祖論から、日韓併合へ。多民族帝国となった日本帝国を支えたその思想とは。さらにそこから、戦後日本へ、単一民族神話への転換は、どのように図られたのか。この本は、明治から戦後までの思想家の「言説」を時代ごとの形相・状況・関わりといったものをグンと攫んで表現しています。中・高年齢層のみでなく、読みやすい文体が幅広い読者を獲得して、〇三年一二月で一七刷を数え、サントリー学芸賞を受賞しています。

この本の反響を後ろ盾としたかのように小熊さんは、Ａ５判九六八頁に及ぶ『〈民主〉と〈愛国〉戦後日本のナショナリズムと公共性』（〇二年一〇月）を書き上げました。こちらの方は、〇三年一一月に毎日出版文化賞、〇三年一二月には大佛次郎論壇賞（朝日新聞社）を受賞しています。本体六三〇〇円という高価な本にも拘らず、発行部数が〇四年五月現在二万部を超えています。

六二年東京生まれの小熊さんに続いて新曜社から現れたのは、七〇年静岡県生まれの六《む》車《ぐるま》由実さん。『神、人を喰う　人身御供の民俗学』（〇三年三月／〇三年一二月三刷）で、〇三年度サントリー学芸賞などを受賞しました。

神と人とが交歓／交感しあう聖なる場所に血なまぐさい獣の肉が供えられる光景を目の当たりにしたとき、私たちは一瞬のたじろぎも感じることなく平静に振舞うことができるだろうか。

（『神、人を喰う　人身御供の民俗学』）

生身の人間を「食べ物」として神に捧げる。なぜこのような話が現代まで語り伝えられているのでしょう。祭りの現場に身を置き、神と人との食・性・暴力をめぐる日本人の民俗的想像力の根源にせまった本です。

創業以来刊行書は九〇〇点を超えました。「若手の面白い著者がいるよという紹介が増えてきましたね。大好きなんです。若い新進の著者の作品は継続的に出していきたいし、出してきましたから」

著者とのネットワークを大切にしながら、たとえ書店員が棚の上の方に一冊だけ置いておこうと評価をしても、それを突き抜けていく力がある本を出している。そういう希望をもって新曜社は出版活動を展開しています。

（〇四年六月二〇日）

論創社

七八年九月の八重洲ブックセンターの開店を受けて、「神田ルネッサンス」を旗印に、隣接する三省堂書店神田本店が広さ・在庫も「日本一」の書店となってオープンしたのは八一年三月のことでした。八二年一〇月には東京堂書店神田本店が、旧店舗敷地内に親会社が建てた六階建てのビルに入り、新装開店しています。それまでの一〇年ほどを、吉祥寺支店や外商部三鷹営業所などで過ごした私が本店勤務となったのはこの時でした。

経営・経済・法律・宗教・歴史・哲学・政治・社会の分野の本を扱う三階売場の棚を、テーマごとに分類していくうちに、歴史・哲学の棚で新刊を出し続ける論創社に注目しました。八一年から八三年にかけて論創社が刊行した文化史の本をまとめてみましょう。

堀越正雄著『井戸と水道の話』(八一年二月)、玉城哲著『水の思想』(七九年一月)と『水社会の構造』(八三年二月)。渡辺善次郎『都市と農村の間』(八三年六月)、中村浩著『ふんにょう博士一代記』(八三年七月)、阿部文伍著『水の歳時記』(八三年一〇月)、進藤俊著『鑞付と溶接の話』(八三年一一月)といった具合になります。特にお客さんの反応が良かったのは、岡並木著『舗装と下水道の文化』(八五年三月)でした。論創社は、私が人文書の棚担当者になりたての頃に知った個性的な出版社なのです。

四七年五月、東京に生まれた森下紀夫さんは、高等学校を中退した後に、当時、自動車運転免許の教習書を出していたある出版社でアルバイトをすることになりました。その出版社には、賄いのおばさんがいて昼食を作ってくれました。事務所の二階の小さな部屋が食堂になりました。当時、賄い付きの昼食は珍しいことではなかったのです。

森下さんが三月に入社した時の初任給は一万三〇〇〇円でした。真面目な就労ぶりが認められて月末には、取次店に集金に行くことも頼まれました。四月には給料が一万四〇〇〇円になりました。信頼を得たのでしょう、定期昇給がすぐに適用されたのです。そして五月の給料日の時のことでした。あれれ？　同じだ。森下さんは、何くれとなくお世話をしていただいている経理の担当者に「間違っています」と訴えたのでした。四月の給料日の体験から、給料は毎月上がるものと思っていたのです。

六〇年代後半の、森下さんが社会人になった頃のエピソードです。今から思うと、あの頃は良かったという声が聞こえてきそうです。しかし、森下さんは時代というものを普遍的にとらえています。

「悪い時代なんかないんです。その中で自分は貧しいかも知れないけれど、全然認められないかも知れないけれども、それでも時代はいつも良い時代なのです。

悪い時代なんてないのです。基本的に良い時代なのです。どんな時代にも、必ず隘路はあるし、また抑圧がある一方で、必ずその抑圧を通り抜ける方法があるのです。だから、悪い時代というのはないのです」

ここには半年ほど勤めてやめました。この出版社が森下さんの「故郷」となりました。

職探しを始めた森下さんは、朝日新聞の求人広告を見ていてあることに気づきました。それは、高校中退では勤めるところがないという現実でした。それならば、社長になるしかないと思いました。一念発起して始めたのは、その頃急速に需要が増したビルの床清掃を請け負う会社でした。当時この仕事は、圧倒的に需要が供給を上回り、休む間もないほどの仕事がありました。一流のホテルからの話も受けました。お金が貯まり始めたのです。

一九歳の時から始めた掃除会社の収益を梃子にして、七二年二月に森下さんは、論創社を起こし、『国家論研究』創刊号を刊行しています。『国家論研究』のキャッチフレーズは「国家理論創造に向けて」としました。この雑誌は、「一国革命論」、つまり、日本の国さえ革命できれば、その革命がほかの世界に輸出されるという考えを広めるためのものです。

当時の雰囲気というのはなかなか伝わらないのですが、日本のある一部には、革命は現実に起こしうるという土壌が形成されていたのでした。そのことを読者の反響が裏打ちしています。創刊当時は大型書店にも山積みされ、一万部近くも売れていたのです。この『国家論研究』は、八三年に二一号まで出して休刊となりました。その理由は、七〇年代の多国籍企業の進展にあります。資本が多国籍で、どうして一国革命論が成立するでしょう。この理論は、歴史に反するものとなり、破綻していったのでした。創刊から一〇年を経たこの頃には、三〇〇部以下の売れ行きになっていました。

こうしてビル清掃業界から転入するようにして始まった論創社の出版活動は、その後幅広い展開をしていきます。私が店頭で扱った主な刊行書を思いつくままに列挙すると、高峯一愚《いちぐ》著『カント純粋理性批判入門』(七九年四月)、大熊信行著『国家悪』(八一年三月)、高峯一愚著『カント実践理性批判解説』(八五年一二月)、W・ゾンバルト著/金森誠也訳『恋愛と贅沢と資本主義』(八七年七月/講談社学術文庫一四四〇巻、〇〇年八月)、板垣與一著『アジアとの対話　正編~第五集』(正編は、新紀元社から六八年一〇月に出版。続編は論創社から七八年一〇月に出版。正編・続編の新装版を八八年四月に出版。~九八年一〇月)、レイモンド・カーヴァー詩/黒田絵美子訳『水の出会うところ』(八九年九月)、『海の向こうから』(九〇年七月)、大熊信行著『ある経済学者の死生観』(九三年六月)、『戦争と資本主義』(九六年四月)などになります。

少部数での発行、この志向を技術革新による時代の波が支えています。森下さんは、コンピュータに強い友人たちの協力を得て、いち早く組版を社内で行うことにしました。その結果、頁組の単価は、印刷所単価の三分の一に抑えることができました。組版の社内化は、大衆社会の中で押し潰されてしまう小さな意見、埋もれた見解、毒の効いた思想等を速やかに世に問うことを可能にしました。

〇三年秋から論創社は五つのシリーズものを刊行しています。

［論創ミステリ叢書］は、日本探偵小説史において、現在までなおざりにされていた戦前の一群の作家や作品を発掘し、その豊かな可能性を見いだそうとするものです。収録される主な作家は、平林初之輔、甲賀三郎、徳富蘆花、黒岩涙香、押川春浪、牧逸馬などです。

第一回配本『平林初之輔探偵小説選1』（〇三年一〇月）の最初には、「予審調書」が収録されました。殺人罪で逮捕された息子を心配する老教授と予審判事との対話だけで物語が展開していきます。父子の情愛、探偵小説的な仕掛け、そして、最後のどんでん返し。一八九二年京都府に生まれた平林は、戦後に登場する江戸川乱歩や横溝正史に先駆け、昭和戦前期の文壇で大きな役割を果たしたのでした。

［海外ミステリ叢書］。〇四年秋から月二、三冊ずつ刊行されます。海外で大ヒットしながらも日本では初登場となる紳士探偵「トフ」シリーズ。そして、〇四年春、ニューヨーク・タイムズ紙でベスト五に入ったダニエル・シルヴァの「ガブリエル・アロン」シリーズなどが含まれています。この刊行が始まれば、

大きな反響を呼ぶことでしょう。

［謎の訳者の古典ポルノ叢書］。戦後の占領下にあった五〇年前後に、アンダーグラウンド的出版社から翻訳ポルノが相次いで刊行されました。しかし、これらの作品は、訳者が匿名であったため、翻訳文学史からもまったく顧みられることがありませんでした。第一巻はウィルヘルム・マイテル著／矢野正夫訳『バルカン戦争』（〇四年四月）で、第二巻にマルキ・ド・サド著／中谷太郎訳『ふらんす浮世草紙』（〇四年六月）が続きました。森下さんは、何度も推敲を重ね、読みやすい文体に仕上げました。五〇年前の表記を現代表記の原則にのっとり、丁寧に直していく過程は、昔の文体に今日の息吹をふき込む作業といえましょう。

［ルーゴン＝マッカール叢書の翻訳刊行］。エミール・ゾラが二十余年の歳月をかけて、全二〇巻にまとめたものの翻訳刊行です。第一一巻『ボヌール・デ・ダム百貨店』が〇二年一一月に、第一巻『ルーゴン家の誕生』が〇三年一〇月に刊行されました。

［論創叢書］。埋もれた名著の中から、論創社が目利きをして掘り起こした著作を読みやすい形で刊行しています。第一巻は沼田頼輔著『画聖雪舟』（〇二年三月）でした。巻数順に大熊信行著『マルクスのロビンソン物語』（〇三年七月）、『社会思想家としてのラスキンとモリス』（〇四年二月）と続きました。

これだけではないのです。〇三年一〇月の平民社結成一〇〇年を記念して論創社は、〇二年一〇月より、『平民社百年コレクション』（全一三巻）の刊行を始めています。
平民社は、日本とロシアの衝突が切迫した一九〇三年一〇月、『萬朝報』を退社した幸徳秋水と堺利彦によって結成されました。彼らは、「非戦論」を高く掲げ、自由と平等、そして博愛にもとづく社会の実現を目指したのです。このシリーズが完結すれば、論創社に大きな財産がもたらされることになるでしょう。

社員八名の論創社が、一挙にこのような多彩なシリーズの刊行を始め、転換を図ったのには、大きな理由がありました。〇一年一二月、専門書取次店として機能していた「鈴木書店」が倒産したのです。鈴木書店での商品の動き、したがってお金の動きは、いわゆる大取次店とは全く次元を異にするものでした。専門書取次店として、自ら大手書店に営業をかけました。倉庫に本がなくなると、見込みも含めて出版社に発注し、出版社は、鈴木書店の倉庫に本が入った時点で、請求を立てることができたのです。さまざまな差別的取引条件を飲まされている大手取次店ではそうはいかないのです。

そのため、〇一年一二月以前と以後では、人文書を刊行する小出版社の存亡そのものに関わる状況が生まれています。森下さんによれば、鈴木書店がなくなったことで、毎月「五〇万円」以上の現金が失われているといいます。

森下さんは、鈴木書店帳合いの「小出版社」が組織した「NR出版協同組合（現在はNR

出版会）」の事務局長を務めたりもしました。体制に対して異議をとなえる姿勢は、自らの人生観でもあり、小出版社に低正味を強いる大手取次店の差別的取引条件には、繰り返し改善を求めています。しかし、森下さんにとっては、時代はいつも良い時代なのです。硬軟織り交ぜた企画を立て、困難な状況に挑戦していく人材を持つ論創社は、いま注目される出版社となりました。

（〇四年七月二〇日）

水声社（書肆風の薔薇）

ピーター・ドロンケ著／高田康成訳『中世ヨーロッパの歌』（〇四年六月）を東京大学教授で西洋史の専門家、池上俊一さんは、次のように紹介しています。

豊かな歌声が響きわたっていた中世ヨーロッパ世界。本書はその歌＝叙情《じょじょう》詩《し》を、宗教詩、女心の歌、恋愛詩、アルバ（きぬぎぬの別れ）、舞踏歌、リアリズムの歌に分類し、各ジャンルの代表的な作品を深く読み解いて、読者を陶然たる境地へと誘う。読み進むにつれ、西欧文学の清冽《せいれつ》な源泉に親しく触れる喜びが、ジワッと胸に広がってゆくだろう。

（朝日新聞書評欄／〇四年九月五日）

そして「歌を忘れた散文の時代＝近代の障壁を突っ切って、中世の玲瓏《れいろう》たる歌声が蘇《よみがえ》ってくる様は感動的である」と、絶賛しました。「学会の常識を覆す見解が提示された」ことを伝えるこの書評を得て、A５判・上製・六一二頁・本体七〇〇〇円の『中世ヨーロッパの歌』に、どれほどの読者が生まれたことでしょうか。

『中世ヨーロッパの歌』を刊行した水声社の軌跡を辿ります。

六六年四月に東京都立大学人文学部英文科に入学した鈴木宏さんは、卒業と同時に、同校同学部仏文科に学士入学をし、更に、七三年四月より同大学大学院人文科学研究科修士課程に進みました。同修士課程を修了したのは、七七年三月、入学以来一一年の時が過ぎていました。その間に多くの研究者と出会いましたが、そのうちの一人に、英文科教授の篠田一士さんがおりました。

鈴木さんが修士課程に進んだ頃のことです。その頃日本には、海外の新しい文学を紹介する風が吹き始めていました。ガルシア＝マルケス著／鼓直《つづみただし》訳『百年の孤独』（七二年五月、新潮社）の刊行がそれでした。

また、紀田順一郎さんと荒俣宏さんが、一種の編集顧問のような形で参加して、『幻想と怪奇』という雑誌を三崎書房（後に歳月社）が発行し始めたのは、七三年のことでした。月刊で始めた当初は好調だったのですが、その後、売れ行きは低迷して、途中から、篠田さんなどから海外の現代文学の状況を学んでいた鈴木さんが編集に加わり、イメージチェンジを図りました。それでも、上昇に転じるところまではいかず、隔月刊になって二年間ほど続いたのですが、結局、休刊しました。

修士課程に籍を置きながら雑誌の刊行に携わった鈴木さんは、紀田さんの推薦で、七五年から国書刊行会に嘱託社員として入社しました。『幻想と怪奇』は休刊しましたが、鈴木さんは、幻想文学には少数だけれども一定の読者がいるという手応えを得ていました。

そこに向けて幻想文学とファンタジーの文学全集を作ったら、そこそこはいけるのではないかということになって、再挑戦を企てました。それが、紀田順一郎、荒俣宏責任編集『世界幻想文学大系』第一期全一五巻（七五年より七七年、国書刊行会）の刊行でした。

雑誌やそれに続いた『世界幻想文学大系』の刊行が、幻想文学やファンタジーを日本に根づかせる布石となった七五年には、複数の出版社が参画したことで最初のブームが訪れます。一つは、それまで名作を集めて刊行されてきた世界文学全集の構成に、集英社が新機軸を打ち出したことでした。そこには、ホルへ・ルイス・ボルへス著／篠田一士訳『伝奇集』（七五年四月、『現代の世界文学』）などの刊行が企図されていたのです。この全集が目論見通りの好評を博しました。また、裾野を広げたのは、早川ファンタジー文庫の登場でした。この文庫がよく売れたのです。

こうして七〇年の創業以来、それまで仏教や歴史、そして国文学といった分野の専門書を主な路線にしていた国書刊行会の出版活動に、鈴木さんが企画する幻想文学や海外文学といった未踏のジャンルが加わりました。

七七年四月に修士課程を修了し社員採用となった鈴木さんは、『世界幻想文学大系』の刊行で鼓直さんたちと知り合いになっていたことから、『ラテンアメリカ文学叢書』（七七年六月より八〇年七月）の刊行を企画しました。ホルへ・ルイス・ボルへスやマリオ・バルガス＝リョサ、そして、ガブリエル・ガルシア＝マルケスなどを集めたこのシリーズは、一般には未知の世界の文学を紹介する目新しさがあって、従来の仕事にとらわれない、とても面白い仕事となりました。

会社を大きくしようとしていた国書刊行会は、その後も鈴木さんが企画したことは何でもやらせてくれました。しかし、いずれは自分でやっていくつもりでいた鈴木さんには、次第に、本が売れる売れないというのを基準にする、ある種の商業主義に、同意できないものを感じるようになっていきました。こうして鈴木さんは、八一年一月に国書刊行会を退職しました。

これまでは、幻想文学にとりつかれたようになって取り組んできました。しかし、その一方で、鈴木さんの学生時代というのは、六〇年代のフランスに生まれた現代思想の潮流・構造主義による《革命》の時代でした。フランス文学を勉強していた鈴木さんは、記号学とか構造主義とかポスト構造主義といった学問的立場の、大きな動向に興味を抱いていたのです。そこで、記号学や構造主義に関連するものを日本で積極的に出していくというのが一つ、もう一つは、直接関係がないともいえるし、間接的には関係があるともいえる、文学とか芸術の新しい動向、一種のアバンギャルド芸術に関するものを出していきたいということがありました。このような思いを抱いて、知り合いの若者と二人で、八一年六月に書肆風の薔薇を創業したのでした。

書肆風の薔薇。この社名は、フランス語

の「rose des vents」を邦訳したものでした。des は英語の of にあたります。vents は、風なのです。フランス語では、地図の右下とか、左下に十字を二つ、四五度ずつずらして書き、上下に方位を表すNとS、左右にWとEを書き、二重丸などで囲んだ図形を「rose des vents」というのです。十字をずらして重ねた花柄を「rose」と呼び、日本語では、一般には「配風図」と訳しています。「時代の思想の風向きを伝える」という意味で「rose des vents」と名乗ったのですが、「配風図」では会社の名前として面白くありません。そこで直訳的に「風の薔薇」とし、上に「書肆」を付したのです。お気に入りの枠でモダンな社名の誕生でした。

最初に出したのは、大岡信著『加納光於論』でした。二冊目は、中村真一郎著『小説構想への試み』。そして三冊目に、高橋巖著『美術史から神秘学へ』（神秘学叢書1）と続けました。当時のビッグウエーブ三人を揃えてのスタートでしたが、大手取次店の取次口座がとれずに、口座貸し専門出版社に発売を引き受けてもらっての刊行でした。

売れたものも何点かはありました。しかし、目指す本は重厚な学術書で、翻訳書であるために刊行に至るまでに時間が必要でした。そのために刊行が滞ると、本の売れ行きにも影響します。売れ行きが鈍ると、月に一点ぐらいずつ出していたのが次第に、二ヶ月に一点、三ヶ月に一点、半年に一点というような具合に、間の空いたものとなります。悪循環に陥りました。創業時はまずまずだったのが、それが収束してからの三、四年は目立ったことができずにいたのです。
追い風が吹いたのは、二〇世紀最大の神秘学者といわれるルドルフ・シュタイナーが日本で注目され始め、オカルティズム関係のブームがやってきたことでした。シュタイナーの本とシュタイナー教育の本を続けて出したことがきっかけとなり、出版社として認知されたのです。それから以降は、比較的順調に刊行点数を重ねるようになりました。

書店に知られるようになると、新たな問題が起きました。モダンな社名に苦情が生じたのです。欲しいけれども漢字が難しくて注文書が書けない。これには鈴木さんも、頭を抱えてしまいました。

ちょうどその頃、知人がやっていた白馬書房という出版社にトラブルが起きて、休眠状態に追い込まれました。在庫もあるし、やってくれないかと頼まれて鈴木さんは、白馬書房の株を買い、合併したような関係にしました。これにより白馬書房の取次口座が使えるようになったのです。八六年の新刊からは、書肆風の薔薇発行、白馬書房発売となりました。今度は、事情を知らない書店員から、「ややこしい」という指摘が届くようになりました。書けないし、ややこしいでは、信用が保てません。
鈴木さんは九一年一一月に、社名を書肆風の薔薇から「水声社」に改めました。それからというもの、今度は、前の社名の方が良かったという合唱に悩まされています。そのせいか鈴木さんの名刺には、「rose des vents-suiseisha」と社名が記されているのです。

ポスト構造主義の代表的哲学者ジャン＝フランソワ・リオタール著／小林康夫訳『ポスト・モダンの条件』（叢書言語の政治1、八六年五月／〇三年九月六刷）やロラン・バルト亡きあとのフランス文学記号学の第一人者ジェラール・ジュネット著／花輪光監訳『フィギュール1』（叢書記号学的実践15、九一年六月）などの刊行を始めた頃から、鈴木さんの目指す出版活動が読者に見えてきました。新谷敬三郎責任編集『ミハイル・バフチン全著作』（全七巻＋別巻、九九年二月より刊行中）や飛田茂雄、本田安典、松田憲次郎編集『ヘンリー・ミラー・コレクション』（全一〇巻、〇四年一月より刊行中）などは、書評とかジャーナリズムに紹介されて好評を得ています。

さて、『叢書言語の政治』や『記号学的実践叢書』に収斂される記号学とか構造主義の関係のものを鈴木さんが読んで面白いと思ったのは、従来の専門分野みたいなものの壁をうち破り、学問の枠組みを全く変えるところにあったといいます。学問だけではなくて、現実をどういう風に把握していくかというときに、従来のような決まり切った発想とは異なった形で現実をとらえていくところに、記号学とか構造主義とかが与えた意味があると言うのです。つまり、水声社が記号学とか、構造主義の本を出していくということは、かつての鈴木さんのように、新しい問題意識に共感する読者が増えてくれば、自ずと本が売れていくということになります。
冒頭に紹介した『中世ヨーロッパの歌』にどれほどの読者が生まれるかは、記号学とか、構造主義とか、ポスト構造主義、あるいは、カルチュラル・スタディズといった新しい動向の著作を刊行している出版社が、旧来の学問のジャンルをうち破っていくような、あるいはそれを乗り越えていくような、新しい方向性に着目する読者をいかにして生み出し、獲得していくかにかかっているのです。そういうところに学問とか思想というものの未来の進展があり、広い意味で日本の出版の未来もあると、鈴木さんは思っています。

（〇四年一〇月二〇日）

くろしお出版

それは、九三年のことでした。四八年一〇月に「ローマ字教育会」として設立されたくろしお出版で、創業者が会長になり、実質的な運営がその子女へと継承されたのです。創業者の岡野篤信さんは、一九一九年生まれで、戦前から「ローマ字運動」をしていました。新しく社長に就任したのは、同社で編集をしていた姉の三戸《さんどう》ゆみ子さんで、弟で現在副社長の岡野秀夫さんが入社しました。五六年一〇月生まれの秀夫さんは、明治大学政治経済学部を卒業した後、ある大企業で一三年間サラリーマンをしていました。そこを辞めての再出発でした。戦後間もなく創業したローマ字教育会と、篤信さんがかかわっていた「ローマ字運動」とはなにか関連がありそうです。日本における「ローマ字運動」から見ていきましょう。

長年の鎖国を解き、近代国家へと歩みを始めた明治政府は、すべての国民に教育の機会を与えました。しかし、当時の一般庶民にとって漢字かな混じり文を読み書きすることは、途轍もなく面倒で難しいことでした。書き手一人に読み手が多数。大衆には文字は読めても書けないものでした。このような状況の中で、平易な表記法によって、日本語を置き換えられないものかと模索する識者が少なからずいました。

そのうちの一人に、東京帝国大学教授田中館愛橘博士がおりました。博士は、物理学者であると同時に貴族院議員を務め、日本の国語国字問題にも深い関心をよせていました。博士たちが着目したのは、宣教師によって一六世紀の中葉に日本にもたらされたローマ字による日本語の表記でした。二六文字ですべての日本語が書き表せ、そうすることによる国語の平易化と文書作成の高能率化が、大衆の政治への参加や経済の発展などに重要な働きをすると信じてのことでした。

こうして、ローマ字を国字として採用することを目的としたローマ字運動がおこりました。この運動が大正期、そして昭和前期へと紆余曲折を経ながら続いたのです。篤信さんもこのような流れの中で、ローマ字運動に与していたのでした。

運動が画期的な転機を迎えたのは、戦後、四六年にやってきたアメリカ教育使節団が小・中学校の国語教育に、四七年四月からのローマ字教育採用を勧告したことでした。これに後押しされて、篤信さんがローマ字教育会を創業しました。ローマ字教育会が発行した鬼頭礼蔵著『Taro to Poti』は、多くの小学校で教科書に採用されました。その後ローマ字教育会は、創業から一〇年間ほどをローマ字教科書と副読本、さらに月刊誌『ことばの教育』などを刊行して、ローマ字運動を推進したのです。それが、五〇年代末に至ると、国民の識字率が向上し、文部省もローマ字教育の必然性を失っていきました。徐々にローマ字の学習の比率が減っていき、ローマ字教育は、国語教科書の中で教えるということに縮小され、ほどなく義務教育の課程から退いていきました。

ローマ字教育会は、六〇年代に入ると方向転換を計り、ローマ字の本以外の本を「くろしお出版」の社名で刊行し始めます。模索の中から出した言語学関係の本が比較的好調でした。その中でも、三上章著『象は鼻が長い』（六〇年一〇月／〇三年一一月、二八刷）がよく売れました。ロングセラーを続けて、くろしお出版の代名詞ともなっている『象は鼻が長い』は、高校の数学の教師をしていた三上さんが、基本的には独学で言語学を勉強して独自の言語理論を構築し、それをまとめた本でした。

この本がなぜ売れたのでしょう。それは、それまでの伝統的な国語学では、西欧の文法をそのまま日本語に当てはめることで成立していたのに対して、異議を唱えたことに関係があります。西欧の文法の引き写しであった主語に関する三上さんの立場は、主格＝主語説で、その立場から日本語には主語がないという「主語廃止論」を展開したのです。「私が行く」の「私が」のように、現代語では普通「が」が主格を表します。

例をあげてみましょう。

A、西武ライオンズは優勝するとお祭り騒ぎだ。

B、西武ライオンズが優勝するとお祭り騒

ぎだ。

お祭り騒ぎをする人は誰でしょう。Aでは、お祭り騒ぎをするのは、ビールかけをして喜ぶチームの監督や選手たち、西武ライオンズの人たちです。それが、Bでは、ファンや祝勝バーゲン・セールを展開する西武百貨店といった西武ライオンズとは別の特定できない支援者たちになります。

さまざまな文例を採集し、独自の文法理論を具体的に展開した『象は鼻が長い』は、研究者と教育者の間にある壁を取り除き、教育者が必要とするものを噛み砕いて説明し、多くの読者を獲得しました。ところが、日本国内では三上さんの業績が正当に評価されませんでした。しかし、晩年に三上さんは、ハーバード大学から客員教授として招かれたのです。三上さんを評価したのは、日本語教育の分野であるとか、あるいは外国で日本語研究をしている研究者たちでした。そのようないきさつから、七一年に亡くなってから、三上さんは徐々に、日本語の文法の研究に関する貢献が高いと評価されたのです。

八〇年代に入ると、政府が展開した政策によって、くろしお出版の出版活動に弾みがつきました。八三年に文部省は、当時一万人ほどであった留学生を、二一世紀初頭までに、一〇万人受け入れるとの計画を打ち出したのです。この「留学生受け入れ一〇万人計画」によって留学生数は、八〇年代後半に急上昇しました。九〇年代に入ってからは、日本のバブル経済が崩壊し長期低迷に入ったこともあって、五万人を超えたところで足踏みとなりました。しかし、九九年三月の「ポスト二〇〇〇年の留学生政策」によって再編成されて、〇三年に一〇万人の受け入れを達成しています。急増した在住外国人に向けて、彼らが日本語文法を理解するのに役に立つような理論が求められました。文法研究が進むにつれて、三上さんの全著作など、くろしお出版の出版活動が評価されたのでした。

日本語教育に伴う日本語学という路線を八〇年代から始めたくろしお出版は、専門書以外にも日本語の教材を少しずつ出すようになりました。その中で一番売れたのが、グループ・ジャマシィ編著『教師と学習者のための日本語文型辞典』（九八年二月）でした。これを中国語に訳した徐一平ほか訳『中文版日本語句型辞典』（〇一年一〇月）とグループ・ジャマシィ編著／徐一平ほか訳『中文版日本語文型辞典』（〇一年一〇月）も出しました。この三冊で年間二万部近く売れています。留学生が参考書として購入している動き方です。これには、秀夫さんの営業政策が効果的に機能したことがあげられます。

秀夫さんが入った九三年当時のくろしお出版は、委託販売をしていませんでした。そのために全国のほとんどの書店では、くろしお出版の刊行書を置きませんでした。売り上げの多くは、大都市圏を中心とした研究者、大学（院）生、留学生が居住する地域の書店から舞い込んでくる客注短冊でした。書店の棚で売れる比率は極めて少なかったのです。そこで秀夫さんは、どうしても売れないときは返品を受けますという約束をして、買切で本を置いてもらうように説得して回りました。この積み重ねで、全国四〇〇店ほどの販路ができました。話を聞いた書店が一冊棚差しにして置くと、爆発的に売れるものではないけれど、息長く確実に売れていきました。

留学生や、就労目的でやって来る在住外国人が増え続け、その数は、およそ二〇〇万人と言われています。日本の経済は日本人が好むと好まざるとに関わりなく、在住外国人の就労による下支えも含めて機能するようになりました。また、日本映画がアカデミー賞をはじめとする各国の映画市場で評価されるにつれ、日本語学の海外での学習意欲も盛んになりました。アメリカでの日本語学研究の高まりを受けてくろしお出版は、関連する学会の集会に出かけて行き、「日本語を学ぶための本」の展示即売をしています。

くろしお出版は創業以来今日まで、一流の研究者による新しい研究成果を公表する学術書を数多く手掛けてきました。また出版界では、教育者による受験対策を目的とした参考書が大量に作られてもいます。従来からあるこの二つの路線を踏襲していけば、良いのでしょうか。

内外共に語学に関連する本の需要が増した中で秀夫さんは、一流の語学研究者が書いたもので、なおかつ一般の読者にもわかりやすい本を出していきたいと考えました。研究者は、自身の専門分野を常に正確に表現しようと考えるために、物事を単純化してわかりやすい文章にすることが苦手なものです。そのために、研究者と教育者、あるいは専門外の人たちとの間にギャップが生まれています。それを埋める本を刊行することも、くろしお出版の出版活動の一つだと思っているからです。

秀夫さんが編集した最初の本・久野暲《すすむ》、高見健一著『謎解きの英文法　冠詞と名詞』（〇四年六月）が、発売後二ヶ月間で三刷、一万部以上売れています。久野さんは、ハーバード大学教授で、三上さんを高く評価した有名な言語学者です。高見さんは、東京都立大学教授です。この本は、その二人が協力して、日本人にとって摩訶不思議な冠詞と名詞にまつわる英文法の謎を、とてもやさしく解きました。

水準を落とさないで、一般の人にもわかりやすい本作りというのは難しい編集作業でした。先生方がやさしく書いたつもりでも、一般の人から見るとまだまだ難しいところがあり、やり取りを繰り返して七回の書き直しをしてもらいました。一流の研究者が、日常的に英文を書かなくてはいけない人に向けて書いた一般書として売れています。

このようなコンセプトで刊行する本を増やしていくことで、くろしお出版に新しい路線ができました。続いたのは、日本語教育の本でした。山田敏弘著『国語教師が知っておきたい日本語文法』（〇四年八月）がそれです。三上さん以後の最新の文法研究の成果と、授業で教えている文法との間には大きな乖離があります。国語も英語も、学校で教えている文法は、昔のままの理論に基づいて書かれているからです。そこで、そのあたりの事情に詳しい著者が、その穴を埋めていくという解説書です。

ローマ字運動を広めることから始まったくろしお出版の出版活動はいま、国際社会に出ていく日本人と、日本に居住もしくは関心を抱く外国人双方に向けてなされています。

(〇四年一一月二〇日)

窓社

あなたがどこかの出版社で編集者をしている方なら、あなたは最初から編集者になりたいと思っていましたか。日本の社会科学関係とか専門雑誌の編集者の中には、いずれは研究者になるとか作家や評論家を志向している人が、すぐにはなれなくて、寄り道して編集者をしているというのがわりと多いのです。

窓社代表の西山俊一さんの場合は、最初から編集者を目指して出版界に入りました。編集という仕事の独自性というものに魅せられていたのです。だから西山さんの出す本には、著者と読者とが、キチッと出会えるかどうかを勝負している気配が漂っています。著者と読者を出会わせる、そのことを楽しく、無駄なくできれば、出版社はやっていけるわけですよね。

おかあさん
のう出血で死んじゃって
ばか
おにいさんは　スキーに
おとうさんは　学校に
いっちゃった
みゆきはひとりぼっち
おかあさんのすきな
おもちがとどいたのよ

おかあさんは
おもちをきるのが
とってもじょうずだった
おかあさんのばか

（古田幸著「おかあさんのばか」、『おかあさんのばか――細江英公人間写真集』）

六四年一月一六日の朝日新聞東京西部版の子どもの詩の紹介欄「小さな目」に、当時一一歳の古田幸《みゆき》さんのこの詩が載りました。前年の秋に母親が脳出血で急逝したその深い悲しみを幸ちゃんは、小学校教諭だった父親の勧めで詩にして、投稿したものでした。掲載後たちまち話題となり、乙羽信子主演で映画化され、刊行された詩集がコーラスグループ・ダークダックスによって唄われ、レコードにもなりました。

当時三二歳だった写真家・細江英公さんも、母親のいない家のわびしさや代役をこなそうと必死に生きる少女の素朴さとけなげさに感動した一人でした。いまこの子を撮っておかなければ……。こうして、何気ない日常風景に、英訳した詩を添えた細江さんの写真集『Why, Mother, Why?』（六五年、講談社インターナショナル）が、海外向けに出版されましたが、日本では発売されなかったのです。埋もれていたこの本を西山さんが、細江さんの自伝を制作中に目に留め、撮影から四〇年の時空を越えて、新しい内容構成と編集で、写真詩集として甦らせたのでした。子どもを巡る痛ましい事件が相次ぐ中で西山さんは、命の尊さや家族の絆の大切さを伝えたいと言います。

少女の詩と、刊行に至った経緯を朝日新聞（〇四年八月一六日）が生活欄で紹介しました。それ以来、反響が全国に広まり、『おかあさんのばか』は、ひと月足らずで重版となり、その写真展が、各地の書店や小学校のＰＴＡの方たちの主催で開催されています。


四七年に福岡県に生まれた西山さんは、一九歳で中央大学商学部に進学、東京にやって来ました。編集者として出版の世界に入ったのは、四年生の時に中央大学出版部の臨時職員として雇用された時で、中央大学の機関誌『中央評論』の編集をしたのが最初でした。

七〇年の卒業と共にそこを辞めて、青木書店に入社しました。青木書店では、体験を活かして、社会科学の総合雑誌・季刊『現代と思想』の編集を担当しました。その頃の日本の状況は、六七年の東京都知事選で社共両党の推薦を受けた美濃部亮吉さんの当選が象徴するように、革新勢力が時代の推進役となっていました。七〇年代は、社会科学、特にマルクス主義関係の文献を比較的リベラルなイメージで作っていることで知られていた青木書店にとって、良い時代の到来だったのです。

その青木書店に、西山さんは一五年ほど勤めた後に独立、八六年に窓社を設立します。その間に西山さんが体験したものは、日本の知識人が抱える病巣そのもの、そしてそれに寄り添う出版社の限界でした。

「日本の社会科学は、政治からの自由をもっていない。知識人はみなどこかに帰属していて、自立的な根拠をもっていないのです。政治的にも、思想的にも、組織的にも、どこかに帰属していなければやっていけない。そして最後は、政治的な問題よりは遙かに経済的な問題、つまり、大学という職場に依拠してものを書いているに過ぎない。本当に本を書くことによって、出版することで、読者と議論しようという構えをもっている執筆者は、ものすごく少ないのです」

このことが社会主義の崩壊・ソ連の崩壊の予兆が動き始めた七〇年代末から八〇年代に入って顕著になりました。自分たちが信奉して、宣伝啓蒙してきた社会主義体制が崩れていくのに対して、一番ものを言う権利もあるし、資格もあるし、義務もある日本のマルクス主義者はそれを放棄して、一種の自己正当化としての沈黙の中に逃げていくのです。それをフォローしていく力が出版社にはありませんでした。結局、無難なところにテーマも出版も流れていったのです。そのような中で、編集者が問題意識を持って、現実の壁を破ろうとしたら、囲い込まれたり封じられたりします。

上田敏著『リハビリテーションを考える障害者の全人間的復権』(障害者問題双書、八三年六月)、枝常弘、八木紘一郎編『できるかな』(全一〇巻、NHK造形絵本、八四年)。八〇年代初めの頃の西山さんは、これらのような、それまで青木書店が手掛けなかった医学、文学、スポーツ、児童書といった分野の本を編集していたのでした。批判だけするのはできるけれど、実際に自分がそれを担えないのだったら、自分で始めるしかありません。「面従腹背では限界があるな」そう思って西山さんは青木書店を退職したのでした。

世界が、その分別臭くてさもしい利己主義に浸って窒息して死にかかっている。世界の息がつまる――もう一度窓を開けよう。広い大気を流れ込ませよう。英雄たちの息吹きを吸おうではないか。

（ロマン・ロラン著／片山敏彦訳、「ベートーヴェンの生涯」『ロマン・ロラン全集14伝記I』みすず書房、八一年五月）

一七七〇年代後半のヨーロッパの物質主義と閉塞状況に対して、ロマン・ロランは、「偉大な人間の息吹を吸おう」と『ベートーヴェンの生涯』の序文で述べました。ここでいう英雄とは、ベートーヴェンのことを指すのですが、西山さんは、閉塞状況をうち破ろうというそれに、いたく感銘して窓社を社名としました。そこで社名の由来を示すこの一節を、創業当時の本のカバーにズーッとつけていました。

また、青木書店を辞める段階で西山さんは、西山さん自身が支援するという気持ちをもたない限り、青木書店の著者とは仕事はしないつもりでいました。そんなわけで窓社の最初の本は、大貫映子《てるこ》ほか著『トライアスロンライフ』（八六年一一月）でした。さらに、それまでは実用書が多かったスポーツの世界を「文化」として見たらもっと深まり高まり、人間が生きていく糧になるだろうとの企画から、季刊『スポーツ批評』（八七年二月創刊）を刊行しました。注目された「対談」などもありました。しかし、当時の日本のスポーツ界は、記録主義、勝利主義に犯されていて、活字を読んでものを考えて、自分たちのやっていることを相対化しようという気運を作り出すところまではいきませんでした。『スポーツ批評』は、六号（八八年）で「総特集ソウル五輪、祭りの前夜」を掲載して、休刊となりました。

そこで窓社は、当初窓社を設立した目的でもあった、社会科学の再生、政治的、文化的議論が自由に行われる空間としての総合理論誌・季刊『窓』（八九年）を創刊したのです。特集に、「論争よ、起これ！」を組みました。発売されて早々に、幾つかの反響がありました。「ほかに自由に書く場がないから」という投稿が、学会でも権威ある人たちから集まってきたのです。

季刊『窓』に二度、論文を掲載したことから、カレル・ヴァン・ウォルフレン著／西岡公ほか訳『日本の知識人へ』（九五年一〇月）が刊行されました。先に毎日新聞社は、ウォルフレン著／篠原勝訳『国民を幸福にしない日本というシステム』（九四年一一月）を刊行して、五〇万部を越えるベストセラーになっていました。刊行の成功で毎日新聞社がウォルフレンを日本に招いてパーティーが開かれました。そのパーティーでウォルフレンは、「私を日本で著名な作家にしてくれたのは、毎日新聞社だけれども、私を最も深く理解していい仕事をさせてくれたのは、窓社です」と述べたのでした。

季刊『窓』二二号(九四年冬)に組んだ、窓社特集「世紀末のユートピア論」から、窓社のロングセラーが生まれています。特集のために稲葉振一郎さんが書いたエッセイをもとに、掲載後、その原稿に若干の削除と大幅な加筆を行い、更に巻末に宮崎駿さんへのインタビューをまとめた稲葉振一郎著『ナウシカ解読 ユートピアの臨界』(九六年三月/九七年一一月、八刷)が刊行されました。

それまでは、何となく左翼的で、しかしまだどうなるかわからないといった存在であった窓社が、この二冊の単行本の刊行によって、業界人に認知されたと言えるでしょう。

この二二号のもう一つの特集は、「回避される論争」でした。季刊『窓』は、この号で休刊となりました。結果的に日本の知識人は、五年間にわたり窓社の仕組んだ論争に加わらなかったのです。

それ以来窓社は、いまの時代に何を文化として届けたいのかということがわかるものを求めてさまざまな模索をしてきました。二〇〇〇年になって西山さんが辿り着いたのは、ここ二、三年の間に、それまで関わっていた大手出版社や新聞社が撤退を始めた写真集の刊行でした。写真に人生をかけて撮っている人たちがかなりいて、そこに注目したのです。〇〇年七月に、浅野文宏さんの編集で季刊『タイド』(TIDE/〇〇年七月)を、特集「旅立ち」で創刊したのが、窓社における写真路線の始まりでした。二年後の〇二年には、それをリニューアルして、季刊『Photo Pre』（フォトプレ）を創刊しています。『Photo Pre』は〇四年八月刊の最新号で八号となり、読者が定着しました。

この間に出した写真集の中から、好評なものを紹介しましょう。広告写真で生計を立て、ドキュメンタリーをライフワークとする写真家・安島太佳由《たかよし》写真集『日本戦跡』（〇二年七月／二刷）。取材中に地雷に触れ、二六歳で亡くなった一ノ瀬泰造さんの写真を母親の一ノ瀬信子さんが編集した『もうみんな家に帰ろー！　26歳という写真家・一ノ瀬泰造』（〇三年六月／六刷）などがあります。写真関連の単行本の中からも、ヒット作が生まれました。東京でギャラリーを経営し、画家や写真家のマネージメントを手掛ける安友志乃著『撮る人へ』（〇一年一〇月／五刷）がそれです。安友さんは、辛口な表現で撮る人と見る人との仲介者の視点から、本音の写真論を展開し、その実用性が読者を獲得しています。続刊に『写真家へ』（〇二年一〇月）と、『あなたの写真を拝見します』（〇三年一一月）があります。

窓社を始めて以来西山さんは、一六九点の本を出しました。その中で書評に載らなかった本は一冊もありません。それは、どういうジャンルの本を出しても、現実の感覚、リアルな現実認識に対して本を出しているからなのでしょう。いや、著者と読者とが、キチッと出会えるかどうかを勝負しているからなのです。

（〇四年一二月二〇日）

夏目書房

三井住友銀行系のＳＭＢコンサルティングが発表した〇四年日本の「ヒット商品番付」によると、横綱には韓国製ドラマの「冬のソナタ」と韓流（韓国ブーム）関連商品が選ばれました。また、「冬のソナタ」など韓国ドラマの日本経済への波及効果が一二二五億円になるとの試算を、民間シンクタンクの第一生命経済研究所がまとめています。一方、日本からの観光客の増加など韓国経済への波及効果は、一兆一九〇〇ウォン（約一〇七〇億円）に及ぶそうです。韓流ブームが両国の庶民レベルの交流を促進したことは、特筆すべきことでした。

横綱に続く大関は、『世界の中心で、愛をさけぶ』になりました。片山恭一著『世界の中心で、愛をさけぶ』（〇一年三月、小学館）は、〇四年一二月現在までで三二一万部を記録、映画、主題歌、テレビドラマともに大ヒットしました。台風、そして大震災と「災い」が連続した〇四年日本のキーワードは、「純愛」でした。

このテーマは若い世代には新鮮であり、中年層には懐かしいものです。その一方で、悲劇的恋愛に対する耐え難さやワンパターンを繰り返す厚顔さに、通俗と批判されてもいます。国内小説歴代第一位の売り上げとなった

『世界の中心で、愛をさけぶ』は、なぜ日頃本を読まない日本の若い世代にここまで受け入れられたのでしょう。

絶え間なく繰り返される地域紛争。地球規模の環境の悪化。世紀末の漠たる不安。そして国内には不況があり、災害があり、新しいタイプの犯罪があります。松本朔太郎は、それらに囲まれてさらに、アキの死に耐えなければならないのです。私には、そういった「喪失感の時代」の生き方というものを、大所高所から描くのではなくて、大切な人の死という個人的な経験をとおして、いわば下から描いたものが、この小説だと思えるのです。もっと正確に言えば、この小説がそういうものだというよりは、この小説がよく読まれる理由がそういうものだ、と思います。

(『謎解き「世界の中心で、愛をさけぶ」』)

出版界ではヒットするものがあれば、それに便乗した企画が生まれます。『世界の中心で、愛をさけぶ』を深く広く検証し、繰り返し読むことで、「この小説には、たんに感動したとかつまらなかったといった一言で済ませてしまうには惜しい豊かさが隠れている」ことに気づくでしょうと評価した便乗本・ライターズ・ジム著『謎解き「世界の中心で、愛をさけぶ」』(〇四年四月/〇四年五月二刷、一万七〇〇〇部)が、夏目書房から刊行されています。

九九年のことでした。たとえばこの商品の主成分には毒性があり、使用されている添加物が人体に良くない作用を及ぼす危険性があるといった論調で、八九商品にわたる化学的分析結果を紹介し、二〇〇万部を突破したのが船瀬俊介、三好基晴、渡辺雄二、山中登志子著『買ってはいけない』（週刊金曜日別冊ブックレット2、九九年五月）の刊行でした。環境や健康に悪影響のある商品は買いたくない。消費者心理に訴えての広まりでした。当然のことながら、「独断」を検証する著作がいくつか刊行されました。

その中で、『買ってはいけない』の化学的根拠を正面から批判した著作に夏目書房編集部編『「買ってはいけない」は買ってはいけない』（夏目ブックレット3、九九年一〇月／九九年一一月八刷／四五万部）があります。

自宅近くの書店で夏目純《あつし》さんが『買ってはいけない』を手にしたのは、九九年の初夏のことでした。これは売れるなと直感が働きました。でも読みもせず、しばらくはその本を事務所のテレビの上に放置していたのでした。そうしたらあれよあれよと言う間に、一〇〇万部を売っていました。それは夏目さんの予想以上の出来事だったのです。

真夏のある日のことでした。事務所のソファで休んでいると、テレビの上に置いていた『買ってはいけない』が目にとまりました。閃きました。これを自分なりの切り口で批判書を作ったら面白いのではないか。

それからが素早かった。物もなにもできていないのに、『「買ってはいけない」は買ってはいけない』というチラシを作り、すぐに印刷をして書店にまきました。そうしたら、全国の書店から注文が殺到しました。ファックスは止まりません。その数七万部、いままでにない注文に突き動かされて、作らざるを得なくなったのです。

専属のライターと、もう一人、化学に強いライターがいたのが幸いしました。二人を呼び寄せ、『買ってはいけない』の記述のすべてを検証しました。こうして一ヶ月後に『「買ってはいけない」は買ってはいけない』が刊行されたのです。三ヶ月で四〇万部が売れました。刊行直後から社会的には『買ってはいけない』の方が正しくて、この本は際物という批判がありました。しかし、行き過ぎた商業主義に反発する『買ってはいけない』は、独断するには疑問の残る内容だったのです。便乗本は、される本よりも良いところがなくてはいけません。前のものが完璧なものだと捨てられてしまうからです。

中身がしっかりしていなくては駄目なものだということを学んだのでした。

六一年生まれの夏目さんが、武蔵大学人文学部社会学科に在籍して文芸部に所属していた八〇年代初頭の頃は、浅田彰、中沢新一、今村仁志、栗本慎一郎、そして丸山圭三郎といった気鋭の学者らによって、ニューアカデミズムの潮流が起こった時代でした。丸山さんは、ソシュール研究における世界的学究として現われ、その後、独自の言語論・文化論を展開した「闘う思想家」でした。その『ソシュールの思想』（八一年一月、岩波書店）に は衝撃を受けた、認識を変えさせられたと夏目さんは言います。言語哲学の虜になったのでした。

学生時代にそれらの洗礼を受けた夏目さんが卒業間際になって採用された就職先は、漫画週刊誌を刊行している竹書房でした。漫画の編集者というのは、原稿ができるまで漫画家と付き合っていなくてはいけない仕事です。自分の生活というものはありませんでした。

漫画よりも活字がやりたい！　二年ほどして夏目さんは、竹書房を辞めました。美術雑誌を作っているところに二年ほど勤めて飛鳥新社に入りました。そこでは、『ぼくが医者をやめた理由』（八八年二月、平凡社）がその年のベストセラーとなった永井明さんの続刊、『医者が尊敬されなくなった理由』（八九年二月）を作ったりして、三年間在籍しました。出版で食べていくなら、自分でやらなくては駄目だ。そう思った夏目さんは同社を退職して、永井さんがやっていた編集プロダクションで働きながら時機の到来を待ちました。

九二年七月に夏目書房を立ち上げた夏目さんは、著者との仕込みを整えて、最初の本となった加賀野井秀一、前田英樹、立川健二編『言語哲学の地平　丸山圭三郎の世界』（九三年一一月）を刊行し、次に丸山圭三郎著『文化記号学の可能性　増補完全版』を出しました。ところが、これらの本の刊行直前の九月一六日に丸山さんが亡くなり、いみじくもこの本は、丸山圭三郎の遺稿集となって世に出たのでした。その後夏目書房は、九四年に紀伊国屋ホールにて丸山圭三郎の死去に伴うシンポジウムを開催しています。

始めるときに知り合いから、小さいところはテーマを決めてやらなきゃ駄目だよ。大きく店を広げても、大手出版社ではないんだから必ず行き詰まる。テーマを決めて、読者を設定しながら作っていかなきゃ駄目だよと忠告されました。最初の頃は、人文書と文芸書に固執して突っ込んでいきました。特化するということでした。

ある時、学者の論文を整理して、それを読んで、編集しているだけじゃ面白くない。そうすると、徐々に思考性が狭くなり、人間関係も決まったものになっていくことに気づきました。それは恐ろしいことと感じたのです。研究者的なものではなくて、ジャーナリスティックなスタイルで本を作っていこう。その方がダイナミックで、編集者としては面白い。そんなに興味はないのだけれど、ちょっと引っかかったとか、そこそこ読者がつくと見込めれば、何でも出してみよう。間もなく一人の編集者が加わり、一般書の刊行が増えていきます。

刊行書の年代を追い変遷を辿ってみましょう。

価値ある古書の内訳を紹介しながら、売れる本の買い方を指南した秋山正美著『古本術。売るための買いかた』(九四年八月)。蚊の飼育に始まり、知的好奇心の飽くなき探求書・椎名誠編著『蚊學ノ書』（九四年一〇月）。古書の世界の内幕と書物に魅入られた風狂の人々が織りなす人間模様を活写した傑作ミステリー・梶山季之著『せどり男爵数奇譚』（九五年六月）。「不思議の国のアリス」の物語にちりばめられた「言葉遊び」を通じて、言語活動の普遍的な特性を解明したマリナ・ヤゲーロ著／青柳悦子訳『言葉の国のアリス　あなたにもわかる言語学』（九七年六月）。この本は、優れた翻訳で、九八年に渋沢クローデル翻訳文化賞の特別賞を受賞しています。この本の刊行とほぼ同時に、エスニック料理店五一軒のガイド本・枝川公一著『全地球食堂〈東京〉エスニックガイド』（九七年六月）も出しました。

七〇年一一月に、作家の三島由紀夫が自衛隊に乱入してクーデターを訴えて失敗し、割腹自殺した事件がありました。小学生だった夏目さんは、父親がテレビにかじりついてあの事件を見ていたのを記憶しています。こんなに衝撃を受けている父親を見たことがなかったと言います。三島を見つめ直してみようと、九七年六月に板坂剛著『極説・三島由紀夫　切腹とフラメンコ』を出してから夏目書房は、七点の三島関連本を出しています。九七年には、「三島由紀夫シンポジウム」を開催してもいるのですが、三島の本を出し続けるわけではないのです。

〇〇年に沖縄県で先進国首脳会議が開かれ沖縄が注目されると、沖縄に移住体験をまとめた仲村清司著『爆笑沖縄移住計画』（〇〇年一〇月）を出しました。一点出すと、それを小皿料理のように積み上げて、〇三年一〇月までに仲村さんの本を四点刊行しました。

このような出版活動は節操がないと評されもします。しかし、基本はあると、夏目さんは思っているのです。自身で納得のいく本も出しました。『橋爪大三郎の社会学講義』（九五年一〇月／〇四年一二月現在一一刷・二二、〇〇〇部）がそれです。社会学者の橋爪さんの書く構造主義や社会学の本は、常に一定の読者を得ていますが、それを講義形式にして、わかりやすい本を作りたいと思って作ったものでした。反応が見込める企画を自分で作り、それがぴったりとはまり、続刊『橋爪大三郎の社会学講義2　新しい社会のために』（九七年四月）の刊行を導きました。

「本当はオリジナルでロングセラーになる本を作りたいと思っているのですよ。それが便乗されたいなあと」節操にとらわれない感性の出版活動が、夏目さんの個性なのです。
（〇五年一月二〇日）

めるくまーる

四二年に神戸で生まれた和田禎男さんのお父さん・和田利男さんは、著名な漢文学者でした。幼い頃に過ごしたのは、群馬大学の漢文学の教授となったお父さんと共に家族が移り住んだ前橋市の実家です。そこでお父さんは小・中学校の校歌の作詞をするなどして、郷土の名士に名を連ねたのでした。

学者の家に育った和田さんは、やがて、群馬大学附属中学を卒業し、県内でも有数の進学校・県立前橋高校に進みました。周囲の人は、ベルトコンベア式に大学に入って、いい勤め先を見つけて、何の不自由もない人生を過ごすだろうと思っていました。

それは違うだろう。出会ったわけではないが、たとえば町で靴磨きをしている人の中にも、すごい哲学者がいるかも知れない。和田さんにとってそれは、ある種の恐怖・畏敬の思いでもありました。和田さんは青春時代に若者がおちいりがちな悩みを抱え込んだのです。

「なぜこの世に生まれてきたのか」

教えてくれる人が大学にいるのか。大学なんか行きたくない。予測どおりの人生を歩む生き方に反発を感じた和田さんは、大学受験を放棄したのでした。時代は、六〇年安保闘争の前年にさしかかっていました。

お父さんは冷静でした。そういう問題意識を持っているのだったら、勉強しろとは言わぬ。四年間自由な時間をやるから、その間にいろいろ考えてみろと言ったのでした。寛容なお父さんの許可を得た和田さんは、好きな絵をやるために、実利とは一線をおく美術大学で技を磨きたいと思ったのでした。その結果は、不合格の連続でした。

そんな和田さんに、二歳年上のお兄さん・穹男《たかお》さんがおりました。浪人をし、青春を彷徨っている和田さんを心配したお兄さんは、早稲田大学仏文科を中退して、一緒に受験勉強を始めました。和田さんのために問題を作り、解答を添削して送り返してくれる、そういうお兄さんでした。こうして三年目に和田さんは、國學院大學文学部文学科の入試に合格しました。お兄さんは、東京外国語大学仏文科に入りました。國學院大學ではその頃、角川書店の創業者の角川源義さんが教授をしていました。和田さんは、角川さんに師事したのでした。

四年間が過ぎて和田さんは、友人たちと大手出版社の公募に応募しました。仲間の何人かは入りましたが、和田さんには、どこからも採用の知らせが届きませんでした。

そこで角川さんの紹介を受けて、ある学習参考書を刊行する出版社の編集部に入りました。しかし、文学書か、哲学書をやりたいと思っていた和田さんは、入社した日に一年で辞めようと思いました。決意どおりその翌年の三月三一日に退社したのです。大手出版社にいる友達に対する悔しさがありました。角川さんにも迷惑をかけました。こうなると残された道は、自分で始めるしかありませんでした。フリーランスとなり、デザイン・版下業で資金づくりを始めた和田さんを、辞めた会社の編集部が救ってくれました。中学英語の学参に使用するイラストの仕事を回してくれたのです。印刷所の人からは、企業のPR誌の仕事が紹介されました。それらを合わせると、勤めている時よりよい収入になったのです。

七一年五月、「めるくまーる」設立と同時に発行したのは、小学生の子を持つ親に向けて、東京学芸大学付属小学校の算数の先生が書いた『「集合」ってなあに』でした。ちょうどその頃、小学校の算数に「集合論」が入り、保護者が戸惑っていたのです。取次店は時宜を得た刊行に関心を持ち、口座を開き流通してくれました。小学校でPTAの会合のある日には、校門の前に社員が出向いて即売もしました。こうして一万部が売れたのです。

ところであのお兄さんはそれからどうしていたのでしょう。和田さんがフリーランスで事業を始めたときにお兄さんは、大手医書出版の医学書院編集部に勤めていました。ところが、一年しか出版経験がない弟が出版社を始めました。これは心配だというので、今度は医学書院を辞めて、和田さんの下へ来ていたのです。「めるくまーる」がある程度信頼の置ける会社としてスタートし得たのは、お兄さんの存在あってのことでした。

『「集合」ってなあに』を出してからしばらくは、会社を維持するために、編集プロダクション的な仕事をしていました。『「集合」ってなあに』は、すぐに絶版になりましたので、書店が扱う事実上の創業の本を出せたのは、幾つかの著作を持っていたお父さんの協力があってのことでした。

お父さんが本作りのための制作費を用意してくれたのです。それが、和田利男著『漱石の詩と俳句』（七四年一二月）の刊行になりました。続刊に『子規と漱石』（七六年八月）などがあります。「めるくまーる」は、和田利男さんの著作を七点刊行し、その都度、共同通信社が大きな記事を配信して地方紙が取り上げ、大手書店の文芸評論の棚に置かれました。社名が徐々に知られるようにはなりましたが、和田さん自身が出したいと思う内容の本と出会うには、まだ時間が必要でした。

七四年一〇月、『文藝春秋』一一月号に立花隆さんが「田中角栄の研究～その金脈と人脈」の連載を開始して、金脈政治の批判が広まりました。これを機に、一二月には三木武夫内閣が成立しています。戦後世代の関心は、根本的な問題、ラジカルな原理に目が向いていました。若者たちの間には、ベトナム戦争終結後の東南アジアやインドの文化に対する関心が熟してもいました。そんなある日に和田さんは友人から、「これ面白いから読んでみないか」とミニコミ誌を手渡されたのでした。それには、バグワン・シュリ・ラジニーシの「存在の詩」が連載されていたのです。

これだ！

和田さんの抱え込んだ「なぜ自分はこの世に生まれてきて、どう生きるべきか」という思いに答えるもの――そしてそれは、常に若者たち、ある一部の人たちを悩ませている命題を解決可能なものとする営みでした。つまり、恋の悩みであるとか、そういう普遍的テーマは、文明が発展していっても人間はずっと同じ悩みを悩み続けることでしょう。ここに関わっていきたい。それが和田さんの求める出版活動でした。こうして「めるくまーる」は、スワミ・プレム・プラブッダ（星川淳）訳『存在の詩』（七七年四月、〇四年九月二五刷、七万部）の刊行によって、実質的な出版活動をスタートさせたのでした。

三一年にインドに生まれたラジニーシは、五八年から六六年まで哲学とサンスクリット学の教授を務めた後、インド各地を巡り、乞われるままに遊説の生活を送る精神的導師としての活動に専念して、九〇年に逝去しました。

そのラジニーシによれば、社会というものは、観念の上では存在するけれども現実に社会というものは存在しない。これが社会だと見せられるようなものは存在しない。それはあくまでも個人の集まりなのです。社会を改革しようと思うならば、まず個人が目覚めなければなりません。一人ひとりが目覚めなければ社会もよくなっていかないものなのです。宗教団体を作ろうとしたわけではなく、どんな宗派や伝統からも自由な、いまここにあるがままの生きるエネルギーを肯定する。それらに和田さんは、「目から鱗が落ちる」ような気がしたのでした。

大量の講話をもとに「めるくまーる」は、ラジニーシの本をシリーズ化しました。そして、J・クリシュナムルティやラマナ・マハリシといったラジニーシの講話の中に出てくる精神的な指導者たちの著作へと路線を拡大させたのです。それは、精神世界の鉱脈を掘り当てたような気分でした。七〇年代後半の「めるくまーる」は、たとえば阿含宗総本山出版局から『瞑想　メディテーション』が刊行されるなど、ブームとなった「精神世界」ものの出版社の一翼を担ったのでした。

身体が旅に出ると、心も旅を始める。八九年から「めるくまーる」は、シリーズ「精神とランドスケープ」を始めました。アメリカでヒットした単行本を「めるくまーる」の視点で選別してシリーズ化したものでした。好評だったものを紹介しましょう。

紀行文学の傑作としてアメリカの芸術文学アカデミー賞などを受賞したブルース・チャトウィン著／芹沢真理子訳『パタゴニア』（九〇年七月）。そして、アメリカでベストセラーになったロバート・M・パーシグ著／五十嵐美克《よしかつ》、児玉光弘訳『禅とオートバイ修理技術』（九〇年四月）。さらに、七五年度ピューリッツァー賞受賞作のアニー・ディラード著／金坂留美子、くぼたのぞみ訳『ティンカー・クリークのほとりで』（九一年一二月）などとなります。このシリーズは、若者たちの支持を得ることができました。

人生って何だろう。長生きすればいいのか。どう生きれば、人生は全うできるものだろうか。どうしたって、そこに行き当たる。そんな思いで本作りを続けた和田さんに幸運をもたらしたのは、フォレスト・カーター著／和田穹男訳『リトル・トリー』（九一年一一月初版／〇〇年一月七一刷／〇一年一一月普及版／〇五年三月五刷、四三万部）との出会いでした。インディアンは無駄に殺したりはしない。必要なものだけとっていれば、継続的に恵みがもたらされる。

出版権を取った和田さんには、シンプルライフやエコロジー、そして自然破壊の問題とか家族の絆といったものがみんな入っているこの本は、確実に売れるという目論見がありました。そこで翻訳をお兄さんの穹男さんに依頼したのでした。穹男さんは、讀賣新聞の綴り方コンクールで、一等賞を二回とさらに二等賞を受賞していたのです。そして何よりも「めるくまーる」を退いた後のことを考えて、売れそうな本を翻訳してもらおうと思ったのでした。

編集作業をしている間に吉報が入りました。ニューヨークタイムズのベスト・セラーで一位になったよ。それが何週間も続いているよというのです。刊行と同時に、朝日新聞ほかのマスコミが紹介しました。著名人からの大量注文もありました。こうして「めるくまーる」にインディアンシリーズが生まれました。全米ロングセラーのナンシー・ウッド著／金関寿夫《かなせきひさお》訳『今日は死ぬのにもってこいの日』（九五年九月）も書評に採り上げられ、八万部を売っています。

翻訳物を刊行してきた「めるくまーる」が〇四年から手探り状態で日本人の著作の刊行を始めました。女優の松島トモ子さんが、二〇人のホームレスが語る人生の軌跡を綴った『ホームレスさんこんにちは』（〇四年二月）がそれです。この本はテレビで紹介されました。

和田さんが一ついま思いついているのは、楽しんで生きているということ。人を幸せにするなんておこがましい。まず和田さんが幸せになること。そうすると、そこから溢れこぼれて、人にも分け与えられるかも知れない。和田さんが朗らかで笑っていれば、その笑いが伝播していって、周りの人もひょっとすれば、幸せにすることになるかも知れない。けれども、それが目的じゃなくて、まず和田さんが喜びで溢れること。そういうところに関わる出版をしていきたい。

これが、人生を考え続けた和田さんのいまの結論なのです。

（〇五年四月二〇日）

＊1　八九年二月に和尚ラジニーシと改名し、同年九月以降は和尚とのみよばれている。

影書房

「本というのは、ある意味でいえば、やはり知識人の作るものでしょ。その知識人の存在理由がどこにあるかというと、現実の矛盾に対して批判的であるということが、資格ですよね。そうでないのは、私はおかしいのではないかという気がするのです」

影書房代表の松本昌次《まさつぐ》さんは、このように話を始めました。その松本さんは、二七年一〇月九日に、東京で生まれました。四八年四月に東北大学文学部に入学した松本さんは、学業の傍ら、シェイクスピアを介して演劇に親しみ、サッカーの選手だったこともあります。五二年三月に同校を卒業した松本さんは、ある都立高校の英語の非常勤講師になりました。ところがそこを半年ほどで追い出されたのです。

五二年五月一日、この日のメーデーで、皇居前広場に入ったデモ隊と警官隊が衝突、デモ隊に二人の死者、一二〇〇名以上の負傷者がでました。その後吹き荒れたレッド・パージで、デモに参加した多くの公職者が職を失っています。

こうして、教員時代の教え子のもとで大工の見習いのようなことを始めた松本さんは、作家の野間宏さんの紹介を受けて創業間もない未來社に入社することになりました。五三年四月末のことでした。未來社は、五一年に、木下順二さんの『夕鶴』出版を巡っての軋轢から弘文堂を辞めた西谷能雄《よしお》さんが起こした出版社です。

ふとしたきっかけで始めた編集者生活でした。未來社では西谷さんが、人文・社会科学系の企画を担当し、松本さんは主に文学・思想を担当しました。その未來社での三〇年間の営み、そして影書房での二二年は、「同時代の日本人の本」を作るというものでした。文学や思想書を企画する日本の編集者は、古今東西の外国の翻訳ものを織り交ぜています。同時代の日本人の本で成功する例はあまり見受けないのですが、松本さんが世に送り出した本は、戦後日本の読者層に少なからぬ影響を与え続けたのでした。


どのような企画・編集を未來社時代に松本さんが手がけてきたのか、その一端を知るシリーズを〇五年六月から影書房が刊行しようとしています。それは影書房刊『戦後文学エッセイ選』（全一三巻）です。その第一回配本は、『花田清輝集』（戦後文学エッセイ選1）と、『木下順二集』（戦後文学エッセイ選8）の二冊です。以下続刊として、長谷川四郎・埴谷雄高・竹内好・武田泰淳・杉浦明平・富士正晴・野間宏・島尾敏雄・堀田善衛・上野英信・井上光晴となっています。

なぜエッセイ選なのでしょう。その意図を松本さんは「さまざまな形式で、それぞれに膨大な文学的・思想的仕事を残された方々ばかりですので、各巻は各著者の小さな〝個展〟といってもいいかも知れません。しかしそこに実は、私たちが継承・発展させなければならない文学精神の重要な遺産がちりばめられているであろうことを疑わないものです」と、「編集のことば」で解説しています。そういえば思いあたることがありました。かつて松本さんは「単行本づくりへの偏好」というエッセイで、

　どんなに秀れた著者であろうとも、一つの論文や評論ですべては言い尽くせない。他の作品、論文と関連しあい、相補いあうことによって、はじめて著者の意図は理解される。それぞれの一篇一篇の「著者の思考の苦心の跡をたどる」ことによってはじめて、著者の思想を読者は諒解しうる。

と書いていました。このエッセイ選の刊行によって、敗戦後の困難な時代の制約の中で生まれた戦後文学の真の姿が、新たに確かめられることになるでしょう。

　それにしても、戦後文学者というのなら、安部公房や、三島由紀夫、そして大岡昇平さんも含まれていいでしょう。まだほかにも大手出版社の「文芸文庫」に入れられたものの、すぐ品切れになって、いまは読めない著者・作品が数多くあります。それらの著者を含まない影書房刊『戦後文学エッセイ選』は、どのような意図で編まれたのでしょうか。

　松本さんは、近代日本のアジアに対する歴史的な責任を明らかにすることは、出版人として当然なことだと思っています。と同時に

日本の戦後は一体どうだったのか。誰がどのような仕事をしてきたのかについても、目配りを怠りません。

「主としてぼくは戦後文学をやってきましたから、戦後文学というのは何かといえば、戦争批判の上に立ってきた勢力です。これはおこまがしいことなのですが、私が選んだ方々には全部お会いしていて、いい人だと思った人たちなのです。直接会っていない人、本を作っていない人はこの企画に一人もいないのです。そこに私はこだわっています。戦後六〇年にあたって、この人たちの仕事を残したい」

影書房刊『戦後文学エッセイ選』は、松本昌次責任編集の「極めて〝私的〟な発想」によって進められるものなのです。そして影書房は、この私的な企画がきっかけとなって、戦後文学の新たな〝ルネッサンス〟が到来することを願っています。なぜなら松本さんは、「運動としての出版」を続けてきているのですから。

未來社入社一年目、松本さんの最初の企画は、花田清輝著『アヴァンギャルド芸術』の刊行でした。現在とは違って、日本において出版がそのまま文化としての輝きを見せていた時代、五〇年代半ばの頃の出版の一つのありようは、本が運動になっていました。

『アヴァンギャルド芸術』の刊行に際しては、出版記念会ではなく、本を巡っての大討論会が開かれました。それは、一つの出版社が何かをする、それで名声を博すということではなくて、その一つの出版社の出すものが、何かと関係しながら運動になっていく、そういうきっかけになるような本を出すということです。それは、「出版は志にあり」という思いのあらわれでもあるのです。

「たとえば、焼き肉やさんにだって、美味しい焼き肉を提供し続けたいという志があるのでしょう。だけど、儲けてやろうとなったときに駄目になります。出版社も儲けるという方にウェイトがかかるとき、駄目になる、つまり同じですよ」

と松本さんは言うのです。

八三年五月、西谷さんから未來社社長を継ぐべく求められていたのを辞し、六月に松本さんは、同じく未來社を辞めた米田卓史《たかふみ》さん、秋山順子さんとで影書房を設立しました。その時松本さんは、影書房創業の抱負を「そういうふうに本が、著者が、そして出版社が運動としてあるという感じを取り戻したい」と、日本読書新聞の取材に対して答えています。

自分たちが作りたい本を出したいという三人の思いから設立した影書房創業の頃の刊行書をあげてみましょう。

差別的・侵略的な日本国家のあり方の中で、戦中・戦後の朝鮮および朝鮮人とのかかわりの諸相を論じつつ、差別とは何か、日本人はどうあるべきかを根源的に考えた西順蔵著『日本と朝鮮の間―京城生活の断片、その他』(八三年八月)。救援の手がほとんど差しのべられないままの韓国人被爆者の声を通して、日本国家の、そして日本人の加害の歴史に対する責任感の欠落を厳しく告発し、国家を超克する平和と人権の思想を追求した平岡敬著『無援の海峡―ヒロシマの声、被爆朝鮮人の声』（八三年一二月）。

そして、影書房のロングセラーとなったのは、「死ぬ日まで空を仰ぎ　一点の恥辱《はじ》なきことを、」で始まる序詞で知られ、四五年に二七歳で福岡刑務所で獄中死した青春と抵抗の詩人・尹東柱（ユン・イルジュ）の全詩業を初めて完訳したものでした。全詩のほか、回想・年譜、特高・裁判記録、訳者の詳細な研究解説等を収録した伊吹郷訳・解説／尹東柱全詩集『空と風と星と詩』（八四年一一月）がその本です。

創業以来影書房は、在日朝鮮人の権利を正当に守ることと、過去の朝鮮民族に対する植民地支配の責任を問うということを視点に据えた出版活動を展開しています。「朝鮮をみつめて、それで照らし出される日本を問い、変えていきたい」という松本さんには、日本がどのように見えているのでしょう。

日本の近代は三つの原罪を背負っていると言われています。一つは朝鮮、台湾に対する植民地支配。二つは、中国はじめアジア諸国への侵略戦争。三つが沖縄です。沖縄を本土がいかに差別してきたか。特に太平洋戦争末期、沖縄を本土決戦の実験場としたため、実に二〇万に近い沖縄島民と兵士が死にました。

私はそれらが日本の近代が背負った原罪だと思っています。これらは拭っても

拭っても拭いきれない近代日本人の背負った原罪であると思っています。
（〇三年二月、「朝鮮分断と日本の責任『日朝国交正常化』を考える」学習会講演より抄録）

ここまで、戦後文学、そして朝鮮を見つめて日本を問う影書房の出版活動を紹介してきました。その松本さんの活動を、藤田省三さんが編集顧問を務めて刊行された『廣末保著作集』（全一二巻、九六年一一月より〇一年三月完結）で編集委員の一人となった田中優子さんは、

会うたびに、話すたびに、何か大事なことを私に伝えようとしている。「こんな仕事しかして来なかった私に」と、そのたびに思う。思いながら、真摯な気持ちになる。（略）松本昌次は様々な事情や苦悩を抱えた作家たちの受け皿となり、苦しみを吸収し続けてきた。私なんその病気ひとつでも、その心配のしようはただごとではない。何が大事かわかっている人だ。

と評しています。なぜ田中さんが松本さんをこのように評価するのでしょうか。影書房が『千年の夜』（八九年五月）と『涙ぐむ目で踊る（千年の夜・第二部）』を刊行した簾内《すのうち》敬司さんが、田中さんに電話を入れてきたときのことを次のように記しています。

日本エッセイスト・クラブ賞を受賞した、という。じつに嬉しそうだった。簾内敬司は秋田書房を営んでいた人で、妻子の心中を境に出版社をたたみ、書き続けている。白神山地が世界遺産になるずっと前から、地元の人々の強い反対に会いながら、伐採反対運動に取り組んでいた。そんな人も、松本昌次が支えているからなのでしょう。

廣末保さんは、芭蕉・近松・西鶴等を通して元禄期における文学・芸能研究に新たな視点を投じるとともに、悪場所[*1]・遊行民[*2]の存在を文化史・精神史の角度から考察し、戦後の文学・演劇運動の可能性に挑戦した研究者でした。

九二年八月には、韓国で大反響を呼んだ慟哭の歴史詩集の全訳を刊行しました。張貞任（チャン・ジョンイム）著／金知栄（キム・ヂヨン）訳『あなた朝鮮の十字架よ　歴史詩集　従軍慰安婦』がその本です。また、「民族と出会いそめしはチョーセン人とはやされし春六歳なりき」、一在日朝鮮人女性が、短歌との出会いを通していかにして自らの正体性（アイデンティティ）を獲得していったかを詠んだ、李正子（イ・チョンジャ）著『鳳仙花《ポンソナ》のうた』（〇三年二月）を刊行しています。

そして、目取真《めどるま》俊・高橋哲哉・徐京植（ソ・キョンシク）・三宅晶子《まさこ》・中西新太郎・須永陽子　対話集会実行委員会編『〈コンパッション（共感共苦）〉は可能か?—歴史認識と教科書問題を考える』を〇二年一一月に刊行した。

ました。そのいきさつについては、次回、影書房が発売を引き受けている季刊『前夜』の発行元・NPO法人前夜の紹介に委ねたいと思います。

（〇五年五月二〇日）

＊1　「悪場所」は、江戸時代の「郭（遊里）」と「芝居（歌舞伎）」を指します。悪場所をになう遊女や歌舞伎役者は、かつて全国を流浪する遊行芸能民でした。遊行民は、仏道修行者に端を発して、それらと同じように、一ヶ所に定着をせずに遍歴し、河原で芝居を見せては、次のところに移動する生活をしていました。歌舞伎は、このようにして生まれました。

それでは、遊女や歌舞伎役者という遊行芸能民や悪場所がなぜ問題提起になりえるのでしょう。なぜならそれが、想像力の源となる場であったからです。定住民とは異なる精神構造をもつ遊行芸能民の想像力からヒントをえて、井原西鶴や近松門左衛門の元禄文化は、悪場所を舞台に誕生しました。定住民は、遊女や遊行芸農民を蔑視し優越感を抱きながら、それらに魅了され、呪縛されていきました。

＊2　「遊行民」は、仏道修行者が、布教強化と自己修養のために全国を遍歴することを遊行といいました。なかでも、拠点寺院を定めず、生涯を通じて遍歴した聖《ひじり》を遊行者といいます。行基や一遍上人といった修行僧がよく知られています。

特定非営利活動法人（ＮＰＯ）

前夜

「戦後」六〇年続いてきた憲法九条の非戦条項が廃棄されるかどうかという山場を迎えている日本で、「いまなにもやらないわけにはいかない」と、市民と研究者が集まり、思想的・文化的抵抗の新たな拠点を築いています。それが、ＮＰＯ法人前夜で、その共同代表の一人で、季刊『前夜』編集長の岡本有佳さんの歩みを辿りながら、前夜の活動を紹介します。

八〇年代前半のバブル期に、東京女子大学文理学部社会学科に在籍した岡本さんは、大学ではほとんど勉強をしなかったといいます。では、どこで何をしていたかというと、友人の紹介で出入りするようになった新日本文学会で、編集長（八四〜八七年）をしていた久保覚《さとる》さん（三七〜九八年）と出会い、そこで久保さんの薫陶を受けていたのでした。

久保さんは、独自の方法論で『花田清輝全集』（全一二巻＋別巻二、八〇年六月完結、講談社）を編集した名編集者であり、文化活動家・朝鮮芸能文化史研究でも知られ、さらに、自由創造工房、宮澤賢治講座、群読《ひびきよみ》の共同制作などを通して市民の文化・芸術活動の理論化を目ざした、運動家でもありました。

学び方にもさまざまな創造的な方法がありますす。岡本さんは、その久保さんから領域を横断する思考と関係性づくりを学びました。市民の自立した学習方法の理論の探究と実践。久保さんとの出会いは、刺激的な出会いでした。久保さんから編集のノウハウを学んだ岡本さんは、卒業後の就職先に、非営利で、しかも編集の仕事ができるという、双方を満たす職場を見つけました。それは、生活クラブ生協連合会でした。

生活クラブ生協連合会は、北は北海道から南は愛知県までのエリアで活動する二五生協の事業連合組織です。組合員数は安全な食べ物を求めて入った女性を中心に二六万人に達します。そこの企画部図書課では、各組合員に向けて機関紙と新聞と雑誌を出していたのです。岡本さんは、編集の仕事ができる部署に配属されるならばと就職しました。最初の五年間は、機関紙。六年目からは、月刊で《本の花束》という本の共同購入申込情報紙の企画から編集までの一切を仕切りました。一二年間務めた《本の花束》の編集・発行、そして、《本の花束》編集協力者として生協運動に参加した徐京植（ソ・キョンシク）さん、三宅晶子《まさこ》さん、中西新太郎さんや、久保さんが引き合わせた松本昌次《まさつぐ》さんとの出会いを通して岡本さんは、社会に目を向けて運動する編集者に育っていったのです。

市民が参加する読書運動の展開。《本の花束》で岡本さんは、確実に、読者を掘り起こしていきました。それは、安全な食べ物の共同購入と同じような視点でした。時間をかけて読書会をすることで、自分たちで中身を確かめながら本を選択していく。たとえば、商業主義や学校教育にみられるような画一主義に抗するかたちの独自の視点で本を選んでいくのです。ここに載っている本なら間違いはない。そのことによって、まず《本の花束》が信頼されるようになりました。それは、《本の花束》に愛読者がついた証でした。紹介された本の中から読者が選択をして購入を決めると、食品と一緒に自宅に届くのでした。

会員の主婦を対象にした料理書や子どもの本の紹介が多くを占める中で、たとえば藤田省三さんの『戦後精神の経験1、2』(九六年二、三月/影書房)を採り上げて、それに編集協力者に書いてもらった文章を、一面のすべてを使って写真を入れたビジュアルな紙面に構成して読者に届ける。そうすることで、単一の企画での人文書の売り上げとしては異例の、九〇〇冊の予約を得ました。周囲を驚かせましたが、それは、一朝一夕でできた到達数ではないのです。本をどう伝え、どのようにして手渡していくのか。そのためにどのような取り組みが必要なのか。岡本さんは、《本の花束》の企画・編集を通して、想像力を育む本を伝える試行錯誤を繰り返していたのでした。

九一年一月一三日、内閣官房長官が従軍慰安婦問題で日本軍の関与を認め、公式に謝罪をしました。この頃に従軍慰安婦問題の本を《本の花束》の一面で大きく採り上げると、七〇〇部から八〇〇部の予約が集まりました。そんな九〇年代初頭を分岐点に、歴史認識を修正しようという動きがあらわれました。反動が進行する中で、九九年八月九日には、日の丸・君が代を国旗・国歌とする法律が可決・成立しました。いまの社会はおかしい。そう思っている以上、それを変えよう。行動を起こしたのは、岡本さん一人ではありませんでした。

九〇年代の日本社会の右傾化に対する危機感を背景に岡本さんは、高橋哲哉さん、須永陽子さん、中西新太郎さん、三宅晶子さん、徐京植さん、目取真《めどるま》俊さんらと対話集会を企画しました。実行委員会には、二〇代から七〇代までの活動のジャンルや関心の領域も異なる人たちが、ジェンダーも出自も超えて集まりました。体制を整えながら、九九年には、国旗・国歌法の法制化に反対した「日本で民主主義が死ぬ日」、〇〇年には、自分たちの戦争責任・戦後責任にどう向き合うのかというテーマで、「断絶の世紀・証言の時代」という集会を開いたのです。

他方、「新しい歴史教科書をつくる会」は、その直後に「中学歴史・公民教科書」を作りました。それが教科書検定を通過し、合格となったのです。加速する右傾化に押さえ込まれるように、従来、日本兵による住民虐殺や沖縄県渡加敷村での「集団自決」などを載せていた他社の教科書からは、こういった記述を自粛する動きがあらわれました。《本の花束》にも、つくる会の言説そのものの反論の投書が来るようになりました。

このような中で、岡本さんたちは、〇一年

に、『〈コンパッション（共感共苦）〉は可能か？——歴史認識と教科書問題を考える』という対話集会を開きました。この集会の報告に、岡本さんが中心になって集めたブックリスト、「コンパッションを育むブックガイド」を加えた同名の本が、〇二年一一月に影書房から刊行されています。

実行委員会は、集会と集会の間に、別に学習会を作るという活動を続けてきていました。しかし、やればやるほど、ただ集会を開いているだけでは足りない。しかもマスメディアの現状が、加速していく右傾化に反比例して対抗的な言説を生み出していない。明らかに弱体化したのではないかという認識が、岡本さんたちの間に広まったのです。それなら、自分たちが、自分たちの考えや思想・文化を深めていけるようなメディアを自分たちで作ればいい。それが、書評と思想・文化・芸術批評を軸とした季刊「前夜」刊行のきっかけになりました。

出版社を起こして雑誌を出す。止まることなく雑誌を売り続けることで、存立基盤を保っていく。それは、自分たちには困難なことではないか。それよりは、独立法人で非営利で、自分たちのメディアを作っていくのがいい。問題提起をして、そこに市民の参加を募って、意志も力も知恵もお金も提供していただく。戦争体制へと頽落《たいらく》していく日本社会の動きに対抗するには、市民の総意を高めることしかなく、それによって、拠点とする雑誌が社会を変える機能を増していく。そうしなければ本当にいい文化は育たないし、なくなっていくのではないか。

〇三年に生協を辞職した岡本さんは、専従となり、すでに集会を積み重ねてきた体験から、『前夜』創刊号の発行と同時に、市民が自立的に学べるような場を作りました。そこでは、理事が担当講師となって雑誌を読み込んでいきます。

この企画を創刊後に具体化させたのが「前夜セミナー」の開催となりました。高橋さんの「デリダと現代」、中西さんの「現代日本の社会的抑圧・支配」、徐さんの「『在日朝鮮人』という存在」が開催されています。これらはいずれも、四回から六回の連続セミナーで、特徴的なのは、受講生がそこに行って、聞いて終わりということにしないようにしようと呼びかけていることです。そこで得たものを地域やそれぞれの場で、運動として活用することを求めているのです。それは、活動家を育てるとともに、市民の側が知識人を消費しないという意識を求めてもいるのです。

二本柱でやっていくことを決めた岡本さんたちは、〇四年四月二日に設立総会を開催して「前夜宣言」を採択し、NPO法人前夜が誕生しました。理事の八人が季刊「前夜」の編集委員になってのスタートです。

影書房に発売を引き受けてもらい、季刊『前夜』第一期・第一号が刊行されたのは、〇四年一〇月のことでした。出版社でもないNPO法人が、全国の書店で雑誌を売る。大手取次店は、この試みに冷ややかな対応を示しました。岡本さんたちは、自分で置いてもらいたいと思う書店を回って事前注文をとるように会員に呼びかけました。二十余名の若者がこれに参加したのです。刊行がマスコミに採り上げられてからは、その注文部数が増し、五刷、八〇〇〇部になりました。二号は六〇〇〇部で、〇五年四月に出た三号は、五〇〇〇部が動いています。健闘しているのです。

書店回りによって若者たちは、本の流通を肌で実感しました。と同時に、運動を理解したのです。このように、久保さんをはじめ、出会った先達に育てていただいたと思っている岡本さんは、若者たちに参加する場を設けています。雑誌の刊行の合間には、「前夜NEWS LETTER」を出して、活動報告をパンフレットにしているのですが、これの中心は若者たちです。自ら編集チームを組織して、インタビューに行き、紙面を作っているのです。

「前夜ブックガイド」では、若者たち中心に、書評のチームと映画のガイドを作成するチームを作りました。大手書店の中には、ブックガイドでのブックフェアを開催し、これに応えるところが現れました。

創刊号での特集は、「文化と抵抗」にしました。そもそも文化というのは抵抗ではないのか。文化が抵抗になっていない日本の現状こそ、おかしいのではないのか。この問題意識から、世界各地の人へ、いろんなインタビューをしました。日本社会以上に困難な状況の中で、創造活動的にも、思想的にも闘ってきた人たちの経験・声から実際に学ぶ事柄は多様です。それは逆に、闘ってきた人たちを伝えるメディアがないことの証明でもありました。そういう点で、既存の出版社や組織には限界があると、岡本さんたちは思っています。前夜にしかできない、前夜らしさの一歩が、そこにありました。

たとえば、韓国からたくさんの国際養子が出されていて、その一人の、ベルギーに住むアーティストのミヒ＝ナタリー・ルモワンヌさんを採り上げるメディアは、多くはありません。こういう女性の存在を探り当てていく。前夜は、思想家に偏るのではなく、特に創造活動、芸術活動をしている人たちを採り上げたいと思っています。運動を個別化させない。さまざまな文化領域を横断するような形で、対抗しうる言説を作り出したいと思っているのです。

ＮＰＯの利点を活かして、各国のいろんな出版社の編集者の人たちとネットワークを作りたい。利害を超えていっしょに本作りの企画を立てたりとか、勉強会をやったりとか、ブックリストの交換をする。そういうことがＮＰＯでは、しやすいのではないか。岡本さんは、この困難な時代に、読書運動をどう作るのか、本をどう手渡すのか。それを求めて走り続けています。

（〇五年六月二〇日）

世織書房

南アメリカ大陸のほぼ中央に、日本の約三倍の面積を占めるボリビア共和国があります。アンデスの、標高四〇〇〇メートルを越えるその国土に、八一五万人（二〇〇〇年現在）を超える人々が生活をしています。多数の民族により構成される話し言葉は多岐にわたり、日常生活で使用される言語数は三八にのぼります。貧困の代名詞のように言われる多民族国家ボリビアは、アンデスの自然と多言語、つまり実に文化が豊かな国なのです。公用語はスペイン語のほか、日常に先住民族の言語であるケチュア語、アイマラ語、グァラニ語などが使われているのですが、スペイン語の読み書きができないと社会参加もできません。

「学びたいけど場所がない」と戸惑っている人たちに向けて、読み書きを習い、友達と出会い、ホッと息をつける居場所を作りたい。建築施工・設計、左官職人、識字教育研究者、編集者、国際協力専門家、ＮＧＯ活動家などが集まり、「ボリビア学び舎づくりの会」ができました。学び舎づくりの会は、ボリビアの人々と結び会い、〇一年四月に第一棟を完成し、〇五年六月現在までに四棟の「学び舎」を完成させました。日本の伝統的な技術を援用した、瓦屋根と漆喰の学び舎です。素敵な話ですね。この活動に事務所を提供し、積極的に関わっているのが、世織《せおり》書房代表の伊藤晶宣《まさのり》さんです。

お願いだからほかのことをやってくれるな。本だけ作っていってくれ。そうしないと、出版社が倒産しますよ。さんざん言われたのです。でも、「作業所」に関わり始めるとこれはもう出っぱなし。だから怒られています。著者の方々には理解していただける先生もおりますが、限度があります。いま改悛の情を示して、本作りに励んでいるのです――伊藤さんは、現在の心境をこのように説明しました。

「作業所?」。「学び舎」以外にもまだ脇道がありそうです。その話をする前に、伊藤さんの生い立ちを話しておきましょう。

四九年に、長野県松本市の隣の村に生まれた伊藤さんのお父さんは短歌を詠み、知り合いと読書グループも作っていました。近くに住む叔父さんは絵描きをしていました。気がついたら本があった。そんな家に育ったので、子どもの頃から読む本には困りませんでした。

進学した高等学校の図書館には、さまざまな古典や名著と共に、週刊誌『朝日ジャーナル』(五九〜九二年)が創刊号から揃えてありました。

「人間というのは気づきがないと、無機質な風景がただ映じているだけではないですか。気がつかないとただ本が並んでいるというだけです。それから、ものを見る目というのは、その人でなければ価値を見いだせないというのがあるわけですね。もちろん、『いま・ここ』の意識とパラレルなのですが。誰も読んでいない雑誌を毎日図書館に行って読んでいました」

伊藤さんは、高校時代に出会った『朝日ジャーナル』や『日本読書新聞』によって社会を見る目を鍛えられたのでした。

大学に進学して、政治学を学んだ伊藤さんは、卒業後にある出版社に入り、そこで六年間ほど、公務員の内部昇任試験のための研修誌の編集をしていました。ある特集の企画で、政治社会学者の栗原彬さんに何回も電話をしたことがありました。でも、原稿を依頼することはできませんでした。また、多忙な前田愛さんを企画して口述筆記をしたのですが、口述では限界を感じたのでした。そんなこともあり、いつしか、業界誌の編集に見切りをつけた伊藤さんは、そこを辞めて新曜社に就職しました。

以前、伊藤さんは、六九年七月末に創業した新曜社に、塩原勉著『組織と運動の理論』という本を買いに行ったことがありました。その時の印象から、どのようなところで、どのような本を出している出版社かを知っていたのです。

ある日、社長の堀江洪《ひろし》さんから、「君、これを作ってくれないか」と渡された原稿がありました。それは、栗原彬さんの原稿でした。嬉しかった。やりたいと思っていた著者の原稿がそこにあったのです。栗原彬著『管理社会と民衆理性　日常意識の政治社会学』（八二年六月）をはじめに新曜社で伊藤さんは、栗原さんの著作を六点編集しています。

「あんな博識な人がいるのかと思う。勉強させられました。個人教授ですよ。質問を三つぐらい考えておいて、一時間から二時間かけて教えてもらいました。いまあるのは、栗原さんのおかげだと思います。その関係で水俣病関係の本を手掛けるようにもなったのです」

以前企画が実らなかった前田愛さんの『近代日本の文学空間　歴史・ことば・状況』（八三年六月／平凡社ライブラリー499、〇四年五月）も編集しました。さらに前田さんのお弟子さんの薦めで同人誌に掲載された小森陽一さんの作品を読み、感動して小森さんの最初の著作、『構造としての語り』（八八年四月）を担当しました。こうして新曜社に文学路線が生まれたのです。

やがて伊藤さんは、編集と共に前任者が抜けた営業をも任されるようになりました。取次店との交渉や本の流通を実際に知ることとなったのです。ところが腰を痛めてしまい、その後のあてがあった訳ではないのですが、体調を崩したのを契機に、七年ほど在籍した新曜社を辞職しました。

うちのコーヒーです――神奈川県横浜市西区の世織書房の事務所を私が訪ねるやいなや、挨拶もそこそこに伊藤さんは、一杯のコーヒーをいれて、こう説明しました。

伊藤さんのパートナーは、養護施設の職員をしていました。「かまわないや」。東京に住んでいた伊藤さんは、その時に奥さんの暮らす横浜に移り住んだのです。そして今、社会福祉法人が経営する小舎制施設の一軒に家族で住んで、そこで、親がいないとか、親が面倒を見切れない四人の子どもたちと暮らしています。子どもたちはそこから学校に通っています。そういう福祉の形態があるのです。

会社を辞めた伊藤さんが最初に思ったのは、ハンディを持っている子どもたちの働き場所でした。昔から作業所はあるのですが、そこでは内職とか、部屋の中で作業をしていることが多かったのです。それはおかしいと伊藤さんは思っていました。老人も子どももも含めて、ハンディを持っている人も、町の中に自分がいる位置があって当たり前だと考えたのです。コーヒーの卸しを営む知り合いがいて、八〇年代後半にはやり始めたコーヒーの自家焙煎に伊藤さんは着目して、珈琲工場という店を働き場所として開店しました。

その店を始めた時から、一週間に一日だけ働きに来る一人のダウン症の女の子がいます。その子のお父さんはバスの運転手をしながら、休日には黙々と畑仕事をしていました。無農薬の野菜を娘に食べさせ、一日でも長く生きていいて欲しいという思いからです。その姿を見て伊藤さんは、なるほどなと思いました。それで、自然食関係の店も始めることになったのでした。こうして、横浜市内に「ぐるーぷせおりのお店」が誕生しました。その後、働きに来る人が増えて、小規模作業所を開設し、現在では二つになっています。

また一方、療養のために挨拶もままならずに会社を辞めた伊藤さんに、独立するためにに辞めたと思った著者や知り合いから、出版社創業のための資金が提供されました。周りがやれやれということになったのです。

小社は、知のあり方と責任存在としての人を鋭く問い続けた〈1960年代の経験〉を大切にしていきたいと、考えています。

そして、人と人との結びつきが弱められつつある現代社会を見据え、「関係の回復」への途を探り続けたいと思います。

（世織書房設立の趣旨）

周囲に押し出されるようにして、九〇年四月八日に、世織書房は創業されました。最初の事務所は、横浜市保土ヶ谷区天王町のマンションの一室を借りたものでした。出版社の多くは東京に集中しています。文化というものはそれではおかしいと考えてのことでした。店や作業所の運営を軌道に乗せながらの出版活動で、最初の本、石原千秋、木股知史、小森陽一、島村輝、高橋修、高橋世織著『読むための理論　文学・思想・批評』（九一年六月／〇三年五月一二刷）を出すのに、一年以上がかかりました。

創業にあたって支援してくれた著者関連でシリーズ化した本があります。学校を子どもたちとの共同の作品とするためにも、そして何よりも大人が見失った豊かな関係の回復を取り戻すためにも、必読の書といえる石川憲彦、内田良子、山下英三郎編『子どもたちが語る登校拒否　４０２人のメッセージ』（九三年二月）がその本でした。五〇〇〇部作って一ヶ月で売り切れたのです。続いて、『親たちが語る登校拒否　１０８人のノンフィクション』（九五年六月）を刊行しました。これらを含め世織書房は、登校拒否に関連して四点を刊行しています。

　理論書を出したいと思っている伊藤さんが納得して出した本に、教育界に大きな影響力を持つ佐藤学さんの三部作があります。『カリキュラムの批評　公共性の再構築へ』（九六年一二月／〇二年六月五刷／九七年度教育科学研究会賞受賞）、『教師というアポリア　反省的実践へ』（九七年一〇月）、『学びの快楽　ダイアローグへ』（九九年九月／現在品切）の刊行です。予告になりますが歴史論も予定しています。

　天皇制を解明したいとの思いから、日本近代の問題を採り上げて企画した本があります。広田照幸著『陸軍将校の教育社会史　立身出世と天皇制』（九七年六月／第一九回サントリー学芸賞、思想・歴史部門受賞）は、昭和戦時体制を支えた社会集団としての帝国陸軍将校を研究対象にしています。戦後その教育システムは「洗脳」と言われて批判されました。この本では、イデオロギーとは別に個人のうちにある意識構造を分析して、将校を目指した人たちの自発的変容を考察しています。また、目取真《めどるま》俊著『沖縄／草の声・根の意志』（〇一年九月）など、沖縄をめぐる本の刊行も始まっています。

『陸軍将校の教育社会史』も重版になったのですが、それで困ることがあるのです。世織書房は、創業以来一五〇点ほどを刊行したのですが、その大半を活版印刷でしています。「活版は色気があってきれい。気持ちがいい」と伊藤さんは言います。

「印刷技術の発達とともに紙は活版のポイントに対応して作られていて、オフセット印刷だと版面がきれいに収まらない」のです。

活版にこだわる伊藤さんは、安易な本作りを好みません。必然的に時間がかかるのです。そのために〇五年五月の新刊の奥付には、「編著者にはご迷惑をおかけしました」というお詫びを入れて、活版で仕上げたのでした。

注目される最新刊を紹介しましょう。植民地期の朝鮮においては、多くの女性は就学から排除されて、その延長線上に「慰安婦」制度が作られました。「慰安婦」たちの声を聞き取った著者の画期的な論文が、金富子（キム・プジャ）著『植民地期朝鮮の教育とジェンダー　就学・不就学をめぐる権力関係』（〇五年五月）として刊行されました。

ハンディを持つ人たちの働き場所や作業所、そして田んぼを切り盛りするうちに伊藤さんの周囲には、さまざまな人たちのつながりができました。場の持つ意味は大きいようです。先述した世織書房の設立趣旨を、伊藤さんは次のように結んでいます。

小社は、根元への遡行と未来への投企な

しにはその実現はありえないと深く信じ、時代を切り開き織り上げる方法としての刊行を常に心がけていきたいと考えています。

（〇五年七月二〇日）

読書工房

日本の社会が直面する課題の一つに高齢化があります。二〇一五年には、国民の四人に一人が、六五歳以上の高齢者となるのです。これはほかに例を見ない高齢化社会の到来です。〇〇年には、「交通バリアフリー法」が施行され、駅やバスなどをバリアフリー化することになりました。しかし、高齢者の方々が安心して暮らすことができる社会を形成し、また、身体障害者などの方々に、社会・経済活動への積極的参加を促すには、交通機関のバリアフリー化のみでは十全とはいえないでしょう。

生活に必要な製品や建物、そして環境をあらゆる人が利用できるように最初から考えてデザインする。アメリカの建築家であり工業デザイナーであったロン・メイス（一九四一～一九九八）によって提唱されたユニバーサルデザインという概念をご存じのことと思います。障害があるなら、取り除けばいいという「バリアフリー」を一歩進めたこの概念を出版の世界で実現しようと、〇四年四月二三日に活動を始めた出版社・読書工房があります。小さな出版社の出版界の将来を見据えた出版活動です。

六一年に神奈川県で生まれた成松一郎さん

は、八〇年代初頭を学習院大学の学生として過ごしました。その頃の話です。学部は英米文学科だったのですが、成松さんは社会福祉研究会というサークルに所属しました。サークル活動として成松さんは、自閉症の子どもたちのための日曜子ども会に参加したり、福祉施設や自宅で生活している脳性麻痺の人が、車椅子に乗り外出する時に、その介助をしたりしていました。このようなボランティア活動の一つに、大学の近くにあった筑波大学付属盲学校の生徒からの依頼を受けた朗読テープの製作がありました。

八三年のことでした。盲学校の一生徒が、学習院大学の受験を志望したのです。しかし、学習院大学は当時の多くの私立大学と同様に、点字での受験を認めていませんでした。成松さんは、教授会回りをして、「(盲学校の生徒にも)受験の道を開いてください」と訴え、学内で署名を集めました。さらに、入学した暁にはきちんとサポートをすると公約し、点字の勉強を始めて「点訳サークル」を作り、関係者を説得したのでした。残念ながら、成松さんの企図はかなえられず、その生徒は、点字受験が始まっていた横浜市立大学に入学しました。点訳サークルを始めたものの学生が入ってこなかったのです。あまり意味のない結末となりましたが、それがきっかけで成松さんは、視覚障害の方たちと知り合いになったのでした。

学習院大学を卒業した後、横浜国立大学教育学部で言語障害児教育課程を修了した成松さんは、六五年の創業以来、文献、人物、事件、用語などの情報を収集・整理して、それらの膨大な情報をディジタルコンテンツとして蓄積しながら、メディアの特性に合わせて提供している日外アソシエーツに入社しました。興味を持っていた福祉とはかけ離れた出版界に、ふとしたきっかけで入りこみ、そこで五年間にわたってデータベースの編集をしていたのです。その後、児童書や教育書を刊行する国土社に移って、主に教育書の編集に携わりました。

この間に目の当たりにしたある出来事が、眠りかけていた成松さんの志を呼び覚まし、その後の進路を導きました。それは、学生のときに知り合った友達と出会って飲みに行ったときのことでした。「こんな本を作ったのだよ」といって手渡しても、友人には読めないのです。成松さんは、「読みたくても読めない方」のニーズをどう受け止めたらいいのかを真剣に考えるようになりました。

そんな成松さんに転機が訪れたのは、九六年八月のことでした。学生時代に知り合った市橋正晴さんから、一本の電話がかかってきたのです。それは、「大活字」という出版社の立ち上げに、ボランティアとして参加してほしいという要請でした。日本には、視覚障害の人が、三〇万人いるといわれています。そのうちの七割が、弱視の方たちです。点字を読み書きできる人というのは、三万人、一割しかいないといわれています。

大活字は、先天性の弱視者の立場から視覚障害者の読書する権利を獲得する運動を展開してきた市橋さんによって、「見えない・見えにくい人（視覚障害者・低視力者・高齢者）の生活上のバリアを取り除き、より良い生活を送って頂くようにする」という事業目的で創業された会社です。

国土社にいた成松さんは、終業後に「大活字」に寄り、本のＤＴＰの手伝いを始めました。ところが、九七年四月二三日に市橋さんが事故で亡くなられてしまったのです。会社は、市橋さんの長男の市橋正光さんが継ぐことになりましたが、正光さんはこの時まだ、大学を卒業したばかりでした。出版のことは何もわかりません。そこで成松さんは、国土社を辞めて「大活字」の社員になったのでした。

〇四年五月には、浅田次郎とか、西村京太郎といった人気作家の話題のベストセラーや心に残る名作を、二二ポイントのゴシック体で、目にやさしく編集し評判になった「大活字文庫」が、五〇タイトルを超えました。この仕事を八年続けた成松さんは、〇四年の三月に会社が軌道に乗ってきたのを見届けて、「大活字」を退職しました。

そのときに考えたのは、大活字本というのは、一つの形態なので、もう少し広い視野で視覚の問題だけではなく、いろんなニーズに応えることをしていこうということでした。読書全般に関わることをやってみたい。〇四年四月二三日、市橋さんの命日であり、思い入れがあるその日を選んで成松さんは、読書工房を創業しました。

さて、もうお一方、松井進さんの話をしておきましょう。
○一年六月に、全盲の松井さんは、盲導犬クリナムとの運命的な出会いから病死までの七年の思いを綴った『二人五脚』(実業之日本社)を著しています。クリナムの盲導犬としての健気な姿は、犬好きの人でなくとも胸を熱くさせるものがあると賞賛されました。いろいろな人に読んでもらいたい。このときに松井さんは出版社に相談して、五つの媒体で発行することを実現させたのです。しかも松井さんの思いとしては、五つの媒体で同時に出したいということがありました。

従来は、こういう本が出ると、点字図書館とか公共図書館がボランティアの人に、これの点訳をお願いしますといって点字本を作ります。または、音訳といって、朗読で吹き込みます。そうするとどうしても三ヶ月から半年はかかるのです。それだと、ちょっと読む気が、聞く気がしなくなります。それは避けたい。

松井さんはバリアフリー出版という言葉を使い、同時に、実業之日本社で出した本を点訳本・全三巻で出し、それからカセットテープで出しました。これは全五巻になりました。あとは、デイジーフォーマットというCD－ROMの形態です。これはマルチメディア・デイジーを使って読み取ります。普通の音源だけだったら、カセットテープや音楽CDで記録することができますが、プラスして、テキストデータをシンクロナイズさせます。画面に文字が出て、音も同時に出せます。カラオケのようなものと思っていただければいいでしょう。視覚障害、知覚障害、学習障害などの方がアクセスしやすくなります。

そしてさらに、二二ポイントの大活字本という五種類でした。この松井さんの試みは、バリアフリー出版の可能性を示すものとして注目されてきました。課題は、それぞれコストがかかって、利益を出すのが難しいことでしょう。

福祉や奉仕の世界のものとされ、商業出版としては難しいとされたこの課題を成松さんは、解消する目処が出てきたと思っています。高齢化が進み、次のステージに行く人が増えました。そして、ＩＴ化の進展は、読書をあきらめないですむ出版のユニバーサルデザインを促進するでしょう。なぜなら、ユニバーサルデザインの考え方は、マーケットが小さい場合、専用のものを作るとコストが嵩むが、一般の人でも使えるように作ればコストを抑えられるというものだからなのです。

たとえば、音の読書というのは一般の人でもできます。またＩＴ技術を使えば、データファイルの中身に目を通すためのソフトウェアに、文字の拡大や白黒反転を可能にするといった機能をもたせることが可能となるでしょう。若者に絞り込むのではなく、あらかじめいろんな読者層というものを想定して、ワンソースをマルチユースにしていく。マーケットを広げることで、コストが抑えられるのです。

読書工房は、事業の一つとして、出版社や

電子書籍メーカー、そして図書館などからの依頼を受け、一般向けの書籍や電子書籍をバリアフリー化するためのコンサルティングなどを行っています。

人気作家の新刊がブラウザで読める。ユニバーサルデザインは、五年一〇年すると当たり前になるかもしれません。この思いが、さまざまなジャンルのユニバーサルデザインに関する情報を提供する〈UDライブラリー〉の刊行となりました。最初の一冊が、公共図書館で働く視覚障害職員の会（なごや会）編、『本のアクセシビリティを考える　著作権・出版権・読書権の調和をめざして』（〇四年四月）でした。

現在日本では著作権法で、点字図書館などの福祉施設では、録音サービスについて無許諾で製作・提供ができるようになっています。それに対して、公共図書館やボランティア活動をしている人たちの録音図書製作等は、著者の了解を得なくてはいけません。誰もが本を読めるという状況は、どうしたら生まれるのでしょうか。必要な対価を払って、利用者の使いやすい状況をいかに作るかが問われています。

健康情報棚プロジェクト編『からだと病気の情報をさがす・届ける』（〇五年五月）。書店の「家庭の医学」の棚には、健康や病気に関する書籍があふれています。しかし、罹病すると、本人に必要な情報や頼りになる文献はなかなか得られません。こうした現状を受けて、図書館員、看護師、研究者、ジャーナリスト、患者当事者など約三〇人のメンバーで構成される「健康情報棚プロジェクト」が結成されました。この人たちが注目したのは、自費出版や書店で扱う寿命が短い「闘病記」でした。収集された一〇〇〇冊の闘病記はその後、都立中央図書館の健康情報棚に集められました。この本には、プロジェクトの全容が紹介されています。

高齢の方とか、特別のニーズをもった方で、普通の紙の本にアクセスできない方に手段を提供する。そのことによって、読書から離れてしまった方を呼び戻したい。それが読書工房の使命かと思う—こう語る成松さんは、五〇代、六〇代、七〇代から視覚に、あるいは聴覚に障害をもつようになったといった、そういう方向けの本を企画しました。

第一弾が、澤田真弓、原田良實編著『中途視覚障害者への点字触読指導マニュアル』(CD-ROM二枚付き)です。この本には、アクセスできなくなった人が、できるようになるという願いがこめられています。

〇五年秋の発足を目ざして、成松さんと松井さんたちは今、「出版社」と「本をそのままの状態で利用することが困難な読者」との橋渡しを行う第三者機関としてバリアフリー資料リソースセンター(BRC)のNPO法人認証をすすめています。

(〇五年八月二〇日)

批評社

これからの社会を作っていく――その頃の生活は楽ではなかったけれども、そういう雰囲気が日本の社会全体にありました。

四三年に東京都に生まれた佐藤英之さんは、六一年に法政大学経済学部に進学して、六五年の卒業と同時にある大企業に就職しました。ところが、その会社に馴染むことはできませんでした。新しい職場を求めていたときに、出版社に勤務する知人がぺりかん社を紹介してくれました。それは六八年春、二五歳の時のことでした。

ぺりかん社は六三年六月に、救仁郷《くにごう》建さんと小汀《おばま》良久さんによって創業された出版社です。そのぺりかん社に、岡山県生まれの松田健二さんが佐藤さんより少し遅れて入社してきました。松田さんは、岡山から東京に出てきた際に、御茶ノ水駅に降り立って、この東京で何かをするのだという思いになり、ものすごく興奮したそうです。地方から上京しえたことに感動していたのでした。

「これからの社会を作っていく」

それが、六〇年代に社会に巣立った佐藤さんたちに共通する思いでした。

文京区本郷三丁目のパチンコ屋の四階に事務所を構えていたぺりかん社は、経済や経営書、そしてヨーロッパの現代史の翻訳書の刊行を中心にした出版活動を展開していました。六九年に職業全般にわたる紹介本「なるにはBOOKS」の刊行を始め、今日の基盤を築いたことは、前にも紹介しました（一四一ページ）。そのときには触れませんでしたが、この頃同社には、それらとは異なる路線の出版活動がありました。

若い人たちの考えを入れよう。救仁郷さんは、社内に「社会評論社」という無登記の出版社を作り、ぺりかん社から発売をしていたのです。その活動は、ぺりかん社編集部の田辺肇さんたちに任されておりました。田辺さんが企画して「社会評論社」から刊行された本に、カール・コルシュ著／木村靖二、山本秀行訳『労働者評議会の思想的展開　レーテ運動と過渡期社会』（七九年四月復刻、批評社）がありました。また、松田さんは、野本三吉著『不可視のコミューン』（七〇年九月）や村田栄一著『戦後教育論　国民教育批判の思想と主体』（七〇年一一月）等を企画しています。

救仁郷さんの働きかけを受け、社会評論社が独立したのは七〇年のことでした。「社会評論社」の基礎を固めた田辺さんは、このときすでに同社を去り、医学書院を退社して、「ゆみる出版」を起こしていました。そのために、佐藤さんが代表となって、松田さんと二人で社会評論社を名実ともに独立させたのです。

職人が版を組んで刷る活版印刷。佐藤さんたちがぺりかん社に入った頃の出版業界では、それが主流でした。日常的に印刷や製本の職人と接するその頃の本作りでは、独特の業界用語を覚えないと相手にされませんでした。ところが、当時の編集者は、体験で会得したそれらの知識を若い人に教えようとはしなかったのです。いくらお願いしても無駄でした。

佐藤さんたちは、印刷所の職人さんや付き合っている業者の人に、本作りの実務を教えてもらったのです。独立に当たって佐藤さんは、このような業界の体質を打ち壊したいと思いました。それは、出版は誰にでもできる、それほど大変なことではないのだということを、多くの若者に知らしめたいとの願いでもありました。

「自分たちでプランを立てて本を作り、それを売って、生業を立てていく。そういうことは、それほどたいしたことではないということをね、みんなもっと積極的に出版をやったらどうかということをね、訴えたいという思いがありました」

プランさえあれば何とかなる。これが佐藤さんのエネルギー源だったのです。

松田さんが編集をし、佐藤さんは営業に回る。創業した頃の社会評論社は、かなりの無理をして本作りを続けました。二人で年間一七点を出した年もありました。その活動は、地味だけれども今までになかったようなニュー・レフト運動の香りを漂わせた企画が効を奏して、比較的順調に伸びていったのです。

ところが、五年目あたりから企画がマンネリ化し始めました。また、ある雑誌の刊行をめぐって、二人の間に見解の相違が生じました。会社の業績が低迷してきたときに、修復することが困難な矛盾が出てきて、どうするのだという方針をめぐって二人は、各々の目指すところに分かれていきました。

七八年九月、話し合いの末に業界をよく知る佐藤さんが社会評論社を退いて、新たに批評社を始めることになりました。持って出たのは、翻訳書と部落問題、八木晃介著『差別糾弾 その思想と歴史』(八〇年新装版、批評社)など一〇点ほどの著作でした。しかし、それらは営業を担当していた佐藤さんが企画した著作ではありませんでした。その頃佐藤さんは、持って出たものとは別の領域に関心を持っていたのです。それは、「精神医療」に関する本の刊行でした。

人間は、太古の昔から道具を使い、言葉を覚えて、地球上の全てを支配するように努めてきました。しかし一面では、自然界と一体化して生きる動物と、同じ生き物なのです。だから人間が自然界を支配したいと願う時に、その反動が現れるのです。

それは、ほかの動物にはありえない心の病を「原罪」のように負ってしまうといえばわかりやすいでしょうか。ほかの動物には心を病むというのがないにもかかわらず、人間だけが心を病むというのは何かといえば、根本的なところでそういう矛盾を抱えているからなのです。佐藤さんは、精神医療の世界を通して人間存在の本質が見えてくるのではないかと感じていたのでした。

浅野弘毅著『統合失調症の快復 「癒しの場」から』(メンタルヘルス・ライブラリー13 〇五年六月、批評社)によれば、現在、日本ではおよそ三四万人の精神障害者が入院生活を送っています。日本の病院の内科、外科など全科を合わせた入院患者数がおおよそ一五〇万人ですから、入院患者のおおむね五人に一人が精神科の患者ということになります。先進国の中で日本だけが際立って高い入院率を示し、世界で最大の収容所列島ということができます。

この入院患者数には驚きましたが、ではその処遇はどのようになされてきたのでしょう。日本では、社会防衛的に精神障害者を隔離し、鉄柵のついた病室に収容してきました。他方欧米はというと、病院収容ではなくて、開放化して、普通の暮らしの中で自分を取り戻していくようにしています。このような処遇の相違に、日本の民主主義の問題、国家の成熟度が象徴的に現れています。精神障害は、その国の成熟度を推し量る病気ではないかと佐藤さんは位置づけているのです。

創業以来批評社は、青木薫久著『森田理論応用』(八八年四月/〇五年八月新装三刷)など、精神医療と人権を考える著作を数多く刊行してきました。また、紆余曲折を経て、岩崎学術出版社発売、悠久書房が刊行していた雑誌・精神医療編集委員会編『精神医療』の第四次刊行を批評社が引き受けたのは、九二年八月のことでした。この雑誌は、〇五年八月現在三九号を刊行していますが、この中から、メンタルヘルス・ライブラリーなどの一般向けの企画が生まれています。

精神医療関連の著作を柱として出版活動を始めた批評社に新たな路線が加わったのは、塩見鮮一郎著『浅草弾左衛門』（全三巻）（八五年六月〜八七年一一月／〇五年八月新装版）を刊行したときでした。浅草弾左衛門は、江戸時代に幕府の下にあって、東日本全域の被差別部落民を支配した人物でした。その弾左衛門を主人公にして、いまなお解決されずに存在する被差別部落に着目した塩見さんの小説は、現代の社会をどんなふうにとらえていくのかという視点をも示すものとして、作家の野坂昭如さんに絶賛されました。

この本の成功は、塩見さんを世に送り出したことに止まりませんでした。読者の一人の礫川《こいしかわ》全次さんが、当時絶版となり、埋もれていた後藤興善《こうぜん》著『又鬼《マタギ》と山窩《サンカ》』（四〇年、書物展望社）を佐藤さんに紹介したのです。批評社によって復刻された『又鬼と山窩』（八九年六月／〇五年八月二刷）の刊行は、歴史民俗学の領域を批評社にもたらしました。

よく売れたものに、礫川全次・田村勇編『犯罪の民俗学　明治・大正・昭和犯罪史から』（九三年六月）と『犯罪の民俗学2』（九六年五月）や、下川耿史《こうし》・田村勇・礫川全次編『女装の民俗学』（九四年一月）そして、礫川全次著『サンカと説教強盗　闇と漂泊の民俗史』（九二年六月／九四年一二月増補版）があります。さらに、礫川全次編『糞尿の民俗学』歴史民俗学資料叢書第1期第1巻』（九六年一〇月／〇五年八月二刷）の刊行から第二期（全五巻）まで、通巻全一〇巻に及ぶシリーズになりました。

広告業界最大手の企業に電通があります。ある日、生物の世界に関心を持つ佐藤さんが、その会社が出している新聞『電通報』を見ていたとき、これは面白いと思う記事に出会いました。それは、西山賢一さんが連載していた『ニッチを求めて』という論考だったのです。埼玉大学経済学部教授の西山さんは、文化生態学を専門にする学者です。佐藤さんはこの記事で、ニッチという聞きなれない言葉が、生態学の用語で、「つぼを得る」とか、「ピタッといく」とかという進化生態学の用語であることを知りました。

画一的な環境の中では、生物は萎えてしまい、生命力が維持できません。多様な選択肢に恵まれたときに生物は、最適な居所、住処を確保して繁殖を繰り返します。生物である人間は、そういう画一化されない多様な文化が必要なのです。そのために、文化が画一的になると精神が萎えて体力も衰えるのです。多様な選択肢の中で最適なものを見出したとき、人間の文化も広がり、発展していきます。そういう意味あいから西山さんは、ニッチが人間の存在に必要な文化のキーワードととらえているのです。

批評社は西山賢一著『ニッチを求めて』（八九年三月初版／九四年二月増補版）を刊行し、同社のPR誌『Ｎｉｃｈｅ』を一八号（〇五年五月）まで刊行しています。

創業以来三人ほどの社員で、贅沢な生活を追い求めずに意欲的な著作を出し続けていくことが、出版社にとっては一番理想的なことと、佐藤さんは考えています。

（〇五年九月二〇日）

社会評論社

四一年に韓国・釜山に生まれ、倉敷市水島に引揚げて、六一年に岡山大学に進学した松田健二さんは、折りあるごとに地元では手に入らない書籍やミニコミ誌を求めて大阪まで出かけて行き、書店めぐりをしていました。貪るようにして読んだ高橋和巳著『悲の器』（河出書房新社、六二年九月第一回文藝賞当選作、一一月単行本）は、こうして求めた本の一冊でした。とにかく東京に行きたい。それが松田さんの本心からの願いでした。

当時法政大学経済学部では、同じ岡山県出身で日本の経済学界に大きな影響を与えた宇野弘蔵教授が、「宇野学派」を形成していました。そうだ！　東京の大学へ入ればいい。六五年四月、松田さんは法政大学経済学部に編入したのです。

直接指導を仰いだのは、その著作『レーニンの農業理論』（六三年一一月、御茶ノ水書房）が広く読まれた渡辺寛教授でした。その頃の渡辺ゼミには、著作の影響を受けた「三派系全学連」の学生活動家が集っていました。彼らの思いは、六〇年の「安保闘争」のときに学生運動があれだけ盛り上がったのだから、政治的な立場を超えて、もう一度これからの日本を作っていこうというものでした。分裂した全学連を統一して再建するというのが、

「三派系全学連」世代の合言葉だったのです。

六七年三月に法政大学を卒業した松田さんは、神奈川県川崎市で学習塾を始めました。それから一年が過ぎた頃に法政大学時代の友人、井上雅雄さん（現在立教大学で労働経済学を教えています）の結婚式に参列した松田さんは、その会場で井上さんとの共通の友人だった佐藤英之（現・批評社代表）さんと再会しました。佐藤さんは、六八年春からぺりかん社に勤めていたのです。この再会がきっかけとなり松田さんは、就職試験も受けずにぺりかん社に入り込みました。

もしもあの時、佐藤さんと再会しなかったら学習塾を続けていたかも知れません。再会がもたらした編集者生活の始まりから、「ぺりかん社内社会評論社」に移籍して、「社会評論社」が独立するまでの経緯は、「批評社」の紹介の際に述べました。ここでは、教育関係の本で出版活動を始めたいきさつを見ておきましょう。

地元に根を下ろしたいとの思いから、その頃横浜国立大学で学生運動をしていた人たちの中には、松田さんが暮らす川崎市や隣接する横浜市の学校を意識的に就職先に選ぶことがありました。その横浜国立大学卒の教育グループが中心になって、「反戦教師の会」を結成していました。この会に、川崎市の定時制高校の教員をしている松田さんの奥さんが参加していたのです。川崎の小学校の先生をしていた村田栄一さんや、横浜の小学校の先生をしている野本三吉さんもおりました。松田さんは奥さんを介して、野本さんや村田さんと知り合い、社会評論社の最初の本、野本三吉著『不可視のコミューン』（七〇年九月）と村田栄一著『戦後教育論　国民教育批判の思想と主体』（七〇年一一月）を企画したのでした。

『戦後教育論』は、国家意思の伝達者たることを拒否する教師・村田さんの思想的原点です。この本を発展させたら、多くの教員たちの共感を呼ぶだろう。社会評論社は、毎号テーマを決めて現場の先生方に執筆を依頼する雑誌を企画しました。こうして、先生方の原稿を村田さんが編集した『教育労働研究』（七三年四月創刊～七八年一二月一一号）を年二回刊で始めました。

またかつて村田さんは、ある出版社から新書判で『飛び出せちびっ子』という本を出していました。それは村田さんが父母と小学校一年生の子どもたちに向けて謄写版《ガリ》で書いていた学級通信『ガリバー』を活字にしたものでした。村田さんは、この本を謄写版刷りのままで復刻する機会を待っていました。そのほうが、村田さんが自身の教育をどのように対象化しようとしたかを生のまま伝えられるからです。

謄写版刷りを写真に撮ってそのまま復刻した『学級通信ガリバー』（七三年一〇月初版／九九年四月増補改訂版）は、教育のあり方を根本的に考え直そうとする全国の教師の需要を引き出しました。教員が開催する各地の集会に出向くと、持ち込んだ在庫が底をついたのです。悔やまれたのは、七三年一〇月に起きた第一次石油ショック後に生じた用紙の欠乏で、重版したくとも用紙がなかったことでした。あると聞けば、付き合いのない地方にまで直接出向いて調達したりもしました。苦闘の末にこの本は、一万二千部を売るヒットとなりました。

「理念や目指すものがあって出版界に入ったのではないのです。基本的には、人間と人間の関係の中でしか、企画は出てきません。特別に崇高な理念があって、企画を出すというわけではないのです」と、松田さんは自らの出版活動を語りました。この言葉に裏打ちされるように社会評論社は、編集委員会制度を採用し、出会った著者との連携で単行本を企画してきました。

六〇年代後半から七〇年代初頭にかけて、女性の総合的地位の向上を求める機運がひときわ高まり、欧米のフェミニズムの理論と運動が日本でも次々に紹介されていました。時代を開いたフェミニズム運動は、ウーマン・リブと呼ばれ、いままでの男性中心で、家父長制のとりでを築き、男性優位を当たり前としている社会体制と対峙する思想が説かれました。

この時代の活動家の一人に田中美津さんがおりました。松田さんは運動に参加している高校時代の友人の吉清一江さんや舟本恵美さんたちに編集委員になってもらい、『女・エロス』（七三年一一月創刊～八二年六月一七号）を刊行しました。年二回刊で、筆者は全部女性でした。この路線から生まれた本に、田中美津著『何処にいようと、りぶりあん　田中美津表現集』（八三年一〇月）や社会主義理論フォーラム編『挑戦するフェミニズム』（八六年一月）などがあります。

七四年一二月に創刊号を発行し、今なお刊行をつづけている雑誌があります。それは、当時、日本で唯一の在日朝鮮人教育全体に関する学者・理論家であった小沢有作さんが中心になっていた「朝鮮問題研究会」が編集する『海峡』です。この刊行で、社会評論社に在日一世の方々との交流が生まれました。朴慶植（パク・キョンシク）著『天皇制国家と在日朝鮮人』（七六年七月初版／八六年一〇月増補改訂版）や、高峻石（コ・ジュンソク）著『南朝鮮学生闘争史』（七六年一〇月）などが刊行されました。

その後この路線は、社会にアピールする一般書を刊行することで、活動の領域を広げていきました。注目された一般書に、「ひとさし指の自由」編集委員会編『ひとさし指の自由　外国人登録法・指紋押捺拒否を闘う』（八四年七月）や韓国ＶＩＥＷＳ編集委員会編『冷戦と分断をこえて　韓国ＶＩＥＷＳ①』（九二年一二月）そして、韓国の諸雑誌をもとに編集した仁科健一・舘野皙《あきら》編『韓国庶民生活苦労噺［新韓国読本］①』（『新韓国読本』は九四年二月〜〇〇年五月一〇号）などがあります。

法政大学在学中から親交のあった「宇野学派」の研究者が編集委員会を作って刊行した雑誌もありました。『経済学批判』（七六年一一月創刊号〜八三年一一月一四号）で、これも年二回刊の定期刊行物でした。その編集委員であった降旗節雄さん（現・帝京大学教授）の著作集（全五巻）が、〇五年二月に完結しています。

反戦や反権力に関心のある若者たちを読者層に取り込み、順調に業績を伸ばしていた社会評論社の出版活動に翳りが見えてくるのは、七〇年代後半に入り、大学ごとに結成された「全共闘」運動や新左翼が、社会から孤立していった時期と同じ頃でした。これを機に佐藤さんは独立を選び、七八年九月に批評社を創業しました。

松田さんは、左翼運動の危機の中で、新たな理論・思想を創るために雑誌を出したらいいのではないかというういいだももさんの提案に乗り、立て直しを図ったのでした。

それぞれの分野から二〇人ほどが編集委員会を作り、『季刊クライシス』（七九年一〇月創刊号～九〇年一月／四〇号）が刊行されました。この企画に沿い、新東京国際空港（成田空港）建設に反対する三里塚闘争の中から生まれた本に福島菊次郎写真集『戦場からの報告　三里塚・終わりなきたたかい』（八〇年五月）などの運動関係の著作があります。

三～六名の社員で、三五年間で八〇〇点を超える旺盛な出版活動を社会評論社はこなしてきました。休む間もなく刊行し続けて来た活動を松田さんは、「あっち出したり、こっち出したり、特に反戦運動をやろうというのではなく、なんとなくそういう人間関係ができて、そういうのを出している」と、軽い調子で振り返ります。

八〇年代後半に「フォーラム９０ｓ」という団体ができました。社会評論社は、その会の『月刊フォーラム』（九二年五月創刊号〜九七年一二月号）を刊行しました。その過程で委員会に関わっていた中央大学名誉教授の伊藤成彦《なりひこ》さんと出会いました。『軍隊のない世界へ　激動する世界と憲法第九条』（九一年三月）、『軍隊で平和は築けるか　憲法第9条の原理と私たちの選択』（九五年四月）などの刊行は、憲法をめぐる焦点を縦横に論じて、アジア・太平洋地域の人々との共生を目指すものでした。

そういえば、〇三年八月一五日に久米宏さんが司会をしていたテレビの報道番組で紹介された本がありました。それは、松岡環《たまき》編著『南京戦　閉ざされた記憶を尋ねて　元兵士１０２人の証言』（〇二年八月）です。大阪の小学校の女性教師である松岡さんは、八八年から元日本兵に会い、南京戦の聞き書きをしてきました。市民運動を組織して、各地で南京大虐殺絵画展を開催し、受難者を招請して南京戦証言集会を開いているのです。松田さんは、八月一五日の特別番組を当て込み、この本の情報をテレビ局に入れたのでした。番組では、版元名を告知せずに放映したにもかかわらず、翌日の社会評論社の電話は鳴りやまなかったのでした。瞬く間に一万部を超えたこの本は、〇三年九月に、日本ジャーナリスト会議賞を受賞しました。松岡さんの意向で、つき合わせるように出された続刊

『南京戦　切りさかれた受難者の魂　被害者１２０人の証言』（〇三年八月）が刊行されています。

〇五年夏に短期間で重版した本がありました。日本が韓国を併合した一九一〇年に、初代朝鮮総督によって、韓国で「愛国蔵書灰燼」と呼ばれる焚書が行われ、数十万冊が焼却されました。この事実を伝えるのは、加藤一夫、河田いこひ、東條文規《ふみのり》著『日本の植民地図書館　アジアにおける日本近代図書館史』（〇五年五月／〇五年八月二刷）です。旧植民地図書館の活動を概観したこの本は、図書館が社会教育機関としてどのように機能してきたかを考察しています。

たまたま法政大学に入って、そこで佐藤さんと会わなかったら…。あの時、ぺりかん社が別会社を起こさなかったら…。社会評論社は、そういう偶然性の中で続いてきただけの出版活動ですと松田さんは語りました。とにかく行きたかった東京で松田さんが手に入れたもの、それは、偶然という宝の山だったのでしょう。

（〇五年一〇月二〇日）

春秋社

セピア色に変色した写真を取り出して、春秋社代表取締役社長の神田明さんは「ここが出生の地です」と話を始めました。その写真には、東京駅八重洲口の北側、中央区呉服橋に居を構えた春秋社の社屋が写っていました。そこで神田さんが生まれた一九三六年は、日本の軍部が政治の中心に関わり、日中戦争、そして太平洋戦争へ突入する転換点になった年でした。幼少の頃に、その社屋の一階から地下室まで、本を運ぶ手伝いをしていた記憶があると神田さんは言います。

四五年三月の東京大空襲で春秋社は、社屋と在庫品および紙型一切を消失しましたが、大正時代から出版業を営む家に生まれた神田さんは、慶應義塾大学経済学部を卒業して大手家電品メーカーに就職して二二年間勤めたあとに春秋社に入り、八二年に社長に就任したのでした。

もう一枚の記念写真。それは、『トルストイ全集』の監修者及び翻訳担当者の集合写真です。それによって、春秋社創業の頃を知ることができました。後列左から二人目に神田さんの祖父・神田豊穂さんが写っています。

豊穂さんは、中学時代から文学を志して泉鏡花に私淑し、思春期にはキリスト教に道を求めるなど、理想主義を奉じる思春期を過ごしました。二二歳の時に日本の伝統芸能・喜多流の謡曲の本の出版社「わんや書店」に入り、雑誌『能楽』の記者や『謡曲界』の編集を担当しました。一八年八月、三五歳の時に豊穂さんは勤めていた同社を退職します。

　そして明晰な頭脳と闊達な精神と明敏な勘をもった豊穂さんは、その退職金を充てて資金とし、力量を認めたわんや書店の主人らが出資者となり、わんや書店に資金を出していた銀行家を補佐役に招きました。豊穂さんから三人目に、わんや書店で部下だった古館清太郎さん、四人目に古館さんが連れてきた植村宗一さん、右端に古館さんの同郷の先輩、加藤一夫さんが写っています。これらの方々によって春秋社は創業されたのでした。この頃の日本の出版社は、二〇〇社に満たなかったようです。

　出版すべきものがまだ決まっていなかった春秋社に相談を受けると、即座に植村さんは、『トルストイ全集』（全一三巻）刊行の発案をしました。巷では、一四年に帝国劇場で、島村抱月の率いる芸術座によって「復活」（トルストイ作）が上演されたときの劇中歌、「カチューシャの唄」が一世を風靡していました。また、一七年のロシア革命そして、一八年八月二日のシベリア出兵と、世間の関心はロシアに向いていていました。トルストイを崇拝していた神田さんは、この発案をすんなりと受け入れたのでした。

　一九年六月より刊行された『トルストイ全集』は、想像を絶する反響を呼びました。当時の出版物は、初版五〇〇部を想定していましたが、一八年一〇月の締め切りまでに会員募集に応じた予約数は五〇〇〇を超えたのです。春秋社の基礎は創業の企画で一気に固まったのでした。

しかし、出版者としての堅実な資質をもった神田さんは、次第に植村さんの人柄に隔たりを感じるようになり、一年ほどで絶縁してしまいました。

余談になりますが、後にこの植村さんは、「植」の字の偏と旁を分解した筆名、「直木三十五」で流行作家として認められ、没後の三五年に文藝春秋が、大衆文芸の新進作家に贈る「直木三十五賞」を設定して、現在までその名を称えています。

大きな企画を手がけて柱を作る。それを成功させたあとに付随する関連書を出してその分野をより深めていく。春秋社の大型企画は創業の一冊に止まりませんでした。『ドストエーフスキー全集』（全一四巻、二〇年）、そして二一年には、机竜之介という新ヒーローを生み出して大衆文学の原点を形づくった中里介山著『大菩薩峠』（全一〇巻）の刊行を始めました。この年には続いて、人間としての争いのない生き方を求めて求道の日々を重ねた西田天香さんの著作『懺悔の生活』を出しています。この本は、刊行後八ヶ月で一〇〇〇版という記録的部数を達成して、思想界に大きな影響を与えました。当時の春秋社は、「企画したもので当たらないものがない」と評されました。

この頃に、豊穂さんが若い頃に深い影響を

受けた文学、宗教、思想、哲学を刊行する出版理念が確立され、同社が刊行した著作は、「春秋社物」と呼ばれるまでになりました。

昭和に入った頃の出版界では、不況打開策として雑誌と同じように書籍を低額のイメージで継続購読させることが要望されました。それに応ずる形で登場したのが〈円本〉でした。二六年から二九年にかけて流行した、定価一冊一円の予約刊行物がこう呼ばれたのです。二六年に改造社が募集した『現代日本文学全集』（全六三巻）は、約二三万部という予約をとりました。たちまちほかの出版社も、円本形式による全集類を争って企画・発行し始めました。すでに出版社としての地歩を固めていた春秋社は、『世界大思想全集』（全一二三巻、二七年より）を刊行して、一二万部を売りました。

また、春秋社は、「能楽」に関連する著作をいくつか手がけたあとに、世界に視野を開いた『世界音楽全集』（全九〇巻＋別巻五巻、二九年より）の刊行を始めました。これは、古典的な名曲から現代音楽までを網羅する楽譜集です。しかもシンフォニーといった大掛かりなものからハーモニカにいたるまで、あらゆる種類の音楽の楽譜を刊行するものでした。

謡曲の師範でもあった豊穂さんは、春秋社創業後もその嗜好を持ち続けていました。自ら嗜む音楽好きとはいえ、趣味が高じての企画とは思えません。なぜなら、音楽や楽譜集の刊行は、どのような時代にあっても不変的な価値を持ち続けることを見通しての企画だったのです。この路線は、戦後の高度経済成長期に市民が求めた「豊かな生活」を象徴する情操教育の高波に乗り、春秋社に安定をもたらすのですから。

戦災ですべてを失い、戦後の困難な時代を乗り越え、春秋社を復興したのは、四一年に豊穂さんのあとを継いだご子息の龍一さんでした。龍一さんの時代から今日までに話を進めましょう。

音楽全般を対象にした『世界音楽全集』は、著作権に抵触してすでに絶版にしていました。その後を受けた『世界音楽全集』は、ピアノの楽譜集でした。春秋社は、ピアノ教育の中で誰もが弾かなくてはいけない登竜門であるバッハの「インヴェンション」(『バッハ集4』世界音楽全集　ピアノ篇　井口基成校訂版)を四四年に刊行しています。それが今日では毎年、一八、〇〇〇部から二万部を重版しているのです。教育的な指導に適した実践的な楽譜として音大生や愛好者から、ピアノを弾くのだったら春秋社版と絶賛されるほどの定評をもつ井口基成校訂版は、『ウェーバー集』(世界音楽全集　ピアノ篇)を中心に、全四九曲を数えます。

楽譜がもとになって教授法といった音楽書に広がりました。『井上直幸ピアノ奏法』(九八年一一月)を紹介しましょう。井上直幸さんは、NHK番組「ピアノのおけいこ」への数度の出演で多くの視聴者に知られました。

一般にピアノの教授法というと、培ってき

たある種の演奏法を楽譜に即してこういう風に弾いたほうがいいと、上から下へ教えていく、伝授するというスタイルです。

「ぼくはこう弾くけれど、君はどう弾いてもいいのだよ」

井上さんは、弾きたいと思う人と同じ姿勢に立って、ピアノを楽しむにはどうすればいいのか、もっと自由になってもいいじゃないかというのを基調にしています。二五〇〇部からスタートして、吉田秀和さんの朝日新聞での書評を受けて勢いがつき、半年ほどで一二刷に達しました。〇〇年三月に出した『井上直幸ピアノ奏法ビデオ版1、2』は、〇〇年五月で一〇刷、各一二〇〇〇部が売れました。〇五年一〇月には、『井上直幸ピアノ奏法　DVDブック版1、2』が刊行され、ピアノを弾かない人の購入も増えています。専門書と一般書の中間を埋める活動を進める春秋社の真骨頂ともいえる企画です。

一般書として刊行して話題作となった本があります。〇四年のアカデミー賞主要三部門を受賞した名作『戦場のピアニスト』の原作を春秋社は、〇〇年二月にウワディスワフ・シュピルマン著／佐藤泰一訳『ザ・ピアニスト』という邦題で刊行していました。イギリスで刊行された英訳版を読んだロンドン在住のピアニストから春秋社に、「とてもいい本だから、日本の読者にも読んでほしい」とのFAXが届いたのがきっかけでした。映画化と同時に改題、新装版とした『戦場のピアニスト』（〇三年二月）は、一〇万部を超えてベストセラーとなりました。

こう述べてくると、戦後の春秋社は音楽書を中心にした出版社と思われるかも知れません。しかし、楽譜の販売は一部の書店と楽器店に絞られ、全国の書店では、「近代日本最大の仏教者」と称され、自らの禅体験や仏教研究を基に、仏教（特に禅）を西洋へ伝えようとした鈴木大拙さんの著作集『鈴木大拙選集』（全二六巻、五三年）を始め、多くの仏教書を出しているところから「宗教書の春秋社」と目されています。

戦後の春秋社は、宗教書に代表される戦前からの路線に経済楽・経営学・会計学書を加えて人文書全般に関わってきました。宗教、医療、心理、文学評論。これらを柱にした出版活動で特徴的なのは、豊穂さんがそうであった様に、単にその分野の専門家というよりは、一つの領域に収まらない著者を取り上げていることに気づきます。

『柳宗悦選集』（全一〇巻、五四年〜五五年）。柳さんは、民芸運動を起こした思想家であり美術評論家です。三・一独立運動に対する日本政府の弾圧を批判しました。同時に、朝鮮美術（とりわけ陶磁器など）に注目し、当時ほとんど省みられることのなかった朝鮮の陶磁器や古美術を蒐集して、二四年にソウルに朝鮮民族美術館を設立するなど、朝鮮の文化にも深い理解を寄せました。

栽培形態が最も自然に近い独創的な農法を実践、普及する福岡正信さんは、『自然農法わら一本の革命』（八三年五月初版／〇四年八月新版）など、春秋社から六点の著作と一点のＤＶＤブックを出し、いずれもがロングセラーとなりました。農業とエコロジー、そして環境問題の視点から注目されています。

そしていま神田さんが注目する人に、春秋社から一〇点の著作とＣＤブック一冊を出した葉室頼昭さんがいます。葉室さんは、日本の先駆的な形成外科医として開業する一方で、春日大社の宮司を務めています。他者と対立せずに相手と一つになろうとする〈共生〉のあり方を語った『神道と〈うつくしび〉』（〇五年八月）が部数を伸ばしています。

著者と春秋社との長期にわたる信頼関係を通して、創業七〇周年記念出版として企画され、八八年一二月から一〇年間をかけて九八年一〇月に完結した『決定版　中村元選集』（全四〇巻）があります。中村さんは、インド学の専門家でありながら仏教思想にとどまらず、西洋哲学にも幅広い知識を持ち、思想における東洋と西洋の超克を目指していました。そのどれもが一流の仕事として評価されています。学者として研究するのみでなく、一般への東洋思想の普及にも尽力しました。完結後間もなく中村さんは、それを見届けるようにして亡くなられました。この選集は文字通り中村さんの「主著」となりました。

専門書から一般書までをほどよく目配りして、その中間を埋めるものを大切にする春秋社は、「主著」を企画することを目指して活動を続けています。

（〇五年一一月二〇日）

ドメス出版

日本の桜の七割を占める代表的な桜・ソメイヨシノは、江戸時代後期に、江戸染井村（現在の豊島区駒込）の植木屋が「吉野桜」として売り出したのが、吉野（奈良県）産の桜と紛らわしいということで、産地の「染井」が冠せられ「染井吉野」という名前になったと言われています。その植木の里は、江戸中期から明治時代にかけて、日本の園芸史上に大きな足跡を残しつつ近代の急激な都市化の中で消滅していきました。

東京駒込の植木の里を生活と文化の視点から考察した著作に、川添登、菊池勇夫著『植木の里　東京駒込・巣鴨』（ドメス出版「生活学選書」／八六年六月）があります。

駒込駅構内の土手一帯に植えられたつつじは、かつての植木の里を髣髴とさせる見事な植え込みですが、そのつつじの花の真っ盛りの駒込駅に、新たな希望とちょっぴりの不安とを抱えたドメス出版編集長の鹿島光代さんが降り立ったのは、六九年五月一日のことでした。

メーデーを祝うかのように晴れ渡った青空に映えるいろとりどりのつつじが、心なしかこれまでのどの年よりも鮮やかに見えた。

（鹿島光代著「著作集刊行から学会成立まで」、日本エディタースクール出版部編『本の誕生　編集の現場から』日本エディタースクール出版部／八一年九月）

と、そのときの印象を記しています。その日は、駒込駅から徒歩一分、木造のお茶道具店の二階に、一〇坪ほどの部屋を借り受けて産声をあげたドメス出版の創業の日だったのです。

五七年に時事通信社を退職して評論活動に入った重松敬一さんは、大手医学書出版社・医歯薬出版社内に、生活科学調査会を創設しました。この生活科学調査会は、機関誌『生活の科学』を創刊し、新たな切り口で社会教育関係図書の企画、編集、執筆を行い、普及活動を展開していきました。ところが、六八年八月に重松さんは、志半ばでがんに倒れたのです。

重松さんの友人であった医歯薬出版会長の今田喬士さんは、重松さんの遺志を継ぎ、研究活動を基本に据えて、本格的な出版活動を目指すドメス出版を創業しました。その際に、当時、医歯薬出版にいた鹿島さん、鈴木年枝さん、秋谷かをるさんたちに運営を任せたのです。社名とした「ドメス」は、「家政学」を意味する「ドメスチック・サイエンス」から採りました。それは、自然科学的な傾向の強い家政学に対して、一歩進めて人間の生活自体をとらえる、社会科学の視点に立つ生活学を目指すものでした。

まず、自分自身が自分らしく生活できる社会を、どのように築いていくかといった学際的な研究から始めることにしました。ほぼひと月後には、生活科学調査会時代から支援してくれた一番ヶ瀬康子さんを中心に、生活を体系的にとらえようと試みた『講座・現代生活研究』の編集会議がもたれました。泊まり込みの合宿討論や各分野の専門家の参加を求めた研究討論会が、草創期の溢れるような情熱を抱いて繰り返されたのです。その成果は、園田恭一、田辺信一編著『生活原論』（講座・現代生活研究Ⅱ、七一年八月）の刊行に始まり、四年をかけて全五巻に結実しています。

研究討論会を始めて間もない頃のことでした。一番ヶ瀬さんから今和次郎さんを講師に招いてはどうかという提案がありました。戦前に柳田国男さんに師事した今さんは、民家、住居、服装などの広範な学問領域、そして考現学という独創的な学問の創始者として知られていました。一番ヶ瀬さんは、戦後、「生活学への空想」を発表するなど、先駆的な業績を持つ今さんを高く評価していたのです。

今さんがドメス出版の会議室にやってきたのは、六九年六月三〇日のことでした。そこで今さんは、「生活の改善とは」という講義をしました。鹿島さんはその日から数日後に、今さんの自宅を訪ねています。

今先生のお宅に私は何でうかがったのであろうか。たぶん先日のお礼と当日の講義を『講座　現代生活研究』にいただけないかと頼みに行ったのだろうか。いろいろなお話をしているうちに、先生は、なにげなく、「この日本の繁栄は、アジアの人たちの人間以下の生活の上に成り立っているのだよ」といわれた。

かつての日本の植民地で育った私は、ハッとした。何か全身に電流が走ったようだった。（中略）私の乏しい知識・人間関係のなかでも、支配階級と被支配階級、資本主義と植民地などの関係について読んだり聞いたりしたことはいくらもある。だが、それらはいつも理論であった。こんなに人間に即して、生活に即して、温かい目で、ある哀しみをさえただよわせて話した人があっただろうか。理論でなく人間の心から語られたこのひとことに、私は深く感動した。

（前掲書）

鹿島さんは今さんに惚れ込んでしまったのでした。生活学を体系化する出版活動の手始めに、今さんの戦前からの著作のすべてを網羅する、全体として資料性の高い全集の刊行が企画されました。Ａ５判・上製貼函入り・全九巻・図版総計一七五〇枚・各巻平均五五〇ページという大きな企画の第一回配本として、『考現学』（今和次郎集１　梅棹忠夫解説）が、『講座・現代生活研究』の刊行に先行して七一年一月八日に取次に搬入されました。全九巻を完結させたのは、七二年五月のことでした。

完結で、注文が舞い込んでくるようになった頃のことでした。企画・刊行をすすめた学者たちの間に思いがけない話が持ち上がりました。この集まりを継続させて、親睦会をかねた「今先生を囲む会」を作ることが提案されたのです。続いて、囲む会が母体となって、今さんを初代会長とする「日本生活学会」が組織されました。『今和次郎集』の刊行が一つの学会を誕生させるという発展をとげたのでした。

その後ドメス出版は、日本生活学会が編集、あるいは監修する『生活学論集』(全三巻、七六年一二月〜七九年七月)、『年刊　生活学』(第一冊、七五年一二月〜第二八冊、〇三年一〇月)、『生活学選書』(八点・八四年一二月〜)などを刊行し続けています。

八二年一一月には、建築学の立場から日本生活学会に参加している早川和男さんらの呼びかけで、「住居は人権」を基本理念に、命の器としての住居を訴える「日本住宅会議」が創られました。ドメス出版は、日本住宅会議編『住宅白書』を八六年以降、隔年で刊行しています。

七二年の国連総会でのことでした。性差別撤廃に世界的規模の行動でとりくむために、七五年を「国際婦人年」として、七六年から八五年の一〇年間を、「国連婦人の十年」にすることが決まりました。これを機に、女性の社会的地位の向上を求める機運がひときわ高まり、欧米の理論と運動が次々に紹介されました。

「目をみはるような運動でした」と鹿島さんは言います。衝撃を受けながらも鹿島さんは、それゆえにこそ、日本での「婦人解放運動」に献身した先輩たちの足取りをしっかりと見定め、その遺産を踏まえなくてはいけないと思い定めました。そうすることが、新しい展開の礎になる。

ドメス出版が、近代の黎明期から現代までの婦人問題に関するあらゆる資料を、体制側、反体制側を問わずに収集し編集した資料集『日本婦人問題資料集成』（全一〇巻）の企画にとりかかったのは、七一年のことでした。編集委員には、市川房枝、赤松良子、一番ヶ瀬康子、丸岡秀子さんら七人が就任し、責任をもって各巻をまとめました。第一回配本『家族制度』が刊行されたのは、七六年二月のことであり、完結までにそれから五年を費やしました。完結後、『日本婦人問題資料集成』は、女性史研究の基礎資料として多くの研究に役立てられ、八一年の毎日出版文化賞特別賞の栄誉に浴しています。基本文献として役立つものと評価されたことが一番の喜びでした。

女性ばかり三、四名のスタッフで、大きい企画を可能にしているのは、ドメス出版の出版活動が出版を土台で支える人々の職業意識と、編集者のひたむきな心意気とが共鳴して、一つひとつの仕事を成し遂げているからです。八三年一一月二日付朝日新聞の「天声人語」欄に次のようなエピソードが紹介されました。

喉頭がんで六回に及ぶ手術を重ね、声を失

っていた村上信彦さんは、それでも執筆を続け、『大正期の職業婦人』（八三年一一月）の原稿を書き終えていました。一〇月初旬に校正刷りを持って病室に飛び込んできた鹿島さんに向かって村上さんは、「あ・り・が・と・う」と自分の手のひらに書きました。それからは、本の制作と病の進行との競争でした。一四日に意識不明。鹿島さんから話を聞いた印刷所や製本所の人たちは、突貫で仕事を進めてくれました。二一日にはカバーが刷り上がり、二五日には手作りの見本本が完成しました。枕元に届けられた三三〇頁の本を見て村上さんは、二、三度大きくうなずきました。三一日永眠。七四歳でした。お別れの日、誕生したばかりの本がお棺に納められました。

さらに役立つものを作りたい。ドメス出版の細やかな配慮を抱いた出版活動は、『日本婦人問題資料集成』の完結で終わりませんでした。完結から一五年が過ぎた九六年三月に、視点を変えてこれらを補完する新たな資料集、編集・解説千野陽一『資料集成　現代日本女性の主体形成』（全九巻）を企画から七年の歳月をかけて、一括刊行したのです。この本は、戦中から八〇年代に至るまでの女性の自覚的成長を、多面的・重層的に検証したものでした。

「志は高く、経営はいつも低空飛行」と明るく語る鹿島さんに嬉しい知らせが届いたのは、九六年一二月のことでした。『資料集成　現代日本女性の主体形成』の刊行など、持続的な取り組みを行うドメス出版の地道な出版活動に、第一二回梓会出版文化賞が贈られたのです。

七五年の「国連婦人の十年」の影響を受けて、全国の地方自治体や自主的グループの間で地域女性史への取り組みが盛んになりました。ドメス出版は、この仕事を数多く手がけています。それは、女性の問題を幅広く採り上げてきたドメス出版への信頼が、幅広く浸透していることを証明するものでもあります。

本作りは、呼びかけに応じて集まってきた人たちが、資料を発掘するところから始まります。その後の地道な作業の積み重ねで、表舞台にはのぼることのなかった、男性中心の歴史とは異なる地域の女性史を浮かび上がらせるのです。とはいえ、時には資料の読み方にさまざまな相違が現れることもあります。そのような歴史の襞を、参加者たちは、リーダー役の講師と一体となって解決していきます。それが、参加者の主体形成の一助になっています。

こうして、自治体などの手によって編集され、ドメス出版から刊行された最初の本に『夜明けの航跡――かながわ近代の女たち』（八七年一一月）があります。新刊に目を向けると、折井美耶子、新宿女性史研究会編『新宿　歴史に生きた女性一〇〇人』（〇五年九月）が目につきます。新宿を舞台に活躍した多彩な女性一〇二名に焦点をあて、その生涯を年譜をつけて紹介したこの本には、市川房枝、宇野千代、江上トミ、奥むめお、佐多稲子、壺井栄、宮本百合子さんらが登場しています。

九九年一一月に急逝された今田さんの後を娘の佐久間光恵さんが引き継いだドメス出版の出版活動は、つつじの花に祝福されて始まり、三七年間に六五四点の著作を刊行しました。中には大輪の花を開花させた著作がいくつも含まれています。著者と本づくりの現場に深く関わりながらも、つねに裏方に徹し、一貫して良質の本づくりの姿勢を崩さない編集者に会えたのは幸せでした。

（〇五年一二月二〇日）

韓国語版あとがき

四五年三月の東京大空襲で「春秋社」は、社屋と在庫品及び紙型一切を消失したことを本文で述べました。言うまでもなくそれは、一出版社のみが被ったことではありません。度重なる空襲により、印刷所や製本所も罹災し、用紙等をはじめ多くの資財を消失したのです。用紙割当制は、五一年五月まで続きました。輸送は混乱し、第一に編集・営業部員の徴兵と徴用で、要員が確保できませんでした。戦前から出版業を営んでいた日本の出版社は、戦後、このような困難な活動状況の中から再生への道のりを歩み始めました。

戦時中には凶暴な言論統制が敷かれていました。それを払拭し、ＧＨＱの統制下で始まった日本の出版界で復刊された書評紙『読書』の復刊第一号の巻頭で長谷川如是閑はエッセイ「対立意識の実現――ジャーナリズムの自由について」を発表しました。長谷川は、資本主義社会における新聞や出版物の、〝商品化〟を批判し、「ジャーナリズムは必ず一定の『綱領』を持つものの仕事でなければならない」（宮守正雄著『昭和激動期の出版編集者』中央大学出版部、〇五年五月刊）と述べたのです。言論・出版界の再生は、このような意識を前面に掲げてのものでした。

一方、人々は、新しい生活の手引きとなる

実用書の刊行を待ち望み、活字や図版の入った雑誌を渇望していました。

再開された戦後の出版活動をいち早く軌道に乗せたのは、戦時中に国策会社となっていた「取次店」の解体を受けて、大手出版社等が出資をして、一方に書籍、他方に雑誌を主に取り扱うように役割分担を担った二つの取次店を再建したことでした。こうして誕生した二社は、業態を整え社会的基盤を整備しながら、二大取次店として日本の出版流通に欠かせない存在となっていきました。

大手出版社は、雑誌の全国同日発売を実現すべく整備された出版流通網を活用し、雑誌・書籍のより多くの販売数を獲得するために、その返品をも許容しました。薄利で商う書店にとっては、委託販売を利用した仕入れ・見込み発注が商売の生命線となるのです。

このような業界の動きを国が支えた制度が、「再販売価格維持制度」でした。独禁法の例外規定である再販売価格維持行為とは、「生産者が取引の相手方たる販売業者に対して、その販売価格を指示し、遵守を求める行為」をいいます。この制度による契約によって、著作物は新聞などと同様に流通段階における価格競争が消滅し、定価販売が求められます。業界の慣例を追認したかのようにして五三年に導入された再販制は、その後、四〇年以上も公正取引委員会が指導的役割を果たして存続してきたのでした。

それが揺らいだ始まりは、七八年のことでした。この再販制の廃止が公正取引委員会の橋口委員長の発言として伝わったのです。以来、規制緩和の潮流に乗って、九四年の末頃から再び、再販制の廃止に向けた攻勢が公正取引委員会によって全国的に展開されました。

公取委の以前とは異なる見解に、多くの日本の出版人は「危機感」を持ちました。既得権として「再販制」を実施するのみでは遠からず廃止へと追い込まれる。そのことが現実味を帯びていました。

日本の出版界と親交の深い、韓国出版マーケティング研究所の韓淇皓（ハン・キホ）所長と私が出会ったのは、この再販制の「廃止」を視野に入れた議論が、業界の「弾力的運用」を促し、実行された〇二年秋のことでした。韓所長と、当時私が所属していた日本出版労働組合連合会（出版労連）との間で、両国の再販制の現状と今後の展望をめぐる意見交換の場がもたれたのです。その交流の際に、韓所長から日本の出版社を紹介するレポートを『松仁消息』誌に掲載する企画が出されたのです。韓所長のこの申し出は、私にとって、とても意義のあるお話でした。

戦後日本の民主主義の発展や、文化を嗜む国民性の形成に日本の出版業界は深く関わってきました。特筆することは、常に「少数意見」の代弁者としての出版活動が、戦後間もなくから連綿と続いていることでしょう。それらを担ったのは、経済的成功よりも、自らの信念に従い、出版活動を生きることそのものとした小出版社の代表者たちでした。これら、戦後に出版活動を始めた編集者は何を考え、何をなしてきたのか。

著者と本作りの現場に深く関わりながらも、つねに裏方に徹し、一貫して良質の本作りの姿勢を崩さない編集者たちを直接取材し、連載する機会を与えていただいたのでした。このようにして成立し、三年間にわたり連載した原稿を整理し、刊行した本書の韓国語版の出版権は、著者との独占契約により韓国出版マーケティング研究所に帰属しております。著作権法により、韓国内で保護を受ける著作物なので、無断転載と複製を禁じることにいたします。

最後に、執筆の機会を作ってくださった韓国出版マーケティング研究所の韓淇皓所長、最初は研究所の社員として、途中からはフリーランスとして翻訳の労をとってくださった朴祉炫（パク・ジヒョン）さん、そして研究所の職員の皆様に改めてお礼を申し上げます。

二〇〇六年九月

小島清孝

本の目利きNOTE

「宝塚アカデミア」

青弓社

隙間をついた出版活動で定評のある青弓社から持ち前の批評精神を全面に出した企画が健闘している。出版活動の醍醐味を感じさせる企画、『宝塚アカデミア』を紹介しよう。

国や地方自治体が立派なホールや劇場を作っても、観客の心をつかめないでいる現代にあって、宝塚歌劇団は、欧米では当たり前の一貫教育の役者作りで、専属の作者によるオリジナルを含む公演を自前の劇場で上演する独自のシステムで年間二〇〇万人の観客を得ている。また、NHK衛星第二放送では、ほとんどの公演が放映され、茶の間のファンも増えた。

歌劇団はいま、新しい時代に備えて、組数を五組に増やすなどの機構改編を検討し、「所詮、娘・子どものもの」といった貶めた評価から脱却すべく、開かれた演劇、ミュージカルとしての道を歩み始めている。

現代は、アニメの批評などを引き合いに出すまでもなく、ある時は優しく、そしてある時は厳しい批判をも含んで取り上げれば、ほとんどの商業行為が批評の対象となる時代だ。歌劇団を会社組織ではなく、個人商店のように思っている、献身的・熱狂的追いかけ派を読者対象とした、歌劇団の息のかかった雑誌の読者は一二万人といわれるが、それに飽き足りないファン層をターゲットにした。

　あるのはミニコミ誌のみで、全国的規模の批評誌不在といった側面を埋める企画の『宝塚アカデミア』は、重版なしの限定一万部発行の雑誌形式で、年間三号の発行を予定する。九七年九月末刊の『宝塚アカデミア3』は、退団した四人のトップスターを特集したこともあり、前二号よりも好調に推移した。

　企画の根底には、失敗することを避ける、儲かることがわかったら真似をすればいいといった大量志向の、安易なスタンスの出版社とは対極の、小出版社ならではの思考がある。

（九七年一一月三日）

北村年子著

『「ホームレス」襲撃事件　大阪・道頓堀川〝弱者いじめ〟の連鎖を断つ』

太郎次郎社

間もなく、創刊三〇〇号の節目を迎える教育総合誌『ひと』での連載を経て、北村年子著『「ホームレス」襲撃事件』が刊行された。

かつて大阪の釜ケ崎で半年を暮らし、「野宿労働者」の支援に取り組んだ体験を持ち、また、九五年一月の神戸の震災以来テント村に通いつめ、そこで、学校や家庭内での暴力から逃れてボランティアにやってきた家出青年と出会ったことのある北村年子さんは、九五年一〇月に起きた「道頓堀川『ホームレス』襲撃事件」の報道に接し、矢も楯もたまらず現地に飛んだ。北村さんには、「橋の上から落とした側と死んだ側」のそれぞれにつながる原風景が見えていた。

大阪ミナミの戎橋の歩行者専用の橋の上には、「居場所」を求めて集まる人の姿が絶えない。数年前からは、深夜に、ギターをひいたりしながら夜を明かす若者たちがふえた。

いつしか彼らは自分たちを「橋の子」と呼ぶようになっていた。みんなどこかしら傷ついた心をもっていた。

「野宿労働者」や「橋の子」への取材で、死んだ藤本さんは、元「日雇い労働者」であったことがわかった。しかし、二、三年前から は体がもたなくなり、この頃は、道頓堀周辺で段ボールを集めて、古紙回収業者に納める〝寄せ屋〟をしていた。主犯格として逮捕された青年〝ゼロ〟は、持病のてんかんのために学習障害を持つ、いじめられっ子だった。その後も、病気を理由に幾度も定職を追われた。

能率優先の競争社会からはじき出され、自分に、生きていく価値があると思えなかった〝ゼロ〟は、野宿者の何を嫌悪し、なぜ、藤本さんを襲ったのか。

著者は、被害者と加害者との双方を、ともに人間として受けとめ、事件の背後にある、弱者の思いを放置する現代社会の病理を、自らの体験を通してすくい上げた。

「事件」の真相を明らかにするために、〝ゼロ〟の控訴審を支援する著者は、「社会の共犯性」を鋭くついている。

（九七年一二月八日）

大巧社

『渡来人　尾張・美濃と渡来人』

森浩一、門脇禎二編

福井県丸岡町の歴史による町づくりに関わっていた考古学者の森浩一さんが、町にちなんだ歴史書を出したことが呼び水になり、城跡にある一筆啓上碑からヒントを得て「一筆啓上賞」を設けて、全国に母への手紙を募集した。

九四年四月、寄せられた優秀作品を収録した『日本一短い「母」への手紙』（大巧社）は、映画にもなり、八〇万部に達する大ヒットとなった。こうして、同社は大手取次店の口座を取得する。その後、受賞作をシリーズ化し、四点を刊行している。

代表の根岸徹さんは、山川出版社に一五年在籍し、一緒に始めた湯浅知英子さんも、七年ほどの経験を持つ。二人が同社を創業したのは、九一年四月のことだ。以来今日までに二〇点を刊行している。

同志社大学在学中に根岸さんは、森浩一教

授の指導を受けた。主に、森さんのキャッチボールの相手をしていて、勉強はしなかったと言うが、二人のキャッチボールは、その後も、長く続くことになる。森さんは、就職先を紹介し、独立の時は、顧問就任を引き受け、企画立案の相談にのっている。

九三年、愛知県春日井市が市政五〇周年の記念事業として、古代史をテーマにしたシンポジウムを企画した際に、森さんは、参与として実現に関わった。シンポジウムは毎年一一月中旬に、二日がかりで開催され、毎回一〇〇〇名を超える参加者を得て、すでに五回を数えた。同社は、開催の都度、基調講演や報告・討論などを、ほぼ一年かけて編集し刊行、シリーズ化している。

新刊の『渡来人』を見てみよう。ふつう「渡来人」というと、主に古代、日本列島に来て、住み着いて、原則としてお墓もあることがあげられる。この本では、尾張・美濃の渡来文化を考古学の成果をふまえて解説し、渡来人によってもたらされた、古代人の「豊かな」生活を紹介している。

根岸さんが語った「古代だから、辺境だから劣っているといったイメージでは、本当の人間の姿が見えてこない。そうした見方を崩していく、発想を変えていくところに歴史を学ぶ面白さがある」ということが印象に残る。

（九八年二月九日）

佐高信著

『高杉良の世界　小説が描く会社ドラマ』

社会思想社

社会思想社の創業五〇周年を記念して、A・トインビー著／深瀬基寛訳『試練に立つ文明』、E・フロム著／加藤正明ほか訳『正気の社会』など一〇〇点を揃えた「復刊&ロングセラー」フェアが、全国一〇六の書店で行われている。同社の五〇年の歩みは、戦後間もなく、戦時中に亡くなった東大教授・河合栄治郎氏の門下生が集まり、恩師の思想を広く世に伝えようと社会思想研究会を設立したことに始まる。

研究会はしばしば講演会を催し、月報などを刊行したが、会の運営を会費のみで賄うことは難しく、名著の刊行によって、研究会の資金に充てたらどうかという試みがなされ、一九四七年一二月に、社会思想研究会出版部が誕生した。創業間もなく、R・ベネディクト著／長谷川松治訳『定訳・菊と刀』などの翻訳書の刊行が大ヒットとなり、地歩を築いた同社は、五一年四月に、現代教養文庫を刊行し、同社の教養主義路線を特徴づけた。それは、経営基盤の安定に寄与することにもなった。

七七年九月に刊行したA・ヘイリー著／安岡章太郎、松田銑《せん》共訳『ルーツ』は、七代二〇〇年前の自らの祖先を探し当てる壮大な物語で、ルーツは流行語ともなり、上下巻合わせて六五万部を売り、黒人文学が日本の大衆に認められた最初の作品となった。

このような歩みをしてきた社会思想社には、固定の読者が多くいる。『経済小説の読み方』（八六年）以来、同社で、単行本六点、文庫一三点の著作を持つ経済評論家の佐高信さんもその一人。佐高さんの刊行書を一貫して編集した同社編集部の金沢清さんによれば、彼は学生のころから現代教養文庫を愛読していたという。

佐高さんの新刊『高杉良の世界』が刊行された。高杉さんの作品は、情報小説的要素と、人事小説、そして、モデル小説の三つの要素が絡み合い、解説書を読むよりも経済のことがよくわかる。徹底した取材を経て高杉さんは、三年前の『小説新巨大証券』で、大手証券会社のMOF担の実態を書き、大蔵官僚の腐敗を指摘した。高杉良の世界の格好の案内書であり、佐高ファンにも楽しめる本となっている。

（九八年三月二三日）

週刊上田新聞社

小宮山量平著『やさしさの行くえ　〝受容の時代〟によせて』

理論社の創業オーナーで、元編集長の小宮山量平さんは、九七年六月に自伝的小説『千曲川　そして、明日の海へ』（理論社）を発表した。この本は先頃、第二〇回山本有三記念路傍の石文学賞特別賞を受賞し、そして、今年の埼玉県公立高校の国語の入試問題に、その一節が採用されて話題となった。

出版人としての小宮山さんの経歴は、一九四七年から五三年にかけて、『季刊理論』を刊行したことから始まる。社会科学書の刊行を始めた小宮山さんとその理論社が、六〇年代からは、児童書に主な出版活動の領域を移し、山中恒、今江祥智、灰谷健次郎、そして、シナリオライターの倉本聰といった著者を得て、創作児童文学の山脈を作り上げていった。出版の領域を児童書に移したのは、一世代、二世代かけて日本人の自立的な精神の回復を待つ意味あいがあった。

その理論社に二三年間勤めた深町稔さんが、郷里の長野県上田市に戻り、新聞折り込み情報紙『週刊上田』を刊行するために設立された週刊上田新聞社に職を得たのは、八八年のことだった。『週刊上田』は、七二、〇〇〇部を発行し、上田市など一五市町村の全所帯の八六パーセントに配布される。

同紙が、短期間で地域情報紙として定着したのには、上田市に活動の拠点を移した小宮山さんとの再会が特筆される。深町さんは、小宮山さんにコラム、『昭和時代落穂拾い』の連載を懇請したのだった。同連載は九四年に単行本として発行された。

小宮山量平著の同社からの二冊目の刊行書が、『やさしさの行くえ』である。

小宮山さんはこの本で「私たちは今、迷うほど進み過ぎて途方にくれている。戻るとひと口に言っても世の中には摩擦が多く、利害関係もあり、簡単に戻れるものではない。しかし、回帰ということを実現するためには、私たちは本当にいろんなものを受容できる、幅広い精神でなければならない」と説いている。

（九八年四月六日）

中島誠著

『司馬遼太郎と丸山眞男』

現代書館

一九六七年七月、千代田区三崎町の塗装店二階（三坪）に事務所を借り、菊地泰博さんほか二名が、現代書館を創業した。菊地さんに出版体験はなかった。編集も校正も本を読み、実践で習得する牧歌的な出発である。

しばらくは、社内報や校正の仕事で社員の生活費を稼ぎ出す活動が続いた。ある日、そんな先行きのない状況が好転する。学生運動華やかなりし時代の空気をつかんだ企画の成功である。四〇代以上の教員で知らない人はいないという「反教育シリーズ」の刊行がそれだった。一冊二五〇円から六五〇円の小冊子だが、たとえば教研集会などでは二〇〇〇部と、持ち込んだだけの部数を売り尽くした。出版に対する興味のみで始めた菊地さんはこうして、初期の基盤作りに成功した。

創業から三〇周年が過ぎた現代書館の新刊の中から、菊地さんの一押しの本を紹介しよう。九六年の二月と八月に、司馬遼太郎（享年七二）と丸山眞男（享年八二）が亡くなった。菊地さんはこの報道に接したとき、同年に死に、出身地（大阪）も、何年かの軍隊体験も同じで、「明治」は魅力的だと評価しながらも、昭和については、批判的であった二人をどう見るのか、執筆を中島誠さんにお願いした。

中島さんは菊地さんの企画にそって具体的に両人の「遺産」を検証していく。明治近代国民国家があらゆる点で成功裡に百二十余年の歩みを続けてきているのに、成熟した市民社会の欠落、家族を核とした地域市民社会一つひとつの文化が欠乏している。戦後日本には、一番大事なものが抜け落ちている、と中島さんは言う。そこから、両人とも、戦後の日本の歩みに大きな望みをかけ、ともに絶望して亡くなったと説く。

両人の似ている点、共通する問題意識、対照的な違いを、それぞれの作品と発言に即してじかにぶつけているこの本は、日本と日本人の座標軸を知る好著といえる。

（九八年五月一一日）

野村敏雄著
『新宿裏町三代記』

青蛙房

江戸風俗の「良心的出版社」として知られる青蛙房《せいあぼう》は、一九五五年一二月に劇作家・岡本綺堂の作品を世に遺すために岡本経一さんが創業した。このほど同社から、甲州街道の宿場町として「新宿」が生まれて三〇〇年を祝う記念行事に合わせて、一九八二年に刊行し版を重ねた後に、一〇年ほど品切れになっていた『新宿裏町三代記』が復刊された。時宜を得て品切れの本を復刊するのは、ほかの商品に比べ、本には、商品寿命の長さがあることの証左であり、そのような本を紹介する意義もあろう。

現在の東京都新宿区新宿四丁目。この街は、一八八七年に、行政により木賃宿営業指定区とされ、明治末から昭和にかけては、『東京市公報』に「誰もが知っている帝都の細民街旭町」と伝えられる貧民窟(スラム)となった。

この本と『葬送屋菊太郎』(青蛙房)の著

作を持つ時代小説家・野村敏雄さんは、この地の草分け的貸し家業を営む家に生まれた。その著者が、丹念に資料をあたり、古老の聞き書きを交えて、明治から昭和の三代にわたる風俗と、貧民窟の住民と、それを支える篤志家を愛惜あふれる筆でまとめたのがこの本だ。

『新宿裏町三代記』に登場する住民は、「土方、大工、左官、車夫、ばくち打ち、芸人、くず屋、拾い屋、どぶさらい、荷車の後押しをする立ちん坊、不就学児」等である。

「細民街の生活《くらし》が快適であるわけがない。……残飯で飢えをしのぐ毎日を送りたいとは思わない。ただ、あの世界をつぶさに見て育った私が、さいごに胸を張って言えるのは、私はあのシマの人びとから、両手にあまるほど、人間の豊かな心と、裸の愛をふんだんに分けてもらったということである」と述べるひとことに、著者の心意気がうかがえる。近代社会が踏み石としてきた庶民の悲哀と、それを跳ね返すしたたかな知恵が、胸を揺する一冊である。

（九八年六月二一日）

＊編集部注　引用文については、歴史的記述につき原文のまま掲載しています。

大橋良介著

『悲《ひ》の現象論序説—日本哲学の六テーゼより—』

創文社

「創文社が良心的で良い仕事をしていることなど、私如きがつけ足すべき必要はない」と作家の庄野英二さんは書いた。なぜか。創文社は、一〇〇年にわたって支持される本の企画を旨とするという評判をもつ出版社だからである。

たとえば『ハイデッガー全集』（全一〇二巻）は、著者自らが責任編集したクロスターマン版を基に厳密な校訂を施し、八五年の刊行以来二四点を出した。編集者は良い本に仕上がることのみを求めて原稿の仕上がりをひたすら待ち、そのため次回は、また完結は定かでない。それをよしとするのが創文社流である。

明るいエピソードは、と取締役編集部長の相川養三さんに尋ねたら、弘文堂から出た久保井理津男さんが、一九五一年一一月三日に創文社を創業した際の一冊、柳田謙十郎著

『わが思想の遍歴』の注文カードの第一号が、俳優の故鶴田浩二であったことぐらいだという。

大橋良介さん。創業以来、京都学派の流れをくむ著者が多い創文社だが、彼もその一人である。大橋さんは、『ヘーゲル論理学と時間性』で、哲学の本場ドイツで哲学のハビリタチオン（大学教授資格）を得た。日本人ではただ一人である。

その大橋さんが『悲の現象論序説』を著した。この本は大乗仏教の悲の概念を借りて、現代哲学の六つの難所を、西田幾多郎以来の、日本の哲学の思想遺産をふまえて乗り越えようとする。まさにそれは日本哲学が到達した最前線を示すものである。

厳しさを増すこれからの時代には、さまざまな場で揉まれた人が考えるヒント以上のものを求めて、生き様をかけてぶつかってくることに耐えきれる著作も必要である。自分の体験を見直したい時、大橋さんやハイデッガーや『西谷啓治著作集』（全二六巻）などのもいる。創文社の現代哲学書は、「それ」を提起してもいる。出版本来の出版活動のみが、本を求めてやまない読者の信頼をつなぎ止めるものだと信じている。

（九八年七月六日）

寺内大吉著

『念仏の叛乱』

大東出版社

特定の宗派や教団に偏らない仏教書の出版社である大東出版社（一九二六年五月創立）は、創立者の故岩野真雄さんの企画、『大正新脩大蔵経』を抄訳する『国訳一切経』（全二五五巻）を、三代にわたり、六〇年の歳月を費やして成し遂げたことで知られる。漢文のお経が読めない読者からの問い合わせが今も絶えないという。

岩野さんは、浄土宗浄閑寺の住職を務めた人であり、浄土宗大吉寺住職の寺内大吉さんとは宗門同士の親交があった。スポーツ解説もする直木賞（『はぐれ念仏』）作家として、一時代の顔となった経歴を持つ寺内さんは、いまは浄土宗宗務総長を務める。

その寺内さんが、ともに念仏を標榜するとはいえ、親鸞から蓮如に至る浄土真宗の教えと系譜、さらに同宗の「叛乱」を、史料に忠実に記述した『念仏の叛乱』を大東出版社から出した。

　宗派の代表者が、ほかの宗派の核心を論じるという、普通はしないだろう仕事をあえてしたのはなぜか。疑問である。

　ただ、「法然にせよ、親鸞にせよ、その晩年はどちらも苦難に閉ざされていた。（中略）だが、むくいられるものは何一つなく、ひたすらに万民救済の誓いを貫き通している阿弥陀仏を思えば、それも当然だったかも知れない。他者を救うということの酷薄さである。弥陀の誓願を信じ通した法然も親鸞もこの酷薄さにまみれて生涯を完うした。だからこそ誰もが彼らを救済者と呼ぶのである」という一文が念仏者の生き様をつく。

　大東出版社編集長の磯野善秀さんは、寺内さんには、念仏者は本来非暴力であり、それがなぜ武闘化したのかを知りたい思いがあると言う。

　核開発、地域紛争。非暴力とは対極のところで混迷する世界情勢を前にして、書き留めておきたいことがあるんだな。言いたいことを言い、書きたいことを書いてきた著者の一貫する姿勢をも伝えている本である。

（九八年八月二四日）

『カエルが消える』

キャサリン・フィリップス著／長谷川雅美、福山欣司訳

大月書店

大月書店編集部で、二五年のキャリアを持つ柴田章さんが、都心のある書店で一冊の洋書を手にしたことから、この翻訳書は生まれた。理科系の大学を出た柴田さんには、原題『消えゆくカエルを追って』というタイトルは、刺激に満ちたものだった。

カエルは蛙。朱鷺やパンダではない。昆虫を食べて、蛇や野鳥、イタチなどの餌になり、また、食物連鎖の中盤にいて子どもたちにも身近な生物だ。そして、両生類のカエルは、オタマジャクシが水中で暮らし、親は陸上。双方の環境が適さなければ、生きられない。その「カエルが消える？」

一九八〇年代以来世界中でそのようなことが起きているという。この本は、九四年にアメリカで刊行された。翌年にはペーパーバック版も出た。売れているに違いない。柴田さんの翻訳書出版の試みが始まった。

友人、知人のつてを頼り、日本のカエルを愛しく思い「カエル探偵団」を組織する長谷川雅美さんたちにたどり着き、刊行の意志を伝えるのにあまり時間はかからなかった。

実は、長谷川さんたちは、一二年前から千葉県印西市に住み、日本の子どもたちにカエルを通して自然を教えるアメリカ人ナチュラリスト、ケビン・ショートさんに翻訳を勧められてもいた。渡りに船のことだった。こうして、この本は世に出た。

登場するカエルはコスタリカのモンテベルデの森に住む、オレンジヒキガエル。北カリフォルニア、コーラル渓谷のアカアシガエル。胃袋でオタマジャクシを育てるオーストラリアのカモノハシガエル等である。

温暖化。異常気象。酸性化する土壌。オゾン層破壊による紫外線増加。水辺の開発。乱獲。二億年の歴史をもつカエルが、人間生活を支える地球生態系が崩れようとしているのを、身をもって伝えている。

（九八年九月七日）

小野一著、トッパン・グループ総研編
『メディアの創造　その経営とプロデュース』

ドメス出版

女性ばかり社員数名による小出版社、ドメス出版が広く知られるのは、出版界ではまれな社員構成で、ではない。創業（一九六九年五月）間もなく刊行した『今和次郎集』（全九巻）以来、毎日出版文化賞特別賞や、梓会出版文化賞の受賞など、生活学の確立を柱に据えた堅実な出版活動によってである。そのドメス出版が、ベンチャー企業の裏面史を刊行したと聞いて、同社らしくないといった思いを抱くのは、私一人ではあるまい。

六七年七月、大阪万国博テーマ館の展示総合プロデューサーに岡本太郎さんが任命された。かねてから岡本さんに心酔していた東宝映画美術監督の小野一さんは、壮大な哲学的展示理念と、詩的でイマジネーションに満ちた「テーマ展示構想」を手に入れ、その檜舞台に飛び込んだ。そこで小野さんは、空中展示サブ・プロデューサー川添登さんや小松左

京さん、粟津潔さん、梅棹忠夫さんらと運命的な出会いをする。七〇年九月、万博閉幕。そこで得たものは、環境をメディアとしてとらえるキーワード「トータルメディア」という新しい発想であった。「万博ノウハウの事業化」である。小野さんは、その構想を万博に協力していた凸版印刷に持ち込んだ。こうして、万博人脈に支えられたトータルメディア開発研究所は、凸版印刷の支援を得て、閉幕と同時に誕生した。

　その法人格で小野さんは、民族学博物館計画、江戸東京博物館の完成などに関わった。小野さんは自らの半生を「幸運の連鎖」と振り返るが、その私的記録であるこの本は、めまぐるしく変化する時代認識に大きなヒントを与えてもいる。

　陰になり日向になり小野さんを支えた川添登さんはまた、今和次郎の高弟で、ドメス出版の創業以来の著者である。そしてこの本の刊行では、著者と出版社を結ぶ橋渡し役を果たしている。

（九八年一〇月二六日）

富田倫生著

『インターネット快適読書術』

ひつじ書房

世は資本主義。小資本では分が悪い。だが市民は、自らの思いを賭けて事業を起こす。成功の鍵は、時代を先取りし、人に恵まれることだろう。

松本功さんが、その頃出会った日本語学の文法研究を進める若い学者たちの業績を広めるために、ひつじ書房を創業したのは九〇年二月。

そこで社名は、言語学者のノーム・チョムスキーの本を刊行したムートン社から借用し、ムートンを強引にフランス語読みするとひつじと読めることからひつじ書房とした。同社の許諾はえていない。

生き残り策は、読者からの直接事前予約に販売の活路を求めるもの。その一方で、印刷所で出せないロシア語を入れるためにパソコンを駆使した本作りを始める。小出版社におけるＤＴＰの草分けである。

九五年五月には、自社情報の発信手段として自力でホームページを作った。学術専門出版社としては、日本で最初のことだ。また、九七年七月からは自社のホームページのサーバーだけではなく、書評ホームページの運営も手がけている。

そのひつじ書房が、ホームページ等の行間の詰まった小さな文字のテキストを読まされるのは苦痛だと思う人に、またとない朗報をもたらした。読み手自身が、画面上のあらゆるデジタルテキストを、紙の本同様の状態に組み替え、ページをめくる感覚で読み進むことを可能にしたソフト「T-Time」をボイジャー社が開発し、そのソフトが付いた解説本、富田倫生著『インターネット快適読書術』を刊行したのだ。「T-Time」は、デジタルテキストを作り手の手中から解放し、読み手が自由に文章を推敲する道を開く。本を読む、書く、出すという行為をとらえ直したいという問題意識で一致したボイジャー社とひつじ書房とが手を取り合い、刊行にこぎ着けたものだ。先見性の結晶である。

（九八年一一月一六日）

L・K・ブラウン&M・ブラウン作
『「死」って、なに?』
文溪堂

この一年の世相を振り返るとき、子どもたちの身辺に起きた事件ほど痛ましいものはない。いま、子どもたちには、他者を思い、大切にする心を育む営みが欠けているのではないか。そんな思いでいたら『「死」って、なに?』(文溪堂)が刊行された。これまでも子どもたちに命の大切さを説く本は数多く刊行され読み継がれているのだが、タイトルに「死」を使い、死を見つめる勇気がわいてくる本としては、この本が最初であろう。

コミュニケーション・ネーム「ぶんけい」で、親しまれる文溪堂を紹介しよう。同社は図書出版、準教科書(教材)編集、教育ソフト販売等のグループからなる。準教科書編集のノウハウを生かし、創作児童文学出版を始めたのは、九〇年四月である。以来、八年間に三〇〇点を刊行した。

出版体験を持たない若い集団の創業当初の

活動は、試行錯誤の連続だった。それが転機を迎えたのは、児童書専門出版社で長らく編集長を務めた金森三千雄さんの顧問就任だった。以来、徐々に出版領域を拡げ、昨今は絵本や翻訳書に力点を置く。

絵本では無名の若手作家島田ゆかさん(「バムとケロ」シリーズ四点で一〇万部)を世に出した。大手出版社では企画にならない企画が実った例だ。

翻訳書ではアメリカの絵本作家ブラウン夫妻に着目した。夫妻は両親の離婚、健康、災害等子どもたちに直接関わる問題を親子で語り合う絵本を五冊刊行している。

そのうちの一冊『「死」って、なに?』は、対話しにくい事柄をお話仕立てでなく、章ごとのテーマに沿い正面から採り上げている。家族が「死」について語り合う糸口となる本だ。

この本は「死への準備教育」の提唱者であるアルフォンス・デーケンさん(上智大学教授)の賛同を得て、マスコミ各社の注目するところともなった。本の売れ行きは好調、現在、三刷を検討中だ。

(九九年一月四日)

いいだもも著
『サヨナラだけが人生、か。』
はる書房

九八年一二月六日。水天宮駅のほど近く、ロイヤルパークホテルに二四〇名を超える人が集まり〈いいだもも「新著」祝う会〉が開かれた。

新著とは、九七年一二月刊の『二〇世紀の〈社会主義〉とは何であったか』（論創社）と、九八年一一月刊、『サヨナラだけが人生、か。』（はる書房）の二点を指す。いいださんの編著は、六一年に始まり、『サヨナラだけが人生、か。』で九〇点を数えた。著者自らがまくら本と称した『二〇世紀の〈社会主義〉とは何であったか』は一二〇〇頁に及ぶ大著で、各紙の書評に採り上げられ「私の読者は五〇〇人はいる」という著者の自負（？）を大きく上回り、今なお売れ続けている。

一方、文学青年から政治の世界に転じた著者が、鬼籍に入った人にそのつど手向けた評論を編集した『サヨナラだけが人生、か。』

は七〇〇頁。葬式饅頭になぞらえ、まんじゅう本と称される。時代と人物を鋭い切り口で自在に評した論集は、著者の半生を浮き彫りにする半自叙伝となった。

　面白いのは、いいださんの活動の場とは畑違いの「はる書房」が刊行したことだろう。代表の古川弘典《ひろふみ》さんは八二年に同社を起こした。社名の「はる」は、郷里の御浜（紀州熊野）界隈では長命であった祖母の古川はるさんにあやかり、長続きするようにと名付けた。暮らしを考える本を中心に、肩肘張らない自然体が似合う編集者である。

　地域文化史が隆盛を迎え、南紀熊野体験博が開かれている今年は、東北学や沖縄学に続いて熊野学を根付かせようと、東京と熊野との二重生活を始めた。間もなく刊行される福井正次郎著『紀州熊野採集　日本魚類図譜』の刊行に社運をかける。

　日高晋さんの開会の辞で始まったこの会は、親交の厚い方々のユニークなスピーチに彩られ、盛会のうちにお開きとなった。

（九九年二月八日）

ジェニファー・ハーバリー著／中川聡子、中野憲志、中原美香、藤岡美恵子訳
『勇気の架け橋』
解放出版社

部落の完全解放を目指し、国際的に少数民族との連帯を呼びかける解放出版社の「しんかんあんない」に、斎藤洋一さんが連載する『一枚の古文書から』が掲載されている。

その〝一八〟（九九年二月）によれば、今まで、「近世部落」の人々は、いわゆる「一般」の人々から「排除」されていたとされる。しかしそれは、隔絶されて生きていたかというと事実とは異なる。木綿屋にやってきて、腰掛けて話し込む様子が史料に書かれているからだ。こうして日常的な生活実態が浮かび上がってきた。解放出版社編集部の鈴木達子さんは、斎藤さんの連載は、部落像を変えていくと語る。

その鈴木さんが、南アメリカで最も長く、最も多くの犠牲者を出し、九六年一二月に一応の最終和平合意に達したグァテマラ内戦とマヤ先住民族・ゲリラの戦いの記録『勇気の

架け橋』を編集した。この一冊は人生観を変えたという。

（アニタ）さぁ、恥ずかしがらないで。顔の傷が気になるのね。五年前の、待ち伏せ攻撃のときに大きな銃弾が顎の半分を吹き飛ばしたの。

（『勇気の架け橋』）

二八人の市民が、マヤ民族の苦難と受苦をもの静かに語る。いやそれだけではない。時にユーモアと余裕と安らぎすら感じさせる。「戦争を知らない人間が殺戮の真っ只中に立たされてしまったのです。震えながら初稿を読みました。内戦を記録したジェニファーの行為は衝撃的でした」と鈴木さんは話す。

アメリカ国務省の機密文書を解読し、内戦の実態と隠された本質に迫った末に、「いったい、誰が本当の野蛮人なのか？」という問いで「解説」を結んだノーム・チョムスキーの発言に至るとき、アメリカが実際にやってきたことから慎重に目を背ける「国際的な沈黙」に対し、先住民の側が刃を突きつけてい るような戦慄が襲って来る。

（九九年三月八日）

ハルモニの絵画展実行委員会、日野詢城、都築勤編

『ハルモニの絵画展　1万5000の出会い』

梨の木舎

ある事柄の本来の意味を知りたいと思うとき、数値に置き換えてみることとしか知り得ないものかも知れない。いや、かも知れないではない、その指針を得るしか知りえないものだと、私は思う。

台秤に載せてみる。すると、しばらくの間、右に左に針は揺れ続け、ややあって固定する。だがその前に、正しい数値で固定させるためにすることがある。台秤を水平に保たなければならない。針の振り出しを正しくゼロに合わせなければばならない。

この国の戦争責任を思うとき、私はこう思う。今、この国の国民は、揺れ続ける針の中にいる。そうだから、本来の意味に固定させるために、出版活動のほとんどすべてをかけて台秤を水平に・ゼロに保つ運動を続ける出版人がいる。その一人が、「教科書に書かれなかった戦争シリーズ」を、八三年一一月の

創業以来女手一つで刊行し続ける梨の木舎代表の羽田ゆみ子さんである。

ここに三人のハルモニがいる。ハルモニとは、韓国語で「おばあさん」の意である。姜徳景（カン・ドッキョン）、金順徳（キム・スンドク）、李容女（イ・ヨンニョ）。戦時中三人は、本人の意思とは全く裏腹に、「従軍慰安婦」としての人生を、他国の為政者のために強いられた。忘れようとしても忘れられない。忘れることができるわけなど、あるはずがないじゃないか。人間だもの。

その思いを、魂の叫びを、子どもが描くような、けっしてうまいとはいえない絵で表した。

九七年九月から九八年七月まで、ハルモニの絵が日本列島を巡回した。会場に足を運び、理不尽に虐げられざるを得なかったハルモニの人生を心に刻み、感想を綴った人は、一五、〇〇〇人。その文を編集し、巻頭にハルモニの絵を添えた本を、梨の木舎が刊行したのが「ハルモニの絵画展」。

（九九年四月一九日）

高柳誠著

『リーメンシュナイダー　中世最後の彫刻家』

五柳書院

九八年一一月の東証二部上場以来、潤沢な資金力を背景に、矢継ぎ早に商社的戦略を展開する角川書店。いま出版界は再編という名の「粗暴」とも思えるうねりに身を任せようとしている。一方、読者は書店に足を運ぶことなく、本を見ずにパソコンで本を買う。この両者の志向は、今後急速に進展するだろう。

それが本の多様性や質を保障するものなのか。その答えは意外と早く確定し、捨て去られたものは、二度とは戻らない。くわばら、くわばらである。

柳。それは、柳腰の比喩のようにちょっとエロチック。そして、しなやかで倒れない。陶淵明の「五柳先生伝」から頂いたという社名に沿い、手から手へ伝わる、身の丈の本作りを、五柳書院の小川康彦さんは信条とする。手がけた本は、三浦佑之著『浦島太郎の文学史』、樋口覚著『川舟考』など文学、芸術を横断し、社会科学の分野に至る。

そのすべてを上製、丸背、四六判のスタイルに統一し、「五柳叢書」として、六三点を刊行した。最新巻は著者の持つモチーフを展開して、一冊に仕上げた『リーメンシュナイダー』である。

時は宗教革命、農民戦争の混乱期。押し寄せるルネッサンスの足音を聴きながら、後期ゴシックの美学を完成させた彫刻家リーメンシュナイダー。その才能は、天才ミケランジェロに対し、たゆまぬ修練によって己の内部から彼自身が発掘したもの。「聖母マリア昇天の祭壇」など、その一連の作品は、たぐいまれなる集中力をもって磨き上げ、さらにそこに幸運の女神のほほえみが加わって到達しえたものと著者は言う。

書き下ろしを好み、返品を押し返していく力を持ち、三〜五年かけて売る本に仕上げる。それで静かに呼吸することが可能となる。反時代的かも知れないが、自分のスタイルを貫き、イケルという感じの中に小川さんはいる。これぞ出版である。

（九九年五月二四日）

林雄二郎、今田忠編『フィランソロピーの思想　NPOとボランティア』日本経済評論社

来年で創業三〇年を迎える日本経済評論社のPR誌『評論』の五五号（八六年七月）〜八〇号（九一年一〇月）までの合本がこのほどできた。『評論』は私の好きなPR誌である。書店員でありながら私は、同社の新刊情報や、著作を紹介した本文をとばして、巻末の「神保町の窓から」を最初に読む。筆者（吟）は同社代表の栗原哲也さんである。そこには、その時々の出版業界と、栗原さんを取り巻く小出版社の息吹が、歯に衣を着せぬ独特の「嘆き節」で綴られていて心地いい。

弱小金融機関から見た日本経済批判を創業当時の柱に据えた同社は、栗原さん自ら全国三〇〇社ほどの信用金庫を訪ね、刊行書を売りさばくことから出発した。以来どういう読者が自社の本を求めるのかを意識し続け、また一方では、著者の顔を見なければ、本を作らない。メールのやりとりで作る時代に、著

者と編集者双方の本を作る態度についてこだわりをもつ姿勢は一貫したものだ。そんな栗原さんは、現代を学問と研究者のいなくなった時代と分析する。それゆえに、政府が学問とか研究に国の助成をしなければ、この国は良くならないと説く。正論である。

最近刊行された『フィランソロピーの思想』は、その点にも迫る好著である。フィランソロピーは、一つの思想をふまえた行為であり、その行為を表現する手段にボランティアやＮＰＯがある。

一冊の本が、どういう苦しみの中で生まれたか理解する。それなくして、売らなくてもいいものを売ろうとすると、たぶん恥を恥と思っている限りは売らなくていい。売りに行ったときは、個別の本ではなく、社の文化を売ろうと言う栗原さんの指摘は、まさにフィランソロピー、「人間愛」に通じるものだ。

（九九年六月二一日）

325　『フィランソロピーの思想』　日本経済評論社

三好春樹編著

『介護保険がやってきた　ケア現場の見方と使い方』

雲母書房

雲母と書いて、「うんも」と読めば、電気の絶縁材料に使われる鉱物を指す。それを「きらら」と読むと、大手書店の社員採用試験の問題の一つになる。何とも喉元に心地よい響きがあるではないか。

八八年八月に創業。昨年五月に事務所を新宿区内に移し、規制緩和の大合唱の追い風を受けて成立した「介護保険」関連書などで、いま注目を集める雲母書房を訪ね、代表の茂木敏博さんに話を聞いた。

茂木さんは、保育所の保母をしていた奥さんとの間にお子さんが誕生したとき、奥さんの、仕事を続けたいけど自分の子どもは自分で育てたいという申し出を受けて、子どもを預ける親が経営に参加する共同保育運動に即した保育園を開設した。

以来、子どもはもちろん、障害者や高齢者、病人といった社会的弱者への関心を持つ。弱者を見ていないと社会のシステムは見えてこないというのが茂木さんの持論である。そのせいか雲母書房の刊行書は、教育、医療、介護、福祉、心理といった分野の現場で一流の仕事をしている人を著者に迎えている。

新刊の『介護保険がやってきた』もそのような路線に即した刊行書だ。導入が迫ってきた介護保険は、一〇兆円近くにふくらんだ医療費から介護部分を切り離すために設けられた強制保険だ。そのために、いまだに賛否を含む議論が絶えない。

この本の編集者である三好春樹さんは、医療とか看護に従属するものとされていた介護の現場で、患者が医療から見放された後に何年も生き抜くためにはどうしたらいいのかを具体的に実践、確立した介護論の先駆者だ。著者が提唱する「老人の意欲を引き出す」ケアは、現場の視点から見た、人権に裏打ちされた高齢化社会を実現するヒントを数多く含んでいる。

（九九年七月二六日）

J・プレスト著、加藤暁子訳
『エデンの園　楽園の再現と植物園』

八坂書房

ヘブライ語で「歓喜」を意味するエデン。その「エデンの園」は、旧約聖書で、人類の始祖であるアダムとイブが置かれた楽園である。神の戒めに背いて「エデンの園」を追われたアダムとイブに寄せる憧憬は、中世から近代初期のヨーロッパ人にとって特別な意味を持っていた。失われた楽園「エデンの園」。

天上の楽園を地上に再現したいという人々の尽きない情熱が、造園の原動力となり、やがては近代植物園を誕生させるに至ったのだった。代表的な植物園と庭園の歴史を、キリスト教・文学・美術史・植物学など多方面から検証し、楽園再現の試みを多数の図版とともに詳述した本が出た。

刊行したのは、八坂書房。代表の八坂安守さんが、社会思想社に一四年間在籍した後に独立、創業した出版社だ。以来三〇年を数える。その間、遅々として、大きな企画はなかったと八坂さんは語る。私には、ほぼ五〇年の長きにわたって日本語研究に尽くしてきた杉本つとむさんの、『杉本つとむ著作集』（全一〇巻）などは、誇るに足る企画だと思うのだが。

四〇〇に近い刊行点数を持つ八坂書房を特徴づけるものに、博物学の視点を持つ生物学の本がある。近年はその路線に沿う範囲での美術や、民族学などに志向を広げ、企画の幅を増した。それらが、際物的なものではなく、オーソドックスで、仕込みに時間をかけた本づくりであるところに好感を持つ読者も多い。だがそれは、資本力や販売能力の限られる八坂書房の存続するための知恵でもあるのだろう。

とはいえ、堅実のみでは食っていけず、また美徳ではなくなった時代である。では、将来性はという私の問いに、「非常に将来性のない出版社だと思いますねぇ」と苦笑しながら答える八坂さんに懐の広さを感じる。風格がにじむ自然体。これが出版人なのである。

（九九年九月二〇日）

中村ひろ子ほか著

『女の眼でみる民俗学』

高文研

「六三年から五年間担当した『学生通信』（三省堂）が休刊となり、七二年にその企画を持って出ました。それは、受験関連とコミックが主体の状況に、高校生文化といえる文化を創り上げる。教師と生徒の双方を視野に入れた、壮大な夢の具体化の一歩でした。『考える高校生』の創刊です。

ところが、八〇年代を迎えた頃から、高校生の間で『考える』という言葉は、マイナスのイメージとして使われるようになりました。考える高校生、それ、何。チャカシの対象となったのです。押し切られるように、誌名を『ジュ・パンス』[*1]とフランス語に置き換えることで生き延びました。今でも、直接購読をする教師と生徒が、小社の経済・出版活動のベースを支えています」

と、高文研代表の梅田正己さんは語った。その絆の程が同社の刊行書の重版率の高さに現れている。

月刊誌を基に、高校生を対象とした単行本の出版を始めた高文研は、八一年から沖縄大学との共催で、本土の教師を対象にした「沖縄セミナー」を開催し、参考になる本づくりを始める。以来、沖縄関連書を年に一冊ずづ刊行、今年で二〇点になった。高文研といえば「沖縄本」というのが、書店員の常識である。

その高文研から、先頃『女の眼でみる民俗学』が刊行された。学問的成果が、十分に国民大衆のものとはなっていない民俗学と、高校現場一本槍の高文研のこのミスマッチは面白い。企画の素材づくりに高校女性教師が参画して、婚姻・出産・子育て・財産、そして女の死といった女性を巡る「しきたり」を選出し、それを、気鋭の女性学者五人が、五年をかけて女の眼で格闘し、書き下ろした。

文部省の教育政策を問い続けながら、専門書ではなく、まして実用書ではない、高校教師の教養や、広い意味での啓蒙となる一般書を刊行したいという高文研の活動は、今が旬である。


（九九年一一月八日）

＊1 『ジュ・パンス』は、高校教育現場での教師への管理強化と、高校生の文化環境が大きく変わる中で〇六年に終刊した。

樺山紘一ほか編

『20世紀の歴史家たち（2）日本編　下』

刀水書房

「歴史書以外の出版はやる気がしない。なぜかって…時代をつかむには、歴史書以外はないのではないでしょうか。だいたい我々は、時代に翻弄されていますから。翻弄されない生き方は不可能ですから」と語るのは、刀水書房代表の桑原迪也さんである。「なぜか感じるんですよね。小学校二年の時には、日支事変でした。五年の時が紀元二六〇〇年。六年の時が国民学校と真珠湾空襲だったんです」などなど。

桑原さんの成長過程は時代の変化とともにあった。長じて、山川出版社に勤め、『県史シリーズ』などの編集を体験した。サラリーマン生活に区切りをつけ、七八年に刀水書房を起こす。最初に出した七、八冊はみな重版した。以前も以後も歴史書専門の編集者である。

半生を歴史書の刊行にかけてきたからであ

ろうか、二一年を過ぎた今、内藤湖南・黒板勝美・井上光貞といった明治以来の歴史家の評伝を上下巻でものにした。おおよそ歴史に興味を抱く現代人にとって、歴史家は二〇世紀にいかに生き、いかに思考し、いかに書いてきたか。興味をそそるところである。

利根川源流となる群馬県北部が桑原さんの郷里だ。社名とした「刀水」は、全国に知られる利根川の雅称である。刀水書房が全国に知られる日の来ることを目指してのネーミングだ。

「本で食うつもりだったら、売れそうなものを追いかけないと無理です。でも、思いとどっちにしようか、今でも迷っていますね。毎日やっていることがみんな苦労の種です。どうしても自分の好みの方に引っ張られて、後でしまったと思うんです。だけどどんなに食ったって、一日三食しか食えないんですからね」

利根の流れのようにとどまることなく、そしてじっくり構えた出版活動が、刀水書房の魅力である。

（〇〇年二月七日）

郡司勝義著

『わが小林秀雄ノート　向日性の時代』

未知谷

「未知谷《みちたに》」編集・発行人の飯島徹さんが、前の会社で立てた企画、サドの完訳シリーズと、ヘーゲルの新訳シリーズ、さらに、大正期の国枝史郎の復活という三本柱が認められず、もって出て独立したのは、一〇年ほど前のことであった。

初めは、読む人が読んでくれればいいと思った。それがあるとき、転機を迎える。読めないのではないか。思考しないのではないか。それに気づき、読みやすいもの、たとえば大人が読んでも大丈夫なような児童書や、スポーツ・ドキュメントと、徐々に出版領域を拡張した。

成り行きで始めた出版活動がここまで来れたのは、たくさん売って、たくさん儲けるという業界内のシステムに頼らず、多品種少量出版の単行本刊行のセオリーに徹した点が大きい。つまり、原価率を抑えるなど、少部数の単行本の刊行で食べていける条件を整えているのである。

飯島さんは言う。「一昨年の秋口頃から状況が転換し、少部数でやっているところにはむしろ商機が生じ、仕事がやりやすくなっている。一点一点の実売部数が減少したために、生産総額を旧来に近づけようと、大手出版社を含め、やむをえず単行本の刊行を業界あげて推進して、出版点数が増えた。それが失速して、本来の姿にもどりつつある。著者も少部数で出すことに納得する」と。

そんな状況をふまえて出した新刊が、『わが小林秀雄ノート』である。

小林秀雄のデビューから成熟までは、戦争へと向かい敗戦に至る暗澹たる時代と重複する。戦後、敗戦と同時に混乱期があって、その後の経済成長で表面的に浮かれている間に、実際の問題、本当に問題にしなければいけないものが糊塗されてしまった。時代は、それをおおもとから考えてみなければいけないと思い始めているところにある。小林秀雄の問題意識は、いまを生きる私たちの問題でもある。


（〇〇年三月六日）

アイザック・バシェヴィス・シンガー著、大崎ふみ子訳
『ルブリンの魔術師』
吉夏社

現実と非現実。生者の世界と死者の冥界。愛・セックス・悪魔・過去・現在・未来のめくるめく世界。三月一二日(日)付、朝日新聞。イディッシュ最後で最大の作家といわれるノーベル文学賞(七八年受賞)作家・アイザック・B・シンガーの『ルブリンの魔術師』の書評(荒川洋治)を読んで、吉夏社《きっかしゃ》の社名を初めて知った書店員が多くいたに違いない。それもそのはずである。

吉夏社は、国文社に二年半、その後論創社で六年勤め、九九年末に退社した津山朋宏さんが興した出版社なのだから。第一刊行書がいきなり書評に採り上げられた目利でもある。

「それはどなたにもあるのだとは思うんだけど、子どもの頃からものとしての本に対する愛着、結構強くあったと思うんです。たとえば、漫画週刊誌に気に入った作品があると、

切りためておいて、後で綴じて、自分だけの一冊にまとめていました。子どもっぽいことではあるのですけれど、未だにそういったあたりが強く自分の中にあって、それを原動力としていまの自分があるのかなって思っています」

昨年七月から動き、一〇月に大手取次店の取引口座を取得した際に、七〇年代に頻繁に出されたヌーヴォーロマンであるとか、シュールレアリズム関係、あの当時の雰囲気が好きで自社のイメージを固めた。まずは翻訳書をやりたい。文芸書、そして哲学思想。芸術理論といったところを柱に、二〇本ほど頑張って並べた企画には、中心となる売れ筋がなかった。

縛られることが好きではない。やっていける目処とか自信もない。流動的な部分に手を染めず、地味だけれども、やりながら自分なりのスタンスを見つけだし、手堅い次元のスケールの中でやっていければ、最低限度は維持できるだろう。

刊行書を愛着の対象として見る。こういった世界もあっていい。

（〇〇年四月一七日）

井上直幸著
『ピアノ奏法』
『ピアノ奏法』ビデオ全二巻

専門領域をもつ出版社は数多あるが、得意とする分野をもっていさえすれば良しとするわけにはいかない。それのみではなく、切り口、その出版社の目指す企画が明確なとき、そこに魅力が伴う。一九一八年の創業以来八〇周年を迎えた春秋社に私はそんな独自性を感じてきた。

昨年、一〇年の歳月をかけ、『中村元選集〔決定版〕』（全三二巻・別巻一）を完結し、出版史に一ページを飾った春秋社は、宗教書の刊行で名高いが、医療・文学評論・心理学そして音楽の五つの柱をもつ出版社だ。その一つひとつの柱に加えて、各編集者は、どこに柱を立てるかしのぎを削る。個々の企画を暗黙のうちに採択するのは、相互の共通認識、「中道」をいく感覚に沿うものかどうかだ。

ピアノの楽譜の刊行が春秋社の全売り上げの二割ほどを占めていることは、あまり知ら

春秋社

れていない。春秋社の楽譜出版は、創業者の一人、神田豊穂が能楽喜多流の謡曲の編集者であったことにさかのぼる「お家芸」だ。そのため、海外では「春秋社版」と印刷された海賊版が出回ることが後を絶たない。音楽書の刊行等について、鈴木龍太郎さん、澤畑吉和さん、高梨公明さんに話を聞いた。

欧州各地で演奏活動を行い高い評価を得て、井上直幸さんが帰国したのは、七六年のこと。以来、NHK番組「ピアノのおけいこ」に数度にわたり出演したことで、国内での知名度を増した。それには「苦痛」でしかないお稽古を楽しめるものに変える井上さんならではの教授法があった。

番組のエッセンスをまとめ、九八年一〇月に刊行した『井上直幸ピアノ奏法』は、すでに一五刷を売り、ロングセラーとなった。井上さんの人柄に直に接したいという読者の要望で、このたびビデオ版が出た。楽譜が読める、読めないに関わらず、知り得なかった作曲家と演奏者の音楽を愛する心を知らせる著作と作品だ。

（〇〇年六月一二日）

エレイン・モーガン著、望月弘子訳
『人類の起源論争　アクア説はなぜ異端なのか？』
どうぶつ社

今から八〇〇万年ないし九〇〇〇万年ほど昔、アフリカの森の中に、人類学者たちが「類人猿と人類の最後の共通の祖先」と呼ぶ生物が住んでいた。そのうちのある種は、森からサバンナへの移動を始め、そこでの生活が、二足歩行や無毛性、後には道具の製作や、言葉によるコミュニケーションといった、人類独特の特徴を生んだとするのが、人類の起源説の主流をしめる。

これに対して、エレイン・モーガンは、これまで人類の化石が見つかっていない、五〇〇〇万年以上前の時代に、一時期、半水生生活を送り、その後に再び、陸での暮らしに戻った、その半水生生活こそが、人類への進化の引き金となったというアクア説を主張する。

サバンナ説では説明しきれない人類の進化の過程を考察する著者は、『女の由来　もう一つの人類進化論』（七二年）以来、四冊の著作をものにし、世界的ベストセラー作家となった。一連の作品を刊行してきたどうぶつ社から、思索と論争の二五年を展望して、アクア説を集大成する五点めの著作『人類の起源論争』が翻訳刊行されている。

大手印刷会社の企画部門に勤めて、デザイン競争（インスタントラーメンのパッケージデザインなど）をしていた久木亮一さんが、どうぶつ社を創業したのは、ローレンツなどによって、動物生態学が紹介され始めた七二年のことだった。

最初に、動物園の売店で販売するギフト商品の企画を手がけた。その売り上げが、今でも同社の収益の二割をしめる。しかし、可愛い、楽しい類の動物本は作らない。もちろん動物占いはない。そのような思考は、印刷会社時代に置いてきたからだ。

モーガンの著作にこだわり続けたのは、たとえ、つまはじきにされても、そんなに間違いでもない。アクア説が間違いならほかも間違いだという思いが持続し続けたからだという。自らの手応えを信じ、著者との関係を大切にして、一次資料になる一般書を出す。贅沢な出版活動である。

（〇〇年七月二四日）

石原吉郎著
『石原吉郎評論集　海を流れる河』
同時代社

　ある時あることから「アウシュヴィッツ」の遺品と出会った。それも、それを避けて通ることを許さぬ出会いとしてである。

　一例をあげよう。遺品の中には、毛髪の撚糸方法を研究して織機に適合させ、女性の髪と麻を混紡して織った布地がある。それは、織り方次第で服の裏地や芯地にもなり、多様に使われ販売も行われていた。人間を原材料に用い商品化した典型である。戦慄が走る。

「アウシュヴィッツ」が存在したわずか数年間に、数百万人の人々が、この世に生を受けながら、名前を刻むこともなく虐殺され、ある人は布地と化した。〝化された〟のだ。この遺品とどのように向き合えというのか。その答えを示す一人に詩人・石原吉郎がいた。すでに故人である。

　石原は、「広島」告発。一人や二人が死んだのではない。それも一瞬のうちにジェノサイド（大量殺戮）が行われた、という発想に反発をする。一人や二人ならいいのか。時間をかけて死んだ者はいいというのか。この発想は石原自身の抑留体験から生まれた。

「そこでは、精神と肉体の相克という古典的な位相は最初から脱落しており、肉体が精神を侮辱し、ひたすらこれを遠ざかって行く過程の、不毛な積みかさねであって、肉体の側からみればそれは、強制収容所という極限状況へひたすら適応して行く過程に正確に照応している。適応とは『生きのこる』ことであり、さらにそれ以上に、人間として確実に堕落して行くことである」

その場に居合わせた者のみが発言を許されると、石原は言う。

『海を流れる河』（花神社）は七四年一一月刊。絶版である。一つのテーマを追い、掘り下げていくのは性に合わない。幅広く時代に即したものを採り上げてきた同時代社代表の川上徹さんは、還暦を迎え、自身を形成した七〇年代の絶版本、読み継がれるべき本の掘り起こしをしたいと思ったと言う。小出版社ならではの少部数刊行である。

（〇〇年九月一一日）

ジャン＝リュック・ナンシー著、西谷修訳編
『侵入者　いま〈生命〉はどこに？』
以文社

筑摩書房で二四年、雑誌『展望』の最後の編集長を務め、その後、心理学の専門書を得意とする新曜社で、酒井直樹さんの著作など思想書のジャンルを手がけた勝股光政さんが、ある人の仲立ちを得て、『ヘーゲル大論理学』（全三巻）など、創業以来三〇年にわたり哲学書の刊行をしてきた以文社を引き継ぐ形で代表となったのは、二年ほど前のことだ。以来、一二点の新刊を出した。

その変貌にいち早く注目した東京堂書店がこの夏、三階のブックフェア・コーナーで「以文社全点フェア」を開催している。在庫の山を整理し、刊行書のリストを作って東京堂に持ち込んだのが、フェア開催につながった。これで、市場在庫が増えれば何とかいける手応えを掴んでいる。

従来の体制、価値観といったものが世界史規模で解体し、あらゆる分野で二一世紀に向

けて再編が進行する今日、以文社は、ジャーナリズムの本来の使命である「水先案内」としての出版活動を目指す。そのための柱に哲学書を置く。専門的な関心よりも、もっと具体的に時代の変化とか、深層部分をいかに読み解くのかといった「試論」としての「哲学書」、書き下ろしの刊行である。新刊、『侵入者』を見てみよう。

現代フランス哲学の第一人者ナンシーが、心臓移植手術を受けて九年が過ぎたことは、日本ではあまり知られていない。「他者の心臓」で生きる移植。その後に待ち受けていた免疫抑制。そして抑制剤に起因した癌。

最初に心臓移植を受けた哲学者ナンシーは、これらの体験を日々の思考とともに淡々と受け入れ「わたしを治癒させるものが、わたしを害し、あるいは感染させ、わたしを生きさせるものが、時満たずわたしを老いさせるのだ」と綴る。医療テクノロジーが「人類の福祉」の名のもとに生や死の境界を取り払っていく現代。「侵入者」をテキストにその深層を訳者・西谷修さんが解説している。

（〇〇年一〇月一六日）

中野正貴写真集『TOKYO　NOBODY』

リトル・モア

三〇歳を迎えた記念にとインドに行ったことがある。そこで得たもの、それは、「カルチャー・ショック」。決して時刻表どおりにやって来ることのない列車。だが駅で待つ客は騒がない。なぜか。時刻表は、列車が来たときにどれほど遅れてきたか知るためにあるからだ。この国で、時は悠久、とどまることなくやって来るものを知る。

あのインド体験に似たカルチャー・ショックを『TOKYO　NOBODY』に受けた。中野さんが一一年間にわたり銀座、新宿、渋谷、青山、湾岸にと日中に据えた8×10の大型カメラが写し出したものは、建造物や駐車する車のみ。人影は一つもない。日中の東京にこの光景。建造物のみが語る静寂。そして湧き起こる「どうして」。私たちの暮らしとは、大切なものとは何か。根元の問いがこだまする。人間嫌い。作者にそれはない。中野さんは、「東京ウオーカー」などの雑誌の表紙を飾るフォトグラファーなのだ。八月一日発売以来、三カ月で三刷、一万部を超えた。

本も世の中のことも何も知らん⁉ 三九歳にして社長歴一四年。リトル・モアの竹井正和さんに話を聞いた。

「アート・音楽」を柱の一つに据えてから、『E MODE─江角マキ子写真集』（一二万部）の刊行で知名度を増した。だがそれは、売れ筋ねらいから生まれた訳ではない。「江角」が売れない時から「江角」を面白いと思い、第一写真集を引き受けているのだ。

「時代も、作り手も変わっていく。本が本である時代の最後にたまたまこの業界に飛び込んだ。だが、現代は本が本でなくなった。読んだらゴミ箱。雑誌も本も一緒や。どこが違うねん。読者の声である。それをボクは本棚に飾らせてやりたい。イヤなわけ。特に捨てるような人が、これほかせへんなと思うような、ほかすにしても躊躇するような本を作りたい」

社名を冠した雑誌「リトル・モア」は一四号まで出した。初心、差別や障害の本を作りたい。竹井さんの当時の情熱はいまも消えていない。

（〇〇年一二月一一日）

河口栄二＆医療情報取材チーム著

『迷ったときの医者選び　東京』

南々社

続発する国公立病院や大学付属病院といった大病院での人命に関わる医療ミス。心身ともに健康でありたい。この願いを叶える医療現場のあり方が、いま揺れている。権威や風説に頼らずに、自分で病院を選ぶとしたら何を根拠にすればよいのか。その問いを自らに突きつけることからこの本の企画が生まれた。

西元俊典さん。いまは宝島社と社名を変えた出版社での体験を経て、数年前に広島へ帰郷。昨年六月、南々社を創業した。

自分の身体のことは自分で決めたい。そう思い、一〇年来医師をテーマにした本の出版を考えていたと、西元さんは言う。

その西元さんが創業に向けて奮闘していた頃、ノンフィクション作家・河口栄二さんのホームページ「先端医療ガイド＝広島」に着目する。そこには県内の専門医五〇人が紹介されていた。これを下敷きに取材を重ね、より完全な形の印刷物としたらどうか。二人の思いが重なり合い、「広島」版が誕生。県内でのベストセラーとなるのに、さほど時間は必要としなかった。これならいける。マスコミの報道を追い風に「関西」版、そして「東京」版とシリーズの企画が膨らんだ。

医師相互間の紹介状により、医療機関が選択されることはあっても、患者がより適切な医師を選ぶ情報も手だてもない現状。どの程度の医療費負担に耐えられるかが健康な生活との引き替えであるとしたら、おかしなことではないのか。

「東京」版では河口さんはじめ、三七人のライターが集まった。癌や心臓病といった分野ごとに臨床の最前線で活躍し、複数の専門医の間で実力が評価され、患者の立場に立った医療を実践している医師であることを条件に、三七四人を絞りだした。各医師とのインタビューを読めば、患者が個々の医師の専門とする事柄を見極めたり、どの治療法が自分に合うかといった適性が窺える。

ライターの一人、鳥集徹さんが私に語った「この本はあくまで参考、さまざまな情報を集めて、『患者力』をつけてほしい」のひと言に取材チームの思いが込められている。

（〇一年二月五日）

呉炳学画

『呉炳学画集』

「呉炳学画集」刊行委員会

川崎市在住の在日朝鮮人一世の呉炳学（オ・ビョンハク）さん（七七）は、国内で一二回の個展を開いている画家である。しかし作品を画集にまとめることはなかった。それは四二年に渡日し、苦学しながら東京芸術大学に入るものの、この教育内容では本当の油絵の勉強にはならないと見切りをつけて中退。折しも開館したブリジストン美術館に日参し、セザンヌを中心に質の高い印象派の絵画を独学で吸収する。それ以来、世俗的な画壇を拒んで生きてきたことの証明でもあった。それが、旧友の金潤さんの勧めがきっかけとなり、画集刊行を考え始めた時に、奥さんのいった一言、「私は、アトリエ画家と一緒になったのではありません」で意を決したという。

この冬二度目の積雪を都心にもたらした一月二七日土曜日の夜のこと、京王プラザホテルの宴会場の一室で開かれた「呉炳学画集出版記念パーティ」の席で私は呉さんのこの言葉を聞いていた。「統一祖国でのルネッサンスを夢見、コリアンの感性をもって世界に通じる作品を創りたい」と語る呉さんだが、この画集には呉さんの思いを後押しする歴史的な出会いが込められている。

長く対立してきた韓国民団と朝鮮総連。その両者の対話が進み、歩み寄りが浸透し、そんな流れが文化の領域で形となった。「私は貧乏絵描きであり、刊行できたのは友人たちのおかげ」という呉さんは、朝鮮籍。企画した金潤さんは韓国籍である。

そして、呉さんが、画集を出したことのある画家仲間に素晴らしいと何度もいわれたほど、何台もの照明機器を駆使し、原画を忠実に再現する撮影を引き受けたカメラマンの新井利男さんは日本人である。印刷はソウルで行われた。これらの意味では、『呉炳学画集』刊行に分断の垣根はない。

流通に頼らず、友人たちと組織した刊行会が自力で普及に努めるこの画集の刊行は、来るべき統一、そして在日の市民権が正当なものとなる時、民族の文化の基底に深く根ざすことだろう。

（〇一年三月一九日）

田辺元著

『歴史的現実　こぶし文庫28』

こぶし書房

社員五名。全員が編集と営業の両輪をこなす出版社、こぶし書房。同社は、六五年三月、ある集団の思想的リーダーでもある黒田寛一さんにより創業された。自著を刊行する場としてである。以来、特定の読者との結びつきによって成り立ってきた。そのせいか、赤や黒一色のカバー、そしてシュプレヒコールを意図した握り拳のマークのついた本づくりは、書店員から「お宅の本は暗い」といった不評も受けた。

専門書でも、ある程度の工夫やより多くの読者層に向けた企画が必要な時代。世界的視野に立てば、ソ連の崩壊を期に大変動がおきていた。明日に備え、変わらなければ。

戦後五〇年にあたる九五年から同社は、従来のイメージを超えるべく出版活動の幅を広げる道筋を展開する。戦前から戦後にかけて刊行された京都学派等の名著・力作を中心に、ルビを振るなど、読みやすい形で復刻刊行する「こぶし文庫」シリーズの創刊である。

同シリーズの認知度が高まる中、その創刊の頃入社した西井さん（社内で二番目に若い）が昨年四月に代表取締役社長に就任した。西井さんは、こぶし文庫を「日本思想の原点に光を当て、いまの社会に求められている状況から見直し、いまに生かす」シリーズと位置づける。田辺元『歴史的現実』が一月に出た。西井さんは、田辺さんを「戦争責任を負いながら戦後を生きた哲学者」と評す。「歴史的現実」と「種の論理の弁証法」の二部構成からなるこの本を、思想と人柄を含めた採り上げができたとその完成度を語った。

『高島善哉著作集』（全九巻）、『舩山信一著作集』（全一〇巻）を完結。『務台理作著作集』（全九巻）を三巻まで刊行。出版不況のただ中で、少人数でのこれらの刊行を知れば、この間の同社の出版活動がいかに旺盛なものか知れるだろう。

新しい世紀を迎え、同社はいま、いろいろな意味合いのある「こぶし」への転換を目指している。春の先駆けの辛夷《こぶし》の花。握手するときのこぶし。運命の扉を叩くこぶし。素手で勝ち鬨《どき》をあげる時のこぶしは、平和の象徴でもある。

今後が楽しみになる話であった。

（〇一年五月七日）

田仲のよ著　加藤雅毅編

『新版　海女たちの四季　房総海女の自叙伝』

新宿書房

「梃子でも動かない。なくなるのに一〇〇年かかるといって笑うんです。在庫が一〇〇〇部で、一年に一〇部売れるという本。軒並みあるんです。でもね、ネット社会に入り、品切れの本ほど注文があるという皮肉な結果が現れています。読者にとっては初めて目にする情報すべてが新刊なのですね」

ＪＲ四谷駅前新道通り。酔客で夜ごとにぎわう横町の事務所にお邪魔し、新宿書房代表の村山恒夫さんが語り始めた話を聞いた。

「息のつけない海の中で上目遣いに波の底が見える。あそこまで行けば息が吸える。一生懸命両手で水をあおるけれど、気ばかりあせって息の吸える鼻がなかなか水の上に出ない」

海女の仕事を「目が出て鼻の出ない商売だよお」と紹介する『海女たちの四季』の一節である。この本は村山さんが同社を引き継いで間もない八三年に出した。人がまだまとめたことのない分野とか、なかなか文字を書かなかった人が初めて書くといった独創的な本づくりをしていきたい。海女の村の伝統的な生活文化を文字で表す田仲さんの自叙伝は、折からの女性史ブームの流れに乗り、三刷りまで出して、ここ数年品切れとなっていた。村山さんの本づくりの原点といえる本である。

本が売れなくなって久しい。何かきっかけがなければ重版も躊躇するような状況が続いていると語りながら、村山さんはここ三年ほど勤めたもう一つの仕事を説明した。

ここ三年をマルチメディアの百科事典「エンカルタ　エンサイクロペディア」編集長として過ごした。CD-ROMの制作現場にいて、そこから本づくりを見つめ直す。この世界ではリストを並べ、引用するという本の世界の常套手段に留まらず、本物のテキストを出すことも可能、さまざまな方向から知識に迫る。と同時に本の世界が頑張らないとCD-ROMの世界も拓かれないことを実感する。

出版に戻ってきた村山さんはまず、「新宿書房図書目録」を初めてまとめ、『新版　海女たちの四季』を出した。一区切りはついた。今までとは違う形の本づくりもしたいと思っている。

（〇一年六月二五日）

H・S・ソルト著、山口晃訳
『ヘンリー・ソローの暮らし』
風行社

この夏、『森の生活』（岩波文庫）を持って旅に出た人もまた多かったことだろう。「市民的不服従」の実践、奴隷制反対運動などで現代人の心を捉えてやまないソロー。その澄明なる生き様の記録『ヘンリー・ソローの暮らし』が風行社から刊行された。同社としては、初の一般書の刊行であり、知名度を高める期待の一冊である。だが、なぜ。

風行社といえば、『W・シェルフター著作集』、M・ウォルツアー著『解釈としての社会批判』、M・イグナティエフ著『ニーズ・オブ・ストレンジャーズ』など、ドイツ系と英米系双方の「政治思想」の専門書を手堅く世に送り続けている出版社ではなかったか。少し違うものもやってみようという気になったのかしらん。代表の犬塚満さんに話を聞いた。

八七年一月までいた出版社で、百科事典の

法律の項目を一〇年以上担当してきました。その後、ある出版社に在籍し、九〇年の初めに独立しました。一一年のうちに四〇冊の本を出しました。といっても決していつかは自分で出版社を起こしたいと思っていたわけではありません。初めに勤めた出版社で、平凡な人生を終えるつもりでした。

出したい本はあるから。世に出にくい良い本。「政治思想」の本。とりわけ、出版の機会に恵まれない時期にあるドイツ系の本。それなどはある程度部数が読める専門書だから、定価設定をきちんとやれば、商売的にも手堅いといえます。筆者を信用して本を創る。そのとりまきの一人として生きていきたい。生き甲斐ですかね。

七月末に、大手取次店の取引口座がとれました。一つの区切りを迎えたと思っています。それまでは、知人に発売元を引き受けてもらっていました。軒先を借りて商売をやっているという感じがありました。売る方も企画も、今一つ自信を持って自分の商売ですと言えないところがありました。ですが、いまは、やる気を出しています。

本腰を入れて、動き出した風行社に注目である。

（〇一年九月一〇日）

松本昌次著『戦後出版と編集者』　一葉社

一つの小舟。一枚の紙片。といった意味をあてました。「一葉社」。

同社代表の和田悌二さんには、八六年一一月に大道万里子さんと同社を始めた時に、二人で決めたことがあるという。

多品種少生産という特性をもつ商品である本づくりは机一つと電話一本あれば始められると言われるように、それほど利益を追求し続けなくともやっていけるものであろう。だから、大きな会社にはしない。いや少生産でコツコツとではなりようがない。また、他者に迷惑をかけない活動にしよう。それらは、小なるがゆえの困難を自ら請け負う覚悟での創業である。

立身出世とは無縁のような創業話だが、「一枚の紙片」には、それまでの、より多く売れる本の出版を求め、たとえ、本質を損なっても手にとらせる雑誌を作り続けることで、二人が求める本来の出版とはかけ離れていった、「編集者」体験に対する訣別、違和が込められている。

「松本昌次《まさつぐ》さんのような仕事がしたいと思い、飛び込んだんです」

若き日の二人は、ともに影書房代表・編集者の松本さんの未來社での本づくりに魅せられて編集者を目指した。二人が心酔した松本さんの本づくりをひと言でいえば、「本の力を信じる」本づくりである。

「一つの小舟」は、こぎ出して間もなく座礁する。八七年四月から始めた月刊誌『活字から』は一二号をもって休刊。抱えた借金を返すために、来るものは拒まぬプロダクション仕事を始める。「五年ほどで、本が出せるようになりました」。昨年までで、三〇点ほどの本を出した。

新刊は、松本さんの同社での二冊目の著作『戦後出版と編集者』である。この本について和田さんは、「本を出すということは、時代と批判的に対峙せざるを得ない。それはマスとはかけ離れ、経済的にも恵まれようがない。では、そんな困難なことをなぜやるのかといえば、やらなければいけない必然性があるから。それを松本さんの本を通して感じとってほしい」と語った。

流通は「地方・小出版流通センター」。いま二人は、休む間もなくこなし続ける他社本の編集を商売、自社ものを仕事と呼び分けている。

（〇二年二月四日）

長岡義幸著

『出版時評　ながおかの意見1994―2002』

ポット出版

スタジオ・ポットは、おもに企業制作物を扱うプロダクションで、スタジオ・ポットと出版業を営むポット出版の二つを内部にもつ。沢辺均さんが八七年に、前にいたデザイン事務所を離れて立ち上げた会社だ。最初に出したのは岡義昭ほか編『外国人が公務員になったっていいじゃないかという本』(発売・径《こみち》書房)。

その後、発売を新泉社に移すが、取次口座を持たないうちから沢辺さんは、図書館に関わる定期刊行物を手がければ、書店の人に認知される近道になろうかと、図書館員のご意見番を引き受け、『ず・ぼん』を刊行して七号まで出した。

書店に、そして読者に本の正確な情報を流したい。その意図を発展させ、本のデータベースを公開する「版元ドットコム」の試みが始まっている。現在三四社が参加、ポット出版は積極的にその世話役を担ってきた。

そんな沢辺さんに出版理念を尋ねると、「一人ひとりがこう考えている。各々の見方がさまざま出ていて、これが業界水準の見方。常識とか、こうすべきとかというスタンスよりも、この人には、こう見えている、こう見ているよといった個人の発言、意見を発信していきたい。その意見が、そうだよねと共感をもって迎えられるものか、または、何だよと否定されるものであっても、その批判に耐えうるものであれば版元として出していこうと思っているんです」と返ってきた。

そのポット出版ならではの新刊、長岡義幸さんの『出版時評　ながおかの意見１９９４―２００２』が刊行された。著者は業界紙記者時代、そしてフリーランスとなった今日まで、出版業界と出版流通を主要な取材テーマにして「権力規制」と「自主規制」にこだわり、意識的に「出版の自由」と「流通の自由」に関わる事象を取り上げてきたことで知られる。

たとえば、九四年の、ＪＲ東日本の『週刊文春』販売拒否事件から、〇二年の、鈴木書店倒産で露わになった矛盾まで。本書をひもとく読者は、著者の視点を通して、出版産業・流通問題と出版の自由とを相互に関連するものとして理解することになるだろう。

（〇二年三月四日）

原口統三著

『二十歳のエチュード』

光芒社

「《その時、彼ははたちだった》と書きだして《その時、彼ははたちだった》と結ぶんだ！」と、自著の跋文の書き方を橋本一明さんに指示して原口統三さんが逗子海岸に入水自殺したのは、四六年一〇月のことだった。数日後、『読書新聞』に原口さんを紹介する記事とともに遺稿が一冊のノートにまとめられ、橋本さんがそれの出版を企図しているという談話が載る。

「一高生・自殺・遺稿、これだけの条件さえあれば、たとえ内容がどうであろうと、売れなくってさ！というようなものだ」

紹介を読んだ伊達得夫さんによって世に出た、『二十歳のエチュード』は、その後、角川文庫に移り、改訂版の刊行も含めて版を重ねる。それは、「彼が『詩人』としての名を残さなかったのに、詩人的、文学的可能性だけは確実に残した」こととと無関係ではない。

十数年絶版の「古典」がこのほど単行本に改版され、高橋英夫さんのエッセイ「失われた詩人の影に」などを加え、光芒社から刊行された。「青春」をキーワードにベストセラーを検索すればたどり着くだろう『二十歳のエチュード』。だが、なぜ今『二十歳のエチュード』なのか。

光芒社代表の矢掛弘司さんに話を聞いた。矢掛さんは七一年から一三年間カルチャーセンターを主宰していた。その時の講師であった秋山駿さん、吉本隆明さんなどに著者になってもらっている。時代の中でネックになっているものは何か。福祉と医療、そのぶつかり合い。介護。ガン治療における西洋医学批判。更年期の過ごし方。そして、青春。これら「現代の課題」に向けて、これはと思った著作を刊行していく。問題提起と実用書の一歩手前の啓蒙書。現代をキーワードに、わかる言葉で「問いかけ」る本を出す。

若い世代の本離れへの覚醒の書となればいい。一度、現実社会から離れて古典にふれてみるチャンスを与えたい。刊行の動機である。

永遠に存在しなくともいい、二一世紀に先駆けて、ほうき星でもいい、数年の輝きでもいい。ピカッときらめく一閃の光芒。そこに依拠してこそ出版の本来ではないか。丸山学芸図書から社名を変えた光芒社である。

（〇二年五月一三日）

秋山 香乃著

『歳三　往きてまた』

文芸社

「……自分の殺した男から届けられた橘《たちばな》の実。それを捨てるでなし、ことさら取っておくでなし、目の届くところに置きっぱなしにしている意味は、土方自身説明がつかない。ただ、捨てそこねただけだと、聞かれればそうこたえるのが自然だろうか」

　新撰組を裏切り、薩摩方に寝返った藤堂平助が、もし自分が土方に殺されたら橘の実を届けてほしいと託していた。

　京都以後の土方が転戦を重ね、函館で戦死するまでの心の動きを五五一ページにまとめた『歳三　往きてまた』は、藤堂のこの遺言、エピソードから始まる。おそらくそれには、秋山さんが文芸社に持ち込み、[*1]協力出版として刊行された『ＳＡＭＵＲＡＩ　裏切り者』にまとめた藤堂に対する熱い思いがあってのことだろう。というのは、その本の内容の面白さが、同社企画出版の編集者の目にとまり、改めて「企画書き下ろし作品」としての執筆の依頼を受け、完成したのが本書であるからだ。

素人の中の本物。同社編集部に見いだされた秋山さんのデビュー作『歳三　往きてまた』は四月一五日に刊行され、すでに重版。現在、次作の執筆に取り組んでいる。

自費出版に協力出版という独自の形態をもち込み、創業六年にして、社員三〇〇名、新刊点数月間一八〇点、一三年度の売上高六〇億円と業界紙に報道された文芸社を訪ね、販売部長の古内敏章さんらに話を聞いた。

「アマチュアの本はあなどれない」古内さんは最初にこうきり出した。

「アマチュアの本を出しているところは多くあるけれど、一般公募で集まってくる原稿を一点ずつどのような販促活動をしていけば、よい結果が得られるのかにこだわりながら取り組んでいる、そんなのは文芸社しかない。そうして実績を積み上げ、書店の人にお宅の客注増えたよと言われるところまで来た。それがわれわれの誇りでもあるんです」

アマチュアに対する面倒見の良さを、商売に直結させたところに文芸社の急成長のカギがある。だが、著者は文芸社の諸経費や社員の生活費までは賄わない。新人発掘、売上増といいことづくめに映るこの活動が結実するかは、市場が認めるかどうかにかかっている。

（〇二年六月一〇日）

＊1　編集部注　文芸社では〇七年現在、「協力出版」に変え「流通する自費出版」とよんでいる。

アンドレ・シフレン著、勝貴子訳

『理想なき出版』

柏書房

定価掛ける部数、それに正味を掛けて一〇〇〇万円以上が見込めなければ刊行しない。書店店頭は、そのような目論見をもって創られている本で溢れている。無論である。自社のみならず、取次も書店もその経済効果によって存続しうるのだから。

だが、売れればいいのか。アメリカの中堅出版社パンテオン・ブックスなどで活躍し、いま新たにメディア・コングロマリットによる出版支配に立ち向かうアンドレ・シフレンは、『理想なき出版』で、「出版は販売部数の記録や売上高だけで全てを語り尽くせるものではない。大切なのは、どんな本が出版され、どのような選択肢があったのか、フィクションであれノンフィクションであれ、どんな内容の新しい思想が読者に提供されてきたかという点なのだ」と述べ、利益を得て社を存続させながら、価値ある本を出版する信念を巧みに両立させること、それに誇りを持ち続けることを主張している。この本を編集した柏書房代表の芳賀啓さんに話を聞きたくなった。

「最初に手にした仏語版は『編集なき出版』というタイトルでした。その後に英訳版『ザ ビジネス　オブ　ブックス』が出ました。手直しも含め邦訳を進めましたが、刊行にはいたりませんでした。この本にはどうしても必要な訳註と解説、つまりプロモートする人たちと出会えて初めて刊行することができたのです」仕上げへのこだわりだ。

『新編　古文書解読字典』から新刊『日本六十余州図』まで、柏書房の屋台骨を支えてきたのは字典、資料集といった実用書の刊行である。同社は刊行書を著者の、そして編集者の、さらに一定の読者の自己実現に資するものでありたいと位置づける。実用書の企画は、自分を出さない、主張しないものである。しかし、使う側の利便性を徹底的に追求した本を創ることで、編集者と読者との間に親密な関係が保てるようになる。そのような仕事の他方に、意欲をもった読者が潜んでいるからだ。柏書房は、実用書で経営基盤を整えながら、近代史や翻訳書の刊行を増し、主張するもの、やりたいと思う本の比重を増してきた。

理想を求めてこそ出版業界である。

（〇二年八月一九日）

加賀乙彦責任編集

『ハンセン病文学全集　第1巻　小説一』

皓星社

「会社勤めが性に合わなかったんでしょう」皓星社編集部の能登恵美子さんは、代表の藤巻修一さんの創業をこんなふうに紹介した。七九年一一月のことであった。

最初の本は、村松武司著『遙かなる故郷ライと朝鮮の文学』。村松さんは、朝鮮植民者の子として生まれ、子として暮らしたことの贖罪意識を生涯負い続けた詩人であり編集者である。村松さんが持ち込んだ企画と後押しを得ての創業以来、同社はハンセン病を一つの柱に出版活動をしてきた。たとえば平野暉人著『家族の肖像』（ハンセン病叢書）、『らい文献目録』全三巻（雑誌記事索引集成・専門書誌編）などである。

そんな同社に、高校卒業後、美容師を志望したが体質的に薬とかが合わず、食べていくために仕事があればいいと、知人の紹介である出版社に入社、それ以来、出版関連を転々とし、気づいたら編集者になっていた能登さんが、八五年に入社。ほどなくして能登さんは、患者と患者の方々の作品に出会っていく。

一例を示せば『ハンセン病文学全集　第1巻』（全一〇巻）所収の宮島俊夫著『癩夫婦』がある。瀬戸内海の小島の療養所にいる主人公が妻の浮気を知り、嫉妬にもだえ苦しむ話だ。それらは強制収容や、隔離、差別、そして偏見に苦しみ、しかも断種など民族浄化の政策を強要されるといった尋常でない背景を負い、書かざるをえなかった質量ともに非常に高い水準にある作品群であった。

「できるだけ多くの作品を紹介したいから全集なのです」患者の方々との親交を深めるうちに、能登さんの思いは増していった。実現に向けて一五年来にわたり一〇〇〇冊以上の作品集の目録を作り、刊行の準備をしてきた。その企画が大岡信さん、大谷藤郎さん、加賀乙彦さん、鶴見俊輔さんらが、各巻ごとに責任編集を引き受け、安野光雅さんの装幀で現実のものとなる。日本の文壇と違うところでの一つの文学の集団があった。それは非常に豊かなもので、日本文学にとっては大きな贈り物になると加賀さんは断言する。

このほど、皓星社により世に出る作品は、遠からず「ハンセン病文学」の枠をはずされ、文学史のしかるべき位置に納まることだろう。

（〇二年九月三〇日）

黒沢説子・畠中理恵子著
『神保町「書肆アクセス」半畳日記』
無明舎出版

神田神保町の「書肆アクセス」といえば、地方・小出版流通センターの直営店で、その取扱出版社の本のみを扱う書店兼取次店だが、そこを退職された店長（黒沢さん）と、引き継いだ現役店長畠中さんのプライベートな日常を含む業務日誌を〝繁盛〟といわず、〝半畳〟日記としゃれ（？）てみたところに、お二方のシャイな心情が窺えると思って読み始めたら、『半畳』は、約一坪分がレジカウンターと小さな机のあるミニ事務室で、そのスペースの実寸からとったと、ことわりがあった。

お二方の発案で、神保町が好きだから、『神田村』や行きつけの飲食店など町の小径に佇む小店をイラスト入りで紹介する地図（「神保町路地裏マップ」2号まで）を作りませんかと声をかけていただき、参加したことがある。

地方・小出版社や自分の働く町のよいと思

う事柄は人に語りたくなる。そのとき感じたお二方の律儀で飾らない人柄が随所ににじむ本だなと感心していたら、この本の出版記念会でお会いした無《む》明舎《みょうしゃ》出版代表の安倍甲《あんばいこう》さんが所用で上京され、友人と打ち合わせを兼ねて飲食するという。

この機を逃さずお邪魔をして、話を聞いた。出版は東京の地場産業である。著者も出版社も印刷、製本そして取次店も、その多くは東京に集中し、製品である著作物が全国市場に流れていく。つまり東京で作られた本が商品価値を持つという固定観念を乗り越えるインパクトがなければ、地方出版社は全国を市場とすることができない。秋田市を拠点とし、創業三〇年を迎えた同社の本が福島や宮城県に市場を持たないのだという。

その状況が、発信中心地店を持たないインターネットの普及で変わりつつある。なぜかといえば、ホームページ上の情報に地方出版社のハンディはないからだ。流通が扱わない地方出版社の刊行物を、直接読者が注文してくるのである。

都心のユニークな書店「書肆アクセス」を架け橋に、日々繰り広げられる出版人や読書との行き交いを自然体で綴った日記を秋田の無明舎出版が刊行した。時代は出版を東京の地場産業としての地位から引きずり下ろそうとしているのかしらん。

（〇二年一一月一一日）

『神保町「書誌アクセス」半畳日記』無明舎出版

若林一美著

『自殺した子どもの親たち』

青弓社

勤めていた小出版社が潰れたのは一九八一年。矢野恵二さん、三〇歳の時だった。自分一人なら食べていけるだろうと立ち上げた出版社に「書籍という批判の矢を社会に放つ弓。そしてそれは根本的で急進的でありたいとの思いを青に託して」青弓社と名付けた。知人に発売元を引き受けてもらっての創業である。

社名にこめた意志を具体化する追い風が吹いたのは、ニューアカデミズムの台頭であり、浅田彰著『構造と力』（勁草書房、八四年）のベストセラー入りであった。矢野さんは、季刊誌形式の刊行物『クリティーク』（一五号まで刊行）を企画し、哲学や経済学、そして思想史などを専門とする三〇歳前後の学者五人を編集委員として、開放したのだった。「会社も無名の立場だし、組織にコネクションがあったわけでもなし、あらゆる社会現象を扱う現代思想書のジャンルに切り込み、理論的に整理していく雑誌を打ち出すことで読者にアピールし、著者にも存在を知らしめたいという思いがあった」のだ。この時代に、小出版社により創刊されたこの種の雑誌は七、八誌に及び、それらは現在、各々の専門分野の第一線で活躍する学者、言論人を世に出す格好の場ともなった。

『クリティーク』の編集委員の一人、鷲田小彌太さんが放った『大学教授になる方法』（九一年一月）は、モラトリアム人間の時代を射抜いて、二一刷一八万部が売れ、青弓社の記録となった。

あれから一〇年余りが過ぎ、日本経済はいま泥沼の中にある。統計によると九八年以降自殺者が急増し、その数、〇二年には三五、〇〇〇人。一時間に三人。不況が、国民を自殺に追い込んでいる。

青弓社から若林一美著『自殺した子どもの親たち』が出た。子どもには成人も含まれる。「なんとか自分が努力すれば、死なずにすんだのではないか」。ことあるごとにその死に対する疑問や恐怖が頭をもたげる。特に人世の転換点と呼ばれるところに立ったとき、必ずといっていいほど記憶の底から呼び戻されるような死である。個人の苦悩が家族の絆で取り除かれる、そんな社会を構築する意味で、いま読まれてほしい一冊である。

（〇三年三月三日）

大庭みな子著

『浦安うた日記』

作品社

被爆者のうごめく中でこおろぎの声に怯えし一四の夏

（大庭みな子『浦安うた日記』）

七九年一月、河出書房を辞した数名の仲間が集まり、文芸書を軸にした単行本、自分たちの手作りの本をやりたいということで、作品社は創業された。『文藝』の編集長を務めていた寺田博さん、営業の和田肇さんら、河出書房に在籍したことのある四名の出版人によってである。翌年に、社名を冠した純文芸雑誌『作品』を刊行する。だが、文芸雑誌の赤字というのは会社を維持するには大き過ぎて、持ちこたえられなくなる。『作品』は七号までで休刊せざるをえなかった。

さらに追い打ちをかけるように、八二年に、寺田さんをはじめとする編集部全体が福武書店に移り、文芸月刊誌『海燕』を創刊する。残った和田さんたちは、当時、河出書房の編集部にいた高木有さんに人的相談を持ちかけ、その人たちと『日本の名随筆』（全二〇〇巻）を立ち上げた。

このシリーズは、一七年八カ月を要して完結。九〇年代には、年間の重版のうちの九五パーセントが『名随筆』であったという。

その高木さんが、作品社に迎えられたのは、九〇年代中頃のことである。

「大手は、路線が確立していて、一点ごとの企画にしてもその流れの中の企画が多くなる。作品社の場合は、伝統というものがないだけに、一人ひとりの思考が直接的に出ているところがある。それが生き生きとして見えるかもしれない」

新刊を見てみよう。九六年七月、大庭みな子さんは、小脳出血で突然倒れ、車椅子から離れられない生活となった。夫の利雄さんが、発病以来介護を続ける日々である。

お見舞いに行った高木さんの、リハビリには短歌を考えるのが一番いいという勧めで始めた『うた日記』が上梓された。

深海に住むミツクリエナガチョウチンアンコウは、雄は雌の性器の近くに貼りついて、やがては血管もつながって雌から栄養分を貰い受け、遂には精巣だけを残して雌に吸収されて、受精も終われば消滅するという魚だそうだ。

病に倒れたみな子さんは、雌雄が逆転した「ミツクリ」になってしまったと心境を述べる。最愛の夫との共生がここにある。

（〇三年四月七日）

『台湾原住民文学選2 故郷に生きる リカラッ・アウー／シャマン・ラポガン集』 草風館

近現代の民衆の中には語る人もいるけれど、語られるような人は、大抵インテリになってしまう。民衆のことをルポした記録はあるけれど、民衆自身は、自ら記録を残したりしないものだ。その困難を乗り越え、三五年間の編集者生活を民衆の歴史をひたすら追うことで展開してきたのが草風館の内川千裕さんである。

『人間雑誌』では、吉田司著『下下戦記』や上野英信著『眉屋私記』。韓国ものを売れ筋にしたのが金素雲さんの長女の金纓さんの著作『チマ・チョゴリの日本人』。山田秀三著『アイヌ語地名の研究』（全四巻）で、先住民にスポットを当て、岡本達明、松崎次夫編『聞書　水俣民衆史』（全五巻）の刊行で、九〇年度毎日出版文化賞特別賞受賞が際立つ。その草風館から、『台湾原住民文学選2』が刊行された。

「当美容院は、障害がある、向上心が高い学生を特に雇用しています。(略)」

ビラの一番下に印刷されたこの一行が、わたしの好奇心をそそった。遠くもないことだし、この愛にあふれる美容院に行ってみよう。(略)

二十歳にもならないらしい少女がタオルを持ってすぐにやって来て、なれたしぐさで肩のマッサージをはじめ、頭を近づけて聞いた。

「いかがですか?」

ごくあたりまえのことばだったが、わたしはかすかに身ぶるいした。この少女は、小さいころから両耳が聞こえなかったのだ。(略)

耳が聞こえないために、彼女の発音は、ふつうの人とは少しちがっていた。しばらくのあいだ、わたしは、彼女がいったい何を歌っているのか、正確に聞き取れなかった。(略)

「お母さんはいつも歌って聞かせてくれたわ。聞こえなかったけど、歌っている時、お母さんはとても楽しいんだとわかった。」

けなげな明るさをもった少女を簡潔に描くことで、海のように広い母親の愛を感じさせる作品となっている。リカラッ・アウーさんの著作「歌が好きなアミの少女」の一部である。

誰もやらないから、やりたくなる。先人みたいな本づくり、内川千裕さんである。

(〇三年六月二三日)

黒住真著
『近世日本社会と儒教』

ぺりかん社

西欧の古典や現代思想の翻訳書は安易に刊行されるが、江戸時代の主要作家の本となると、さてと首を傾げざるをえない。日本とは「不思議」な国である。こんな話をしてくれたのは、ぺりかん社代表取締役社長の宮田研二さんだった。社員一二名の出版社ながらぺりかん社は、大手出版社が参入を繰り返す新書版の創刊ブームを尻目に、重厚な日本思想の専門書を刊行し続けている。一八〇種以上の職業を収録する『なるにはBOOKS』で経営基盤を整え、時代に抗うぺりかん社の出版活動は個性的で、そして魅力的である。

大学で日本文学を専攻し、後にぺりかん社から著作集を刊行することになる相良亨さんの研究室に出入りしていた宮田さんは、一年ほどを他社で過ごした後、即戦力としてぺりかん社に入社した。七三年のことだった。

その年の一〇月、日本はオイルパニックに

巻き込まれる。この事態を創業者の救仁郷《くにごう》建さんは、「物質的基盤を危うくしたばかりでなく、精神的基盤をなしていた『西欧近代思想』に鉄槌をくだした」と言う。宮田さんは、「今さら西洋のものをやってもしようがないだろう」と考えた。

七〇年代半ばから同社は、日本文化を基軸に出版活動を展開する。それは国際化が進み、各々の文化の差異を理解し合える時代が到来し、日本の思想を語ることに抵抗がなくなり、自分たちのアイデンティティを本気で持ちたいと思う人が増えてきたことに呼応した。

たとえば新刊、黒住真さんが五〇代になって初めてまとめた著作『近世日本社会と儒教』がそれである。現代日本では、何より不要とされている儒教をしかるべき位置に据え直す考察が行われている。重厚な専門書だが、三カ月で重版になった。

宮田さんと黒住さんは、宮田さんが、相良亨さんの研究室に出入りしていた頃からの知り合いだった。日本思想書は売れないと思っているから、大手出版社は企画を出さない。また、相良門下生は簡単に本にまとめない。日本文化の根底に宿り、日本人の存在証明となる日本思想書の刊行。ぺりかん社はそれと真摯に取り組んでいる。

（〇三年八月二五日）

池田晶子著『14歳からの哲学　考えるための教科書』　トランスビュー

〇三年七月のことでした。得意先の図書館からの注文を取り寄せるために私は、トランスビュー（〇一年四月創業）に電話を入れました。池田晶子著『14歳からの哲学』がその本でした。

電話口で応対に出た男性は「法藏館東京事務所にいた工藤です」と名乗りました。（筑摩書房倒産時の取締役・藤原成一《しげかず》さんが、同社を辞めた中嶋廣《ひろし》さんを招き、後に入社した林美《よし》江《え》さんらが展開した法藏館東京事務所の『季刊仏教』を中心とした出版活動とトランスビュー創業にいたる経緯は、紙数の都合で省略します。（四一ページ参照））

『14歳からの哲学』は、〇三年三月の刊行以来九月までに一二万部に達し、今なお部数をのばしています。この本の紹介は必要ないでしょう。にわかに信じがたいのは、返品部数がわずか四冊ということです（創業からこの間の一八点の刊行書のうち半数を重版、全点の返品率は二パーセントほど)。

工藤秀之さんから、創業時に大手取次店の取次口座の開設を求めた際に、条件で折り合わなかったことを聞きました。そのとき工藤さんは「結構です」と席を立ち、自前の流通を選びました。前の会社は高正味版元。流通の段階でいわゆる「逆ざや」が生じていたのを知っていました。取次や書店は一所懸命売っているのに、よくよく見つめてみれば、利益が出ていないことに気づいているはずです。これって何?

客注一冊からの正味七掛け、送料・振込手数料版元負担(返品のみ送料書店負担)の直接委託販売(翌月末支払い)。八〇〇店の書店にファックスで新刊案内を流す。取次の部数確保のための大量見込み注文はないから、書店は注文しなければ入らない。版元は確実な重版を続け、品切れがないことを書店は知っているし、受注に応じて宅配便で流せば、一日から二日で店頭に並ぶから、必要部数のみの注文となります。これなら定価二〇〇〇円の本を売るために書店がDMを打つことも可能です。

実家の都合で郷里に帰り自宅で編集をする林さんは、パソコンで好きな本を好きなように作り、注文の来る本がわかるから奥付に名前を入れて責任をもち、作詞家のように印税方式で就労しています。時代の追い風が吹いています。

(〇三年九月二九日)

ケント・ウォン編、戸塚秀夫、山崎精一監訳

『アメリカ労働運動のニューボイス　立ち上がるマイノリティー、女性たち』

彩流社

専修大学経済学部に在籍して内田義彦教授のゼミに通い、学生新聞を発行するなどしていた竹内淳夫さんは、卒業後に出版界に入り、八〇年に独立し、大学時代の後輩の茂山和也さんと彩流社を創業した。以来、二三年。彩流社は、自分たちの知らないことを本にする事を建前に、狭間を埋める出版活動を展開してきた。

主な刊行物には、連合赤軍当事者の証言物や『マーク・トウェインコレクション』（全二〇巻）をはじめとする海外文学、そして沢史生著『閉ざされた神々　黄泉の国の倭人伝』といった日本古代史物がある。

潤沢な資本力もなく、かといって人的な余力もない中で存続させていかなくてはならないのが小出版社の実状である。そこで竹内さんは、陸上競技のトラック種目で時折目にする一周遅れのトップのような出版活動で良い

と思っている。どういうことかというと――ある事柄から何周年とかということがあって、それに向けて企画をしても経済力はなく、著者にもそんなにエンジンをかけられないから、結局間に合わなくなってしまう。原稿が上がってすぐできるかというと、日常的な仕事もやらなくてはいけないし、それもかなわない。そこである時突然に、なぜいま頃こんなことを考えているのというような本の出し方になってしまう。それでも、出しておきさえすれば、妙なときに売れたりすることがある。だから周回遅れでもいいと言う。

彩流社の新刊から『アメリカ労働運動のニューボイス』を紹介しよう。

この本は、サブタイトルにもあるように、ケントさんが、いまアメリカ労働運動の第一線で活躍しているアジア系、ラテンアメリカ系の、一〇人のオルグたちの生い立ちから現在までのライフコースを、心の動きにまで立ち入って聴き取ったインタビュー集である。

ヘルスケア労働者を組織するフィリピン系二世看護師ルイーザさんや、韓国民主化運動からオルグに転じたチャンさんたちの生き様は、そのままアメリカ社会の根底を支える移民労働者たちの現状と未来を語り尽くす。日本の労働運動に刺激を与える本である。

（〇三年一一月一〇日）

北斗出版

『海岸林をつくった人々　白砂青松の誕生』

小田隆則著

一九六〇年代の中ごろに慶應義塾大学経済学部で経済思想史を学んでいた長尾愛一郎さんは、経済理論と生活者との接点をどのように表現するかに興味をもち、編集者への道を選んだ。紀伊國屋書店出版部がその始まりであった。自然科学書の刊行で環境に対する興味を抱いたことや、そこで得たことは多かった。だが、書店経営者からの利益計上面での圧力や質の高い翻訳書を主体とする出版活動は、日本人の手による日本人のための思想書とか、無名ではあるけれども力がある人への評価といったものが欠落しがちであったという。

七九年に、自分たちの出したい本が刊行できる場を求めて、同社に在籍していた三人の編集者が共同代表となり、北斗出版が創業された。

淀川水系の水質汚染の実態を、「大阪市民

は京都のオシッコを飲んでいる」という主婦感覚で、運動として採り上げていた本間都さんに、『だれにもわかるやさしい飲み水の話』（八七年八月）を書いてもらった。長尾さんが学生時代から温存していた「経済理論と生きている人々との接点」を環境問題という切り口で刊行した最初の本だが、この本は現在一四刷となり、姉妹編『だれにもわかるやさしい下水道の話』（八八年四月、〇一年増補版第一刷）とともにロングセラーとなった。以来、長尾さんは環境問題にこだわり続けている。

「雨の本を出します」と聞いて、送られてきたのがこの巨大な『雨の事典』でした。色っぽく文学の香り高く、心をそそられる雨づくしの物語。かたわらにおいて、心が渇いたらのぞいてみることにします。心のうちに土を持ち、雨のしずくをそこに降らせたら、生命のにおいがたちのぼる。それこそが最高の醍醐味というもの。……

これは、長尾さんも加わるレインドロップス（雨水市民の会）編著『雨の事典』（〇一年一二月、三刷）に加藤登紀子さんが寄せた文章だ。読んでいて、なぜか「出版ていいな」と感じる不思議な本だ。

そんな北斗出版から小田隆則著『海岸林をつくった人々』が出た。海岸林の美しさを「白砂青松」と讃えるが、その背景が知れる本である。北斗出版は、一般人の視点で本を作り続けている。

（〇三年一二月八日）

藤原良雄編『環』16号

藤原書店

一九七〇年代初頭、大阪市立大学に在籍していた藤原良雄さんは、そこで社会科学やマルクス経済学を学んでいた。その時彼には、マルクス主義がいずれ崩壊することが見えていたと言う。この方法論では日本の社会を、世界を分析することができない。であるなら、それに変わる社会のとらえ方や歴史の見方はあるのだろうか。七三年三月に大学を卒業した藤原さんは日本の社会をとらえる新しい方法論となり得るものを求めて上京したのだった。

教授の紹介で編集者となった藤原さんは、七〇年代後半にフランスのアナール派の歴史学と出会う。アナールの方法論をひと言で言い表すと「これまでの社会科学は身辺雑記というか、民衆の日常を子細に観察することをせずにもっぱら大状況を語ってきた。天下国家を論じるのが全体史かというとそうではない。ささやかな日常にも全体が宿る。そこからグローバルに問題をとらえる」という考え方である。

藤原さんによって翻訳刊行されたアナールの著作は枚挙に暇がない。あえて一点をあげるなら、藤原書店の出世作となったアナール派の最高傑作フェルナン・ブローデル著／浜名優美訳『地中海』（全五巻、〇一年一一月より、後に『〈藤原セレクション〉版・全一〇巻』更に、〇四年一月から『普及版』全五巻）だろう。

このように紹介すれば、単に翻訳出版のみに力量を発揮する編集者と思われがちだが、それは日本の社会を、世界を分析するためであり、創業一〇周年記念として企画し、〇四年一月に一六号を出した学芸総合誌・季刊『環』を見れば、藤原さんの出版活動は、日本が基本なのが明白となる。

一六号の特集は「『食』とは何か」。明治以後に、日本の食はどう変化し、それは、日本社会及び日本人にいかなる問題をもたらしているのかを徹底的に討論、考察している。巻頭に、共に病に倒れ、共に死線を越えて復活した多田富雄さんとの往復書簡集『邂逅』で昨年の話題を淩った鶴見和子さんの短歌が載る。

「参議院に海外派兵禁止の動議出《いだ》せし父よよみがえれ今」

社会を見る目、歴史を見る目がなかったら、編集者なんかできないだろうと藤原さんは言う。

（〇四年三月八日）

福元満治著
『伏流の思考　私のアフガン・ノート』
石風社

葦書房に七年半ほど勤めていた福元満治さんが、出すべき本も出そうとする本もなくなり、煮詰まってきたという感情にとらわれて同社をやめ、石風社を起こしたのは、八一年のことでした。

ある日のことです。パキスタンで医療活動を展開する中村哲さんのエッセイが西日本新聞に連載されました。それを読んでいた福元さんは、ざわざわと身体の血が騒ぐのを覚えました。この人の本だけは、誰でもない私が出そうと思える人物と初めて福元さんは出会ったのでした。

中村さんを支援する目的で結成され、八四年に現地活動を始めたのが「ペシャワール会」です。日本では約一二、〇〇〇人の会員がいます。そのペシャワール会は、〇四年三月現在パキスタン北西辺境州とアフガニスタンで一病院と四診療所を運営しています。〇二年には、年間約一五万人の患者診療を行いました。加えて〇〇年夏から、戦乱に次いで今世紀最悪の干魃に見舞われたアフガニスタンの村々で、約一〇〇〇カ所以上の水源（井戸・カレーズ）の確保作業を継続しています。任意団体が、なぜ？

貧困、富の格差、政治の不安定、宗教対立、麻薬、戦争、難民、近代化による伝統社会の破壊、およそ凡ゆる発展途上国の抱える悩みがここに集中しているからである。

悩みばかりではない。我々が忘れ去った人情と、むき出しの人間と神に触れることができる。我々日本人が当然と考えやすい国家や民族の殻を突き破る、露骨な人間の生き様にも直面する。

（中村哲著『ペシャワールにて』）

年間三億円ほどのお金を動かすようになったペシャワール会の広報担当理事をも務める福元さんが新刊『伏流の思考』を出しました。

「私たちが目指すのは、国際的圧力によるアフガンの破壊でも復興＝近代化でもない。ただアフガニスタンという伝統的農村共同体がかつての豊かさを回復するための、その自然治癒力にささやかながら寄り添うだけである。」と記しています。

アフガン・イラク・イスラエル、テロの連鎖。福岡から石風社は、為すべき日本の有様を発信しています。

（〇四年四月一二日）

鶴見俊輔、上野千鶴子、小熊英二著

『戦争が遺したもの　鶴見俊輔に戦後世代が聞く』

新曜社

このような本を次々と書き手が企画するなら、日本の編集者は介在する余地なく、読書人は満足するだろうと思う本が出た。『戦争が遺したもの』である。

小熊英二、一九六二年東京生まれ。『単一民族神話の起源』で世に出るや、サントリー学芸賞を受賞し、『〈民主〉と〈愛国〉』で、日本社会学会奨励賞、毎日出版文化賞、大佛次郎論壇賞の三賞を受賞した。小熊さんの仕事は、これまでの戦後思想史の書き手が、誰も思いつかなかった近・現代をリードした一人ひとりの知識人の、語られない思想を戦争体験を光源として、照らし出してみたと紹介することができるだろう。

その小熊さんがこれまでの仕事を受けて、話を聞きたいと思ったのが自由主義者・鶴見さんだった。その取材は団塊世代のあの上野さんと二人で行いたい。そして、それには条件をつけた。

「本になるかどうか、わかりませんが」

二人に持ちかけたのは、成果や損得を念頭に置かない聞き取りである。アメリカでの投獄、戦時下の捕虜虐殺と慰安所運営。六〇年安保とベトナム反戦、丸山眞男や吉本隆明との交流。いまこそすべてを話そう。戦後六〇年を前にして、鶴見俊輔が小熊さんと上野さんの問いに答えて話したすべてとは。仕上がった原稿を小熊さんが持ち込んだのは、前の著作を刊行した新曜社である。

六九年七月に、培風館を辞めた堀江洪さんたち五人の出版人によって新曜社は創業された。その時堀江さんは、三六歳。東京大学社会学部在学中には、戦後の社会学の興隆期を形成した教授たちの薫陶を受けている。培風館に入社した堀江さんは、大正期から続く理工書出版社の中で、伝統的にもっていた人文系の著作を手がけた。碧海純一ほか編『科学時代の哲学』(全三巻)などがそれである。

神田神保町の木造三階建ての三階に事務所を構えることから始まった新曜社の出版活動は、地道なネットワークを横糸に、巻末には「索引」を付すオーソドックスな本作りを信条として、著書と読者との信頼関係を育んできた。手間暇をかけて放つ矢がロングセラーを生んでいる。

(〇四年五月二四日)

論創ミステリ叢書7

『松本恵子探偵小説選』

論創社

一九歳で掃除会社を設立し、その収益を梃子にして森下紀夫さんは『国家論研究』を出すための出版社・論創社を創業、七二年二月に創刊号を出し、八三年刊の二一号まで続いた。こうしてビル清掃業界から転入するようにして始めた論創社の出版活動は、その後、人文書を中心に幅広い展開を見せてきた。創業以来一貫しているのは、著者の明確な主張を本にするという姿勢である。それは、森下さん自身が体制に対して反逆する精神を持ち続けているということと関連する。そのような著作なら、一五〇〇部の企画でも本にする。論創社はそんな出版社だ。

その論創社に、なにやら転換の兆しが見える。〇三年秋から硬軟織り交ぜた多彩なシリーズものの企画を進めているのだ。題して、[論創ミステリ叢書]、[海外ミステリ叢書]、[謎の訳者の古典ポルノ叢書]、[ルーゴン＝

マッカール叢書の翻訳刊行」、「論創叢書」という。

その中から七回配本『松本恵子探偵小説選』（〇四年五月）が出た。それを紹介しよう。

一八九一年函館に生まれた松本恵子は、クリスティの翻訳者と知られる傍ら、中野圭介などという男性名義を用いて、数々の創作探偵小説を発表している。このシリーズは、日本探偵小説史において現在までなおざりにされていた戦前の一群の作家や作品を発掘し、その豊かな可能性を見いだそうとするものだ。主な作家は平林初之輔、徳富蘆花、黒岩涙香、押川春浪、牧逸馬。

これだけではない。平民社結成一〇〇年を記念して、〇二年九月より『平民社百年コレクション』（全一三巻）の刊行も始めている。

この企画が完成すれば、論創社の大きな財産となるだろう。社員七名の論創社が、一挙にこれだけのシリーズの刊行を始め、転換を図った背景には、「鈴木書店」の倒産がある。〇一年一二月以前と以後では、人文書を刊行する小出版社の存亡に関わる状況が生まれているのだ。

「悪い時代なんかないんです。時代はいつも良い時代なのです」と森下さんは言う。どんな時代にも隘路はある。論創社は人材を財産として、積極的な出版活動を始めている。

（〇四年六月二八日）

ピーター・ドロンケ著／高田康成訳
『中世ヨーロッパの歌』

水声社

都立大学大学院人文科学研究科修士課程在学中に、月刊誌『幻想と怪奇』（三崎書房、後に歳月社）の編集に加わったのが、鈴木宏さんの編集者生活の始まりで、七三年のことでした。

卒業後に国書刊行会に入社すると鈴木さんは、紀田順一郎、荒俣宏責任編集『世界幻想文学大系』や『ラテンアメリカ文学叢書』を企画して、幻想文学やファンタジーを日本に根付かせたのでした。当時、会社を大きくしようとしていた国書刊行会は、鈴木さんが企画したことは何でもやらせてくれました。しかし、いずれは自分で起業するつもりでいた鈴木さんは、本が売れるか売れないかというのを基準にする、ある種の商業主義に同意できないものを感じていきました。また、幻想文学にとりつかれていたその一方で鈴木さんは、記号学とか構造主義とかポスト構造主義といった新しい学問的立場の、大きな動向にも興味を抱いていたのです。潮時だな。

国書刊行会を退職した鈴木さんは、八一年六月に書肆風の薔薇を創業させたのです。お気に入りの枠でモダンな社名でした。

創業時は、まずまずでした。それが一段落してからの三、四年は目立ったことができずにいました。追い風が吹いたのは、ルドルフ・シュタイナーが注目され始め、オカルティズム関係のブームが到来したことでした。

書店に知られるようになると、新たな問題が起きました。モダンな社名に苦情が生じたのです。欲しいが注文書が書けない。書肆風の薔薇は九一年一一月に、社名を水声社と改めました。

その水声社から『中世ヨーロッパの歌』が刊行されました。

「学会の常識を覆す見解が提示された」この本がどれほど売れるかは、新しい問題意識に共感する読者の存在にかかっています。新しい動向の著作を紹介している出版社がこぞって、旧来の学問のジャンルをうち破るような、あるいはそれを乗り越えるような著作を刊行し、新しい方向性に着目する読者を生み出し、数多獲得していくことにかかっているのです。

そこに学問や思想の進展があり、広い意味で出版の未来があると、鈴木さんは考えています。

（〇四年一一月二七日）

堀田あきお、堀田佳代漫画・文

『本多勝一はこんなものを食べてきた』

七つ森書館

新任助教授と新入生との奇妙な出会い。それは六九年七月の都立大学でのことでした。

三八年に生まれた助教授は、五七年に東京大学理学部へ入学し、化学科に進みました。「自分なりの科学観を持ちたい」、これが自らに課した命題でした。

時代は、原子力の時代に向かおうとしていました。卒業後に、原子炉を建設中の「日本原子力事業株式会社」に勤めました。核化学研究室に配属され、そこで興味を抱いたのは、放射性物質の放出や汚染に関するものでした。しかし会社で期待していた放射能の専門家としての役割は「放射能は安全に閉じこめられる」とかいうことを外に向かって保障することでした。次第に居場所を失いました。

辞職を決めた助教授は六五年に、東大原子核研究所の助手の公募に応募して採用されました。研究者として実際に海や山というフィールドに出て、深刻な問題に気づくことになりました。海や山で採集したどの試料にも核実験の死の灰の成分が検出されたのです。衝撃でした。「地球を汚染しつつある」。社会的問題の場から身を遠ざけようとして、基礎研究とか論文生産のための研究者といった場に居続ける自分の営みを問い直しました。体制の内側に身を置いてどうするかが問われている。そう感じて都立大学理学部化学科に助教授の籍を得て赴任してきたのでした。

　五〇年に生まれた新入生は、六九年に大学受験の年を迎えていました。志望校は東大でした。しかしこの年の東大は、学生闘争のあおりを受けて入学試験が行われなかったのです。こうして四月から都立大学理学部化学科に在籍していました。

新任助教授の名は高木仁三郎といいました。新入生は、後に七つ森書館を起こし、〇〇年一〇月に癌で亡くなった高木さんに、生前「頼むよ」と言われて『高木仁三郎著作集』（全一二巻）を〇四年四月に完結させた中里英章さんでした。奇妙な出会いが七つ森書館発行の反原発市民運動本を作り上げたのです。同社から、堀田あきお、堀田佳代漫画・文『本多勝一はこんなものを食べてきた』が刊行されました。

　七つ森書館はこれからも市民と歩む出版社であり続けることでしょう。

（〇五年二月七日）

杉浦康平著

『宇宙を叩く　火焔太鼓・曼陀羅・アジアの響き』

工作舎

中上千里夫さん、松岡正剛さん、十川《そがわ》治江さんたちが集まって、七一年四月に、オブジェ・マガジン『遊』の編集制作チームとして工作舎を発足させたのが、出版社としての始まりでした。しかし『遊』では結局、お金を注ぐばかりで、帰ってこないというのがすぐにわかりました。

工作舎は、「出版」と並行して活動の多くの時間で企業や各種団体の依頼を受け、広告宣伝やPR誌などの企画制作を手がけることにしました。必ずしも出版だけが偉くて、企業PR誌はその身過ぎ、世過ぎという感じでもないのが工作舎の活動なのです。なぜなら、九七年から〇四年までの日本産業広告総合展で、工作舎が制作した堀場製作所のPR誌『ABIROH』および「カレンダー」が、金賞をはじめ各賞を連続受賞しているのですから。

八二年一〇月のことでした。『遊』の休刊を決めたのです。十川さんは出版の中心をそれまでの雑誌からニューサイエンスに変えて、工作舎を単行本でメッセージの出せる出版社にしました。アーサー・ケストラー著／田中三彦、吉岡佳子訳『ホロン革命』（八三年三月）が当たって、単行本の出版社としての流れが作れたのでした。

基軸としたニューサイエンスの根幹を示すために、下村寅太郎ほか監修『ライプニッツ著作集』（全一〇巻）を完結させたのは、九九年三月でした。

工作舎の出版活動は、点数から見る限り緩やかな営みといえます。

「ノルマで何本出してという発想にはどうしてもなれない。本を出すというのも生きる活動の一つですから。それだったら面白くて、経験としても楽しくて為になるものになった方がいいと思います。そういうものでなかったら、世の中にアピールできないのではないかと思いますしね」と十川さん。

〇四年一〇月に出した杉浦康平著『宇宙を叩く』で三八三点になりました。この本で杉浦さんは、古代中国で生み出され、韓国へと伝えられた「建鼓」を考察しています。その響きは、「大自然の蠢動を叩きだす」ものでした。

本作りの本来あるべき姿をそなえた工作舎の、創造の日々は続きます。

（〇五年三月七日）

松島トモ子著

『ホームレスさんこんにちは』

めるくまーる

どのような時代にあなたは、青春時代を過ごしましたか。その頃あなたは、何を思って暮らしていましたか——大学教授を父にもち、五〇年代末に青春期を迎えた和田禎男さんは、なぜ自分はこの世に生まれてきたのか。人生って何だろう。長生きすればいいのか。どう生きれば人生は全うできるものなのだろうかという「悩み」を抱え込んでいたのでした。

二浪の末に合格した國學院大學文学部文学科で師事した角川源義教授の紹介を受けて和田さんは学参を刊行する出版社の編集部に入りました。そこを一年後に退社。助走期間を経て、「めるくまーる」を設立したのは、七一年五月のことでした。

常に若者たち、ある一部の人たちを悩ませている命題を解決可能なものとする、そこに関わっていきたい。それが和田さんの求める出版活動でした。求道の過程で最初に出会ったのが、バグワン・シュリ・ラジニーシ著、スワミ・プレム・プラブッダ（星川淳）訳『存在の詩』（七七年四月、〇四年九月二五刷、七万部）でした。

どんな宗派や伝統からも自由な、いまここにあるがままの生きるエネルギーを肯定する。それに和田さんは、「目から鱗が落ちる」ような気がしたのでした。時代は「精神世界」ものの出版活動のブームの中にありました。幸運が訪れたのは、フォレスト・カーター著／和田穹男訳『リトル・トリー』（九一年一一月・〇〇年一月七一刷／〇一年一一月普及版・〇五年三月五刷・四三万部）との出会いでした。

インディアンは無駄に殺したりはしない。必要なものだけとっていれば、恵みがもたらされる。「めるくまーる」にインディアンシリーズが生まれました。

主に翻訳物を出してきた「めるくまーる」から、松島トモ子著『ホームレスさんこんにちは』が刊行されています。

日比谷公園そしてマンハッタン。トモ子さんはそこで二〇人のホームレスと出会いました。さまざまな人生の軌跡。彼らとの語らいの中から大切なものが見えてきました。裁きでもなく同情でもない。彼らにささやかな理解を持つことが、あなたにはできますか。

（〇五年四月一一日）

松本昌次編

『戦後文学エッセイ選』全一三巻

影書房

「本というのは、ある意味でいえば、知識人の作るものでしょ。その知識人の存在理由がどこにあるかというと、現実の矛盾に対して批判的であるということが、資格ですよね。そうでないのはおかしいのではないかという気がするのです」——

影書房代表の松本昌次《まさつぐ》さんは、こう話を始めました。その松本さんの未來社での三〇年、そして影書房での二二年間の営みは、「同時代の日本人の本」を作るというものでした。松本さんが担当した著者を知るシリーズの刊行を影書房が始めました。

『戦後文学エッセイ選』。第一回配本は、『花田清輝集』と『木下順二集』でした。以下、長谷川四郎、埴谷雄高、竹内好、武田泰淳、杉浦明平、富士正晴、野間宏、島尾敏雄、堀田善衞、上野英信、井上光晴と続きます。

日本の戦後はいったいどうだったのか。松

本さんは、近代日本のアジアに対する歴史的な責任を明らかにすることは、出版人として当然なことだと言います。同時に、誰がどのような仕事をしてきたのかについても目配りを怠りません。

「戦後文学というのは何かといえば、戦争批判の上に立ってきた勢力です。おこがましいことなのですが、私が選んだ方々には全部お会いしていて、いい人たちだと思った人たちなのです。直接会っていない人、本を作っていない人はこの企画に一人もいないのです。戦後六〇年にあたって、この人たちの仕事を残したい」

では、なぜいまエッセイなのでしょう。その意図を松本さんは、「さまざまな形式でそれぞれに膨大な文学的・思想的仕事を残された方々ばかりですので、各巻は各著者の小さな〝個展〟といってもいいかも知れません。しかしそこに実は、わたしたちが継承・発展させなければならない文学精神の重要な遺産がちりばめられているであろうことを疑わないものです」

彼らが言おうとしていたことは何か。この刊行によって、敗戦後の困難な時代の制約の中で生まれた戦後文学の真の姿が、確かめられることになるでしょう。

影書房は、この私的な企画がきっかけとなって、戦後文学の新たな〝ルネッサンス〟が到来することを願っています。

（〇五年九月一二日）

前夜編集委員会編

『季刊　前夜』創刊号〜五号

NPO前夜刊／発売・影書房

憲法九条の非戦条項が廃棄されるかどうかという山場を迎えている日本で、市民と研究者が集まり、思想的・文化的抵抗の新たな拠点を築いています。「NPO前夜」の話を始めましょう。

八〇年代前半のバブル期に東京女子大学に在籍した岡本有佳さんは、友人の紹介で出入りするようになった新日本文学会で、編集長をしていた久保覚さんに出会いました。久保さんは『花田清輝全集』（講談社）などの編集者として知られ、市民の文化・芸術活動の理論化を目指した運動家でもありました。岡本さんはその久保さんから、領域を横断する思考と関係性づくりを学びました。

卒業後の就職先としたのは、非営利でしかも編集の仕事ができる生活クラブ生協連合会でした。岡本さんはそこで一二年間にわたり、本の共同購入申込情報誌《本の花束》（月刊）

の企画から編集までの一切を取り仕切りました。その間に、編集協力者として生協運動に参加した徐京植（ソ・キョンシク）さん、三宅晶子《まさこ》さん、中西新太郎さんや久保さんの引き合わせで松本昌次《まさつぐ》さん等と出会いました。こうして岡本さんは、社会に目を向けて運動する編集者に育っていったのでした。

　市民が参加する読書運動の展開。《本の花束》で岡本さんは、確実に読者を掘り起こしていきました。たとえば、藤田省三著『戦後精神の経験』Ⅰ・Ⅱ（影書房）を採り上げた際は、単一の企画での人文書の売り上げとしては異例の九〇〇組の予約を得ています。それは一朝一夕でできたわけではありません。想像力をはぐくむ本をどう伝え、どのようにして手渡していくのかの試行錯誤を繰り返し、信頼を得た末の獲得でした。

　九〇年代の日本社会の右傾化に対する危機感を背景に岡本さんは、九九年以降、高橋哲哉さんや元編集協力者の方たちと、対話集会を企画してきました。そして、集会と集会の間に学習会を開き、自分たちの考えや思想・文化を深めていくメディアとして、季刊『前夜』を創刊したのです。

　ＮＰＯの利点を活かして、さまざまな出版社の編集者の人たちとネットワークを作りたい。岡本さんは販売網を構築し、読書運動を組織し、連続セミナーを展開して、走り続けています。

（〇五年一〇月二四日）

金富子著

『植民地期朝鮮の教育とジェンダー　就学・不就学をめぐる権力関係』

世織書房

学びたいけれど、場所がない。ボリビア共和国の子どもたちのための「ボリビア学び舎づくりの会」の活動が注目されています。〇五年六月までに四棟の学び舎を完成させた会に関わり、事務所を提供しているのが、世織書房代表の伊藤晶宣《まさのり》さんです。

「〝お願いだからほかのことをしてくれるな。そうしないと出版社つぶれますよ〟。さんざん言われたのです。〝作業所〟に関わり始めるとこれはもう出っぱなし。だから叱れてばかりいます」。――「作業所？」学び舎以外にもまだ脇道がありそうです。

大学で政治学を学んだ伊藤さんは卒業後に業界誌の編集を経て、新曜社に就職しました。ある日のこと、渡された原稿には栗原彬と署名がありました。

「勉強させられました。その関係で水俣病の本を作るようになったのです」

新曜社で伊藤さんは、栗原さんの著作を六点編集しています。

営業をもこなすうちに腰を痛めた伊藤さんは、新曜社を退職して、横浜市内で養護施設の職員をしているパートナーと暮らし始めました。そしていま、社会福祉法人が経営する小舎制施設の一軒に家族と住んで、そこで親がいないとか、親が面倒を見切れない四人の子どもたちと暮らしています。

新曜社を辞めた伊藤さんが最初に思ったのは、ハンディを持っている子どもたちの働き場所でした。コーヒーの卸しを営む知り合いがいて、珈琲工場という店を開店しました。その店に働きに来るダウン症の女の子のお父さんが、休日には黙々と畑仕事をしていました。無農薬の野菜を、娘に食べさせたい一心からでした。その姿を見て伊藤さんは自然食関係の店を始め、横浜市内に『ぐるーぷせおりのお店』が誕生しました。働きに来る人が増えて伊藤さんは、現在二つの作業所を営んでいます。

独立するために辞めたと思った著者から、資金が提供されました。九〇年に、世織書房は取巻きの支援で創業されました。最初の本、小森陽一ほか著『読むための理論　文学・思想・指標』を出すのに一年以上がかかりました。安易には作らないのです。

その世織書房から、植民地期の皇民化教育にジェンダー的な視点を加えて分析した金富子（キム・プジャ）著『植民地期朝鮮の教育とジェンダー』が刊行されました。


（〇五年一一月二一日）

公共図書館で働く視覚障害職員の会（なごや会）編

『本のアクセシビリティを考える　著作権・出版権・読書権の調和をめざして』

読書工房

障害があるなら、取り除けばいいという「バリアフリー」を一歩進めたユニバーサルデザインの概念を出版の世界で実現しようと、〇四年四月に活動を始めた出版社があります。読書工房です。

六一年に神奈川県で生まれた成松一郎さんは、学習院大学を卒業後、横浜国立大学教育学部の言語障害児教育課程を修了しました。日外アソシエーツに勤め、そして国土社に移って、主に教育書の編集に携わりました。

その頃に体験したある出来事が、眠りかけていた成松さんの志を呼び覚ましました。それは、学生のときに知り合った友だちと出会って飲みに行ったときのことでした。「こんな本を作ったのだよ」といって手渡しても、友人には読めないのです。成松さんは、「読みたくても読めない方」のニーズをどう受け止めたらいいのかを真剣に考えるようになりました。

　九六年八月のこと。学生時代に知り合った市橋正晴さんから、電話がありました。それは、「大活字」という出版社の立ち上げに参加してほしいという要請でした。

　〇四年五月には、浅田次郎とか西村京太郎といった人気作家の話題のベストセラーや心に残る名作を二二ポイントのゴシック体を使用して目にやさしい編集が評判の「大活字文庫」が、五〇タイトルを超えました。

　この仕事を八年続けた成松さんは、〇四年三月に、「大活字」が軌道に乗ってきたのを見届けて退職しました。そのときに考えたのは、大活字本というのは視覚の問題に応える一つの形態なので、もう少し広い視野で、読書全般のニーズに関わる事をやっていきたいということでした。

　高齢化が進み、次のステージに行く人が増えました。そして、IT化の進展は、読書をあきらめないですむ出版のユニバーサルデザインを促進させています。

　読書工房は、出版社や電子書籍メーカー、そして図書館などからの依頼を受け、一般向けの書籍や電子書籍をバリアフリー化するためのコンサルティングなどを行っています。その読書工房に『本のアクセシビリティを考える　著作権・出版権・読書権の調和をめざして』や長尾博著『パソコンで仕上げる点字の本&図形点訳』があります。


（〇六年一月三〇日）

『精神医療』編集委員会編集
『精神医療』第4次41号

批評社

法政大学で経済学を学んだ佐藤英之さんが、知人の紹介でぺりかん社に入社したのは六八年春、二五歳の時のことでした。そのぺりかん社に大学時代の友人、松田健二さんが少し遅れて入社してきました。若い人たちの考えを入れよう。代表の救仁郷《くにごう》建さんは、ぺりかん社内に「社会評論社」という無登記の出版社を作りました。企画の目処が立ち、佐藤さんが代表となって、松田さんと二人で社会評論社の独立を果たしたのは、七〇年のことでした。「プランさえあれば何とかなる」。それが佐藤さんのエネルギー源だったのです。

二人で年間一七点の本を出した年もありました。その活動は地味だけれども、比較的順調に伸びていきました。ところが、五年目あたりから活動がマンネリ化し始めました。また、ある雑誌の刊行をめぐって、二人の間に見解の相違も生じました。七八年九月、話し合いの末に、業界をよく知る佐藤さんが退いて、新たに批評社を創業したのです。活動の思いは一つ。精神医療を柱に据えることでした。

人間は、太古の昔から道具を使い、言葉を覚えて、地球上の全てを支配するように努めてきました。しかし一面では、自然界と一体化して生きるほかの動物と同じ生き物なのです。だから、人間が自然界を支配したいと願った時に、その反動が現れるのです。

それは、ほかの動物にはありえない心の病を「原罪」のように負ってしまうといえばわかりやすいでしょうか。ほかの動物には心を病むというのがないにもかかわらず、人間だけが心を病むというのは、根本的なところでそういう矛盾を抱えているからなのです。佐藤さんは、精神医療の世界を通して人間存在の本質が見えてくるのではないかと考えていたのでした。

創業以来、批評社は、青木薫久著『森田理論 応用1』(八八年、〇五年八月新装三刷)など、精神医療と人権を考える著作を数多く刊行してきました。

また、紆余曲折を経て、岩崎学術出版社発売、悠久書房刊行の雑誌・精神医療編集委員会編『精神医療』の第四次刊行を九二年八月から引き受けました。

最新刊の四一号の特集では、〇五年七月に施行された、かつての悪名高き保安処分法としての医療観察法を徹底検証しています。

(〇六年三月一三日)

あとがきにかえて

「日本の小出版社巡礼記」

韓国出版マーケティング研究所が発行している出版業界誌「松仁消息」（〇四年七月に「企画会議」と誌名を変更）に二〇〇三年一月から〇五年一二月までの三年間「日本の小出版社巡礼」という題名で連載され、〇七年三月に「出版精神で武装した 日本の小出版社巡礼記」という書名で同研究所から出版された。

本書に収録した文章は、小島清孝さんが研究所に書き送った日本語の原稿を基にしており、韓国語版とは以下のような相違がある。

韓国語版では紙幅の都合で省略した部分があるが、本書では小島さんの原稿のままとした。逆に訳者や編集者から、韓国の読者にとってわかりにくいと指摘され、小島さんが説明を補った部分がある。これについては、日韓の出版事情の差（たとえば、韓国のほとんどの本にはカバーと帯がついていないが、日本のほとんどの本にはついていることなど）に関する説明を除き、追加した。

これらの作業は、韓国出版マーケッティング研究所ならびに訳者の朴祉炫（パク・ジヒョン）さんから、小島さんとのやりとりの過程を教えていただくなど、全面的な協力を得たことで可能となった。

韓国語版では、各出版社ごとに編集者の手によって見出しがつけられているが、すべて省略した。後注は、小島さんが翻訳作業の手助けにと、訳者に書き送ったものから収録してた。

出版社は韓国語版の書籍に準拠して配列した。末尾の日付は掲載誌の発行日を示す。

なお、小島さんは、「日本の小出版社巡礼記」を日本でも出版したいと思っており、彼の前著『書店員の小出版社ノート』を出版した木犀社《もくせい》の遠藤真広さんに検討を依頼したという。しかし、小島さんは出版に向け原稿を見直す時間がないままに死を迎えた。

「本の目利きNOTE」

日本出版労働組合連合会（出版労連）の機関紙『出版労連』に一九九七年一一月から二〇〇六年三月まで掲載された。末尾の日付は掲載号の発行日を示す。

後注は刊行委員会が加えた。

〇一年二月五日掲載分までは「東京堂書店労組小島清孝」と、三月一九日以降はほぼ「小島清孝」と名前のみが記されている。

「本の目利きNOTE」についても、ある出版社から小島さんに、出版の依頼があったという。

小島さんは多数の媒体に書いていたが、連載した作品には、本書に収録したもののほかに、『産経新聞』の書評と『出版労連』に連載した「渦（出版界の内と外）」がある。

今回、「書店員の小出版社巡礼記」刊行委員会は、前述の作業のほかに、本書を出版するにあたり以下のような作業を行った。

書名・著者名・初版年月など書誌情報については、できる範囲で調査し訂正した。引用部分については、できる範囲で出典にあたり修正を加えた。韓国・朝鮮人名については原則として漢字とその発音を示した。難読と思われる人名・社名などについてルビをつけた。

用字・用語については、すでに公表されている「本の目利きNOTE」を基準として、最低限の統一をはかった。明らかな誤字・誤用、意味のとりにくいところについては直しているが、判断できず原稿のママとせざるを得なかったところもあった。

小島さんは、本来、長いセンテンスを好むが、「日本の小出版社巡礼記」については、読者の読みやすさを考慮し、韓国語版に準拠して改行を加えた。

本書のゲラを収録されている出版社に送り、チェックをお願いしたが、幸いに多くの出版社からゲラを返送いただき、本書に反映することができた。

出版社の中には、小島さんの執筆時点から状況が大きく変化したことや、ほめすぎでありはずかしいといったことなどを理由として、できれば掲載を辞退したいといった申し出をいただいたところもある。これらの出版社についても、掲載させていただいていることをお詫びする。小島さんの追悼のためとご理解いただければ幸いである。

収録した出版社の中には、すでに活動を停止したところや、その実態が小島さんの記述と異なってしまっているところもあるが、追補作業は行っていない。データはすべて発表当時のものである。

二〇〇七年一〇月

「書店員の小出版社巡礼記」刊行委員会

新曜社……………………162, 390
水声社……………………178, 394
青蛙房…………………………302
青弓社………………115, 290, 372
世織書房…………………235, 406
石風社……………………154, 388
前夜………………………227, 404
草風館……………………130, 376
創文社…………………………304

▶た
大活字…………………………246
大巧社…………………………294
大東出版社……………………306
太郎次郎社……………………292
同時代社………………………342
刀水書房………………………332
どうぶつ社……………………340
読書工房…………………244, 408
ドメス出版………………276, 310
トランスビュー…………41, 380

▶な
梨の木舎………………………320
夏目書房………………………202
七つ森書館………………82, 396
南々社…………………………348
日本経済評論社………………324

▶は
白馬書房………………………183
はる書房………………………316
ひつじ書房……………………312
批評社……………………252, 410
風行社…………………………356
不二出版………………………123
藤原書店…………………66, 386
文溪堂…………………………314
文芸社…………………………364
ぺりかん社…………138, 252, 378
法蔵館…………………………41
北斗出版…………………57, 384
ポット出版……………………360

▶ま
窓社……………………………194
丸山学芸図書…………………363
未知谷…………………………334
未來社…………………………218
無明舎出版……………………370
めるくまーる……………210, 400

▶や
八坂書房………………………328
山梨シルクセンター…………145
ゆるみ出版……………………253

▶ら
リトル・モア…………………346
論争社…………………………139
論創社……………………170, 392

▶ま
松井進…… 248
松岡正剛…… 91
松田健二…… 260
松本功…… 312
松本昌次…… 218
美作太郎…… 66
宮田研二…… 138
村松武司…… 100
村山恒夫…… 354
茂木敏博…… 326
森下紀夫…… 171

▶や
矢掛弘司…… 363
八坂安守…… 328
矢野恵二…… 115
湯浅知英子…… 294

▶わ
和田禎男…… 210
和田穹男…… 211
和田悌二…… 359
渡辺鋭氣…… 35

出版社名索引

▶あ
一葉社…… 358
以文社…… 344
大月書店…… 308

▶か
解放出版社…… 318
影書房…… 218, 402
柏書房…… 366
花神社…… 145
吉夏社…… 336
雲母書房…… 326
暮しの手帖社…… 106
くろしお出版…… 186
現代書館…… 33, 300
工作舎…… 90, 398
晧星社…… 98, 368
高文研…… 330
光芒社…… 362
国書刊行会…… 49, 180
こぶし書房…… 352
五柳書院…… 26, 322

▶さ
彩流社…… 49, 382
作品社…… 18, 374
サンリオ…… 146
社会思想社…… 296
社会評論社…… 260
週刊上田新聞社…… 298
春秋社…… 268, 338
書肆風の薔薇…… 178
新宿書房…… 354
新評論…… 66

人名索引

▶あ

安倍甲…… 371
飯島徹…… 334
市橋正晴…… 246
伊藤晶宣…… 236
犬塚満…… 356
内川千裕…… 132
梅田正己…… 330
大久保憲一…… 145
大橋鎭子…… 107
岡野篤信…… 186
岡野秀夫…… 186
岡本経一…… 302
岡本有佳…… 227
小川康彦…… 26
小汀良久…… 139

▶か

鹿島光代…… 276
金森三千雄…… 315
神田豊穂…… 268
菊地泰博…… 33
救仁郷健…… 138
久保覚…… 227
栗原哲也…… 324
桑原迪也…… 332
小宮山量平…… 298

▶さ

佐藤英之…… 252
沢辺均…… 360
鈴木宏…… 179
十川治江…… 90

▶た

高木仁三郎…… 82
高木有…… 20
竹井正和…… 347
竹内淳夫…… 49
田辺肇…… 253
津山朋宏…… 336
寺田博…… 19

▶な

長尾愛一郎…… 59
中上千里夫…… 90
中里英章…… 82
中嶋廣…… 41
中村哲…… 156
夏目純…… 204
成松一郎…… 244
西村七兵衛…… 41
西元俊典…… 348
西山俊一…… 194
根岸徹…… 294
能登恵美子…… 99

▶は

花森安治…… 107
羽田ゆみ子…… 321
久本亮一…… 341
深町稔…… 299
福本滿治…… 154
藤巻修一…… 99
藤原成一…… 41
藤原良雄…… 66
船橋治…… 124
古川弘典…… 60
堀江洪…… 163

小島清孝（こじまきよたか）
1947年両親の疎開先の山形県で生まれる。東京で幼年期を過ごし、國學院大學第二文学部史学科を卒業。1973年東京堂書店吉祥寺支店に入社。外商部三鷹営業所を経て、82年に神田本店勤務となり主に人文書を担当。1999年からは外商部に移り、最終的には取締役外商部長を務める。2006年没。
書評や小出版社についての論考を多くのメディアに発表。著書に『書店員の小出版社ノート』（1997年7月初版発行、木犀社）がある。
労働組合員として、著作物の再販制度を守る運動の理論面で書店の立場から協力し、個人としては、戦争の悲惨さを伝えるアウシュヴィッツ展を日本各地で開催し、アウシュヴィッツ平和博物館（福島県白河市）を設立することに協力するなど、よりよい社会を作るために貢献。

身体にハンディキャップを持つ方が本書を読むためにテキストデータを必要とされる場合には、バリアフリー資料リソースセンター（略称BRC、http://www.dokusho.org/）にお問い合わせください。

普及版 書店員の小出版社巡礼記　小出版社の夢と冒険
2007年11月9日　オリジナル版　第1版第1刷発行
2018年1月15日　普及版　第1版第1刷発行

著　者：小島　清孝
発行所：出版メディアパル
〒272-0812 市川市若宮 1-1-1
Tel & Fax：047-334-7094
e-mail：shimo@murapal.com
URL：http://www.murapal.com

編集製作：「書店員の小出版社巡礼記」刊行委員会　山本俊雄
オリジナル版　ブックデザイン：高橋貴子　カバーイラスト：村井啓哲
校正協力　辻玲子　印刷・製本：藤原印刷
普及版　ブックデザイン：あむ／荒瀬光治　印刷・製本：平河工業社

ISBN 978-4-902251-65-4
Printed in Japan